基于文本分析的教学设计与案例研究

贾秋林　主编

首都师范大学出版社
CAPITAL NORMAL UNIVERSITY PRESS

图书在版编目（CIP）数据

　　基于文本分析的教学设计与案例研究/贾秋林主编. —北京：
首都师范大学出版社，2015.12
　　ISBN 978-7-5656-2629-6

　　Ⅰ.①基…　Ⅱ.①贾…　Ⅲ.①英语课－教学研究－小学
Ⅳ.①G623.312

　　中国版本图书馆 CIP 数据核字（2015）第 268504 号

JIYU WENBEN FENXI DE JIAOXUE SHEJI YU ANLI YANJIU
基于文本分析的教学设计与案例研究
贾秋林　主编

责任编辑　王莉莉
首都师范大学出版社出版发行
地　址　北京西三环北路 105 号
邮　编　100048
电　话　68418523（总编室）　68982468（发行部）
网　址　www.cnupn.com.cn
印　刷　三河市博文印刷有限公司
经　销　全国新华书店发行
版　次　2015 年 12 月第 1 版
印　次　2015 年 12 月第 1 次印刷
开　本　710mm×1000mm　1/16
印　张　19.75
字　数　375 千
定　价　45.00 元

编　委　会

本书主编　　贾秋林

本书编者　　贾秋林　　刘亚萍　　吴志红　　常　鑫
　　　　　　　　刘　丹　　高春华　　蔡建伟　　崔晓梅
　　　　　　　　刘雪莲　　陈　玲　　孔玉会　　蒋秀凤
　　　　　　　　赵乃姿　　刘　媛

序　言

　　为贯彻科学发展观，落实北京市教育工作会议精神，深入实施队伍建设"十百千"工程，充分发挥名师的示范、引领、辐射作用，促进名优教师梯队的建设，打造学科骨干教师团队，推进顺义教育优质均衡、科学和谐发展，顺义区教委于 2013 年启动了第三期"三名"打造工程，即充分利用顺义名优教师的宝贵资源，培养更多名优教师，此工程是顺义区教育发展的工作重点。

　　贾秋林英语名师工作室正是在这样的背景下成立的。工作室在贾老师的带领下，围绕区域教学中的热点和难点问题，以学习为基础，以研究为途径，以教师专业成长为目标，创建了一个学习型和研究型团队。两年来，工作室的老师们围绕"新教材的创新使用"这一研究主题，在实践中探索，在探索中创新，将教学实践中的感性经验加以提升和凝练，形成了丰富的教科研成果。《基于文本分析的教学设计与案例研究》就是工作室成员的阶段性成果之一。

　　《基于文本分析的教学设计与案例研究》一书共由两个部分组成，涉及围绕北京版新教材的基于文本分析的专题教学和基于文本分析的课时教学两大领域。

　　在专题教学部分，重点阐述了对基于文本分析的对话教学、词句教学、字母教学和语音教学等专题的认识与思考，并配以大量的案例分析，内容丰富，领域全面，做到了理论与实践相结合。每一个基于文本分析的专题教学都进行了概念释义、特点描述和教学现状分析；并根据每个专题的特点进行了不同维度的设计与案例分析。以对话专题为例，从对话教学的四个不同特点的角度进行了分析：故事性、功能性、人文性和情境性；词句专题从词句文本呈现方式、文本话题、文本词句关联度三个维度进行了具体描述；字母教学从单一课时内的新授字母、新授单元复习课的字母和新授单元字母复习课的教学的角度进行了举例；语音教学从渗透低年级学生语音意识、培养低中年级学生拼读意识、树立中年级学生语音规范意识三个层面进行了表述。

　　在课时教学部分，通过多个基于文本分析的单一课时、同课异构、单元整体课时教学设计，分享了理论与实践层面的研究成果。本书共选编了 16 篇教学设计，每一篇设计教师们都经历了设计—授课—修改—再授课—再修改的实践过程。教学设计包括教材的分析、学生的分析、教学重点和难点的分析、教学方式和教学目标等内容，以及教学过程和教学的延伸和拓展。每篇教学设计都有教师的教学反思和教研员的评析。教学设计描述具体、可操作性强，具有较强的借鉴意义，同时，不同年级的教学设计，满足了不同年级老师的需求。

　　本书对一线教师来说是比较实用的参考资料，具有很强的实践意义。为教师最大限度地挖掘教材内涵、建立学生与教材之间有效的联系、制定有效的教学设计，提供了可参考的实施建议与方向。希望贾老师的名师工作室能够不断推出新的研究成果，能够成长起一批勇于实践，敢于创新，善于研究和提升的研究型教师。

张　洲

北京教育学院国际语言与文化学院副院长

2015 年 10 月 12 日

目　录

绪　　论

一、什么是文本？

百度百科中对文本有这样的定义：文本（text），与讯息（message）的意义大致相同，指的是有一定的符号或符码组成的信息结构体，这种结构体可采用不同的表现形态，如语言的、文字的、影像的等等。文本是由特定的人制作的，文本的语义不可避免地会反映人的特定立场、观点、价值和利益。

本书中的文本，是指教材中以不同形式呈现的教学内容，包括对话、词句、字母和语音等等。不同的教学内容构成了不同的有版图划分，有文字描述，也有图画背景的图文并茂、主题突出的独立文本，而这些独立文本根据话题、功能、语言结构的内在关联又构成了若干个文本系统，如课时文本系统、教材文本系统等。

二、什么是文本分析？

文本分析是一个很泛化的概念，包括了语言学、统计学等多方面的内容。按照维基百科的 Text analytics 词条，大体的定义是：利用语言学、统计学和机器学习等技术来对文本信息进行建模、探索和研究等，在概念上与"文本挖掘"、"文本解读"相近。什么是文本解读？《现代汉语规范词典》中解释为通过分析来理解。它实现编者与读者的交流，即通过自己的实际走进文本，走进编者，形成对自己文本的理解。

张富贵在中学语文教学资源网上这样定义文本分析：按某一研究课题的需要，对一系列相关文本进行比较、分析、综合，从中提炼出评述性的说明。它采用的是客观、非接触性的特征描述。换句话说，文本分析法是一种根据文本的实际情况进行解析的过程，步骤并不固定，一般为文本查阅、鉴别评价、归类整理。

本书中的文本分析主要包括以下内容：文本的功能，即文本在教材中的地位作用和承载的教学任务；文本的结构，即文本内容的构成方式，是完整的板块，还是分为几个部分；文本的插图，即插图作为一种直观的视觉信息和教学媒体，传递着与教材内容相关的什么信息，并提供了什么样的相应的背景；文本的内容，即对话内容、词句内容、字母内容、语音内容等；文本的文化信息，即语言产生的背景和表达的适切性；文本蕴含的情感因素，即文本中的情感教育资源等。

三、什么是基于文本分析的教学?

基于文本分析的教学的概念的提出,是建立在我区现行使用的北京版教材特点的基础上。北京版教材由 4 个课时构成一个单元,6—8 个单元构成一册书,每本书有 18 个新授课,每个新授课有 3—4 个专题教学板块,每个教学板块都围绕本课时的核心话题展开,而所有的专题教学板块都在一课时内完成。

基于文本分析的教学有两层含义:一是指基于课时内容文本分析的教学,二是基于专题教学板块内容文本分析的教学。前者强调从教材整体上进行每个课时内不同专题教学板块分布情况的纵向分析以及单一课时专题板块之间横向联系的分析。后者则聚焦每一个课时中的某一个专题教学板块,根据不同的维度特点,进行归类并向,提取基本教学流程,寻找并发现规律,提高该专题板块教学的实效性。两层分析都具有很强的实践意义。

本书中,将从两大部分对基于文本分析的教学进行阐述,第一部分是基于文本分析的专题教学;第二部分是基于文本分析的课时教学。

四、什么是基于文本分析的专题教学?

本书中的专题教学,是指以现行《国家英语课程标准》为指导,按照小学英语新教材的编排体系,结合师生的教学实际,在教学过程中把小学英语新教材所承载的教学内容划分为不同的专题板块进行教学的方法。根据各板块教学内容及其要求的不同,具体划分为对话、词句、语音、字母等四个教学专题,并基于专题板块的教学内容进行设计与课堂实施。

基于文本分析的专题教学是指在综合课时文本和专题教学板块的文本内容分析的基础上进行的,既整体考虑课时设计、又充分利用板块资源的专题教学研究。下面仅以词句专题教学为例加以具体说明:

(一)基于课时内容的文本分析

本课为北京版教材三年级上册 Lesson 3 中的词句专题教学:

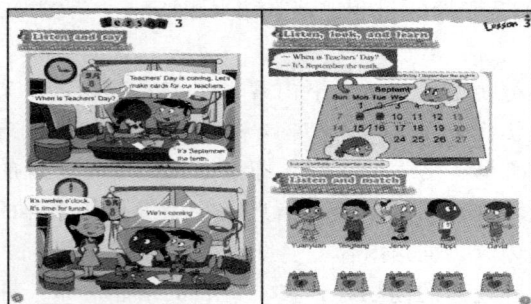

1. 基于文本分析的词句教学的基本程序的确定

从功能话题角度分析本课时的教学内容：本课时的话题为谈论教师节和某个人的生日，教师节的谈论在对话中体现，生日的谈论在 Listen and match 中体现，而词句教学部分则对两个话题所需要的功能句型和词汇进行了整合呈现，起到了承上启下的作用。从板块功能的角度分析：对话提供了整体语言情景，在情景中呈现本课时的核心句型；词句教学板块进行了核心功能句和词汇的重点学习，技能训练板块对核心词句进行了技能应用。基于以上分析，我们认为，本课时的词句教学应充分利用对话情景进行呈现，利用词句板块进行系统学习，利用练习板块进行技能训练。

2. 基于文本分析的词句教学的课内时间分配

根据编者的意图和课时的要求，上图中的三部分教学内容需在一课时内完成，即词句教学部分在课堂上受到时间分配的限制。按现有的 40 分钟的课堂计算，词句板块教学部分一般定位在 15 分钟左右。通过 15 分钟，完成这部分词句的学习。

3. 基于文本分析的词句教学的目标达成

本课时的教学目标通常有这样几个要求：能正确理解并朗读对话内容；能询问并用序数词表达日期，如"When is Teachers' Day? It's September the tenth."；能听懂、会说和认读序数词 eighth、ninth、tenth，并能在实际情景中运用；能在谈论某人生日和教师节时，体会关心朋友、敬爱教师的情感。不难看出，四个教学目标中有两个目标针对词句教学，而另外两个教学目标则针对对话和情感态度价值观的养成。需要说明的是，每一个教学目标的达成，都贯穿于整个教学过程，而不是单独指向某个专题板块。即词句教学的目标是通过整节课的学习达成的，而不仅仅是 15 分钟的词句教学板块所能做到的。基于文本分析的词句教学，将词句教学的内涵和外延扩大，最终实现词句教学目标。

4. 基于文本分析的词句教学体现了认知的架构

本课时中，词句教学部分呈现的功能话题 When is Teachers' Day? It's September the tenth. 来自于前面的对话板块，也就是说对这个功能句型的理解和初步学习将在对话学习中进行。而词句教学部分的重点将放在对这一功能句型的巩固和操练上。同时，要重点学习本部分的新知：Susan's birthday/September the ninth 和 Kevin's Birthday/September the eighth，并结合第三部分的练习活动进行操练和巩固，整节课在知识体系的架构上体现了循序渐进的原则，符合学生的认知特点。

(二)基于专题教学板块内容的文本分析

一至四年级八本教材中，词句专题教学板块在板块功能、课时中的位置顺序基本上是一致的，但每个专题板块作为依托在文本环境中的独立存在的个体，彼此之间又呈现出一定的差异性来。分析这些差异性，能够优化词句专题板块的教学设计，有效实施教学过程。这部分内容我们会在后续的相关章节中进行详细的介绍和解读。

基于文本分析的专题教学正是综合上述两个维度的文本分析的基础上进行的，既站在课时的角度分析专题教学板块的地位、作用、与前后板块的联系，从而明确了教学目标以及教学的基本程序；又深挖了专题教学板块本身的特点，从而将板块的资源利用到最大化，达到了课时内专题板块教学的最优化。

五、什么是基于文本分析的课时教学？

基于文本分析的课时教学顾名思义就是指在综合考虑课时内各个教学板块的基础上，深入挖掘板块之间的内在联系，将板块内容进行无缝对接，有机融合为一体，在保留各个板块教学特点的基础上进行综合整体设计的课堂教学。

本书中的课时教学，将具体阐述单一课时教学设计，单一课时同课异构设计和单元内连续单一课时的设计。

第一部分

基于文本分析的专题教学

第一章 基于文本分析的对话教学

"对话"的英文"dialogue"来自于希腊文"dialogue"一词。含有"意义之流动"的意思。中文中的"对话"含有谈论并回答、应对之意。对话教学是以"沟通性"为特征的教学。就是在平等民主、尊重信任的氛围中,通过教师、学生、文本三者之间的相互对话,在师生经验共享中创新知识和教学意义,从而促进师生共同发展的教学形态。

《义务教育英语课程标准》(2011 年版)指出,小学英语教学主要目的是"使学生获得为交际初步运用英语的能力"。对话教学便是实现交际功能的有效教学形式之一。对话教学的目标是"强化学生的听说能力,强化学生的语言运用能力,获得新的语用语境,实现新的交际功能"。所以对话教学在英语教学中发挥着重要的作用。对话教学能够调动学生积极参与交流的欲望,增强口语表达的自信,培养他们自如运用语言、驾驭语言的能力。

在过去长达十四年的教学中,顺义区一直依托北师大版《小学英语》教材进行课时专题对话教学的研究。在北师大版《小学英语》中,对话教学即教材中的第三课时:Talk Together。板块的教学目的是使学生能够使用所学重点句型在语境中进行有意义的表达。针对北师大版教材中对话教学板块的特点,我区总结出了"整体—部分—整体"的整体语篇教学法。然而,我区现行的北京版教材中,对话教学只是课时教学的一部分,并且教材中对话教学的目的是使学生在理解语境的基础上,感知语言。

本章节中,我们所要阐述的基于文本分析的对话教学是基于上述北师大版课时专题对话教学基础上的北京版教材特定课时教学任务下的策略化实施。既保留了课时专题对话教学本身的属性,又体现了鲜明的个性化特点。它将对话教学归于一个整体文本环境中去,成为课堂教学的一个环节,教学内容中的一个有机构成,后续教学内容的可用资源,课时目标达成的活动载体。

第一节 基于文本分析的对话教学的认识与思考

小学英语教材中提供的对话文本是对话教学的根本,也是对话教学的延伸。学生对对话文本的正确朗读是掌握语言知识的关键;学生对对话文本的有意关注是感受英语语言魅力的起点;学生对文本情感的积极体验是对英语学习兴趣的激发。但是根据现行教材的编排特点,一节 40 分钟的英语课我们教师除了要教授对话板块，还要涉及其他板块。为了能够在有限的时间内实现对话教学的高效输出，精彩有效的对话教学设计是至关重要的，而精彩的教学设计取决于对文本进行认真的解读，体会编者的意图，这样才能让文本直接和学生对话，让学生最终成为语言的实践者。

一、基于文本分析的对话教学的含义

基于文本分析的对话教学，是在分析对话专题教学板块特点的基础上，通过分析课时内各板块间的联系从而确定对话教学的目标与内容。与以往的专项对话教学不同，基于文本分析的对话教学摒弃了单一板块教学的"本位"思想，从课时的"全局"观念出发，兼顾后续板块教学内容。强调在固有的课时内，高效的进行对话教学。

二、基于文本分析的对话教学的特点

(一)基于课时内容文本分析的对话教学特点

北京版教材在课时专题板块内容安排上具有以下特点：一年级有四个板块：Listen and say(对话教学)、Let's act(功能句型)、Point and say(语音词汇)或 Listen, repeat, and trace(字母及词汇)和 Let's say(韵文)板块。二年级有三个板块：Listen and say(对话教学)、Let's act(词句教学)和 Let's say(韵文)板块。三、四年级有三个板块，Listen and say(对话教学)、Listen, look, and learn(词句教学)和 Let's do / Match and say(实践活动)板块。

从以上分析中不难看出，无论教材板块如何变化，在一至四年级的新授课中，Listen and say 对话专题始终位于教材的第一教学板块，统领每个课时的教学任务。对话中包含着后续词句教学板块中的词汇与功能句型，有着举足轻重的启下作用。从时间分配来看，40 分钟的课堂教学，对话教学板块基本上占用 20 分钟左右的时间，在 20 分钟内完成对话的理解和朗读。以北京版教材四年级下册 Unit 1 Lesson 2 为例，具体探讨基于课时内容的对话教学分析。

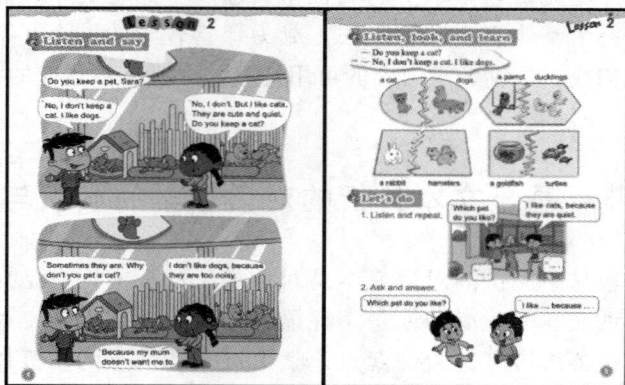

图 1

本课的对话发生在宠物店门前，Sara 和 Maomao 分别有自己喜爱的小宠物，他们在讨论自己喜爱的宠物及原因。对话内容包含了本课的主要功能句型：Do you keep a…？Listen，Look，and learn 为词汇、句型教学板块。本部分呈现了本课的主要功能句型 Do you keep a…？和多种动物的英文表达。以两种宠物的对比图直观地告诉学生主句型中包含表达喜爱和不喜爱的两个部分。Let's do 为综合运用板块。该板块由两个环节构成，环节一为听力练习，两个小朋友在宠物店前面讨论自己喜欢的宠物。环节二为情景交际练习，同伴间互相探讨、询问喜欢的宠物。

通过分析教材的各板块教学内容，可以发现 Listen and say 板块的对话教学情境是，孩子们在宠物店前讨论自己养的、喜欢的宠物。这一情境贯穿各个教学板块。因此，在授课时教师在课上就要为学生创设一个大的情境，让学生整节课都融入在宠物店这一情境中，不需要为每个教学板块和教学活动创设独立的情境。此外，Listen and say 的对话内容中包含了 Listen，Look，and learn 词句教学板块的功能句型 Do you keep a…？No，I don't keep a…I like… 以及词汇 cat、dog。因此在 Listen and say 对话教学板块中，不过多强调词汇和句型的运用，只是作为语言的输入让学生在理解语境的基础上感知语言，突出语言的交际性。将句型和词汇的专项学习放在词句教学板块进行。

（二）基于专题板块文本分析的对话教学特点

1. 板块的构成特点

现行北京版教材中对话板块占了很大比例，这些对话文本均是以话题为核心，交际功能和语言结构为主线，每一篇都是一个模拟生活场景的对话情境，文本内容贴近生活实际。现有研究调查结果表明：将"情景教学法"与对话文本相结合是开展对话教学的有效手段，有意义的情境创设，是学生始终以积极态度参与的无形动力。

教材中 Listen and say 对话专题教学板块基本上是由两组对话组成，每个对话都有情景背景图。这两个情景绝大多数是存在关联的，但也有的时候是相对独立的。在处理的时候可以将两个语境通过过渡性语言结合起来，叙述成一个故事或事件的不同阶段。如果两个情景关联性不强，也可以单独处理。如：情景相对独立的 Listen and say 板块、情景关联的 Listen and say 板块。

2. 板块的不同维度分类

在以往的教材研读中，教师对文本的分析更多关注点是对话文本中都出现了哪些句子，主要的功能句型是什么。备课时过度聚焦于几个外显的词句及语法点。其实这些内容仅仅是文本的显性语言，作为对话教学的重要载体，我们还应当仔细挖掘文本的隐性信息，如文本的推进、文本的结构、文本的文化、文本的情境等。

图2   图3

根据以上四个视角的不同，我们将现行英语教材中的对话内容进行了多次重组分类，并从对话教学的四个不同特点的角度进行阐述：①对话的故事性，又分为故事情节完整型对话和故事情节缺失型对话。②语言的功能性，又分为核心句型突出型对话和情景语言丰富型对话。③语言的人文性，又分为用文化学习语言型对话和用语言学习文化型对话。④对话的情境性，又分为图文信息互补型对话和图文信息无关联型对话。

每个对话根据自己的特点可能只属于上述某一单一类别，但有些对话会同时归属于上述2—3个类别中。隶属的类别越多，在教学设计时考虑的因素也越多，也越能挖掘教材的设计特点和编者意图，将对话教学赋予了丰富的内涵，使对话教学变得丰满有厚度。这也是文本分析的意义和价值所在。以上分类的具体内容和设计实施将在本章第二节进行详细的阐述。

三、基于文本分析的对话教学现状分析

在顺义区实际教学中，基于文本分析的对话教学在理解与落实方面还存在着一些问题，主要表现在两大方面：一是就课时内容来讲，忽视了对话教学与其他教学板块之间的内在联系，使对话教学中的文本资源在后续学习没有充分的加以利用，将整体教学设计割裂成各个板块的逐一完成。二是就对话专题教学板块来讲，出现了脱离对话语境学习语言知识；对话处理支离破碎，缺少整体性；忽视语言功能，对话的学习失去了交际的意义等问题。下面就第二方面的问题进行具体举例说明：

(一)重视语言新知，生词学习脱离对话语境

人类学家马林斯诺指出："如果没有语言情境，词就没有意义，也不能代表什么。因此词语也只有在情境语境中才能产生意义。"许多老师常在对话教学前习惯先处理一些新词汇和句型，借此分解对话教学的难点，扫除语言障碍。此法不无不可，但如果对生词和句型的处理耗时太多，对话学习迟迟展开又匆匆结束，这样的教学不利于培养学生的语言运用能力。

例如：二年级下册 Unit 2 Lesson 7 的对话文本内容

图 4　情景一　　　　　　　　　图 5　情景二

对话情景一的内容是：放学后 Baobao 回到家，饥肠辘辘的他问妈妈晚饭吃什么，妈妈告诉他有米饭、鱼和蔬菜，并让他先吃个橙子。情景二的内容是：不久，爸爸回来了。爸爸口渴，Baobao 递给他一杯水。文本内容生词较多，如 hungry，first，supper，thirsty 等等。生词过多会影响学生对对话的理解与输出。教师为了解决教材中的"分支"，扫清学生的学习障碍，在导入阶段意图解决所有的新语言点。首先让学生自己读一读对话，圈出不认识的生词，然后教师逐一讲解词义，练习发音。

首先，教师努力通过肢体语言或者图片讲解 hungry，thirsty 的词义。其次，借助前面两课的文本内容学习 supper，从而耗尽了本该属于对话的时间分配，导致后面的对话学习时间缩短。最后，教师由于疏于对对话文本情景的深入分析，会习惯性地将 first 作为"第一"的意思进行讲解。但在本课语境中是"首先"的意思，而非"第一"。这样就误导了学生，导致学生对对话的理解模棱两可，糊里糊涂。

作为对话教学的语言要素，单词和语法固然重要，但是如果脱离情境，单独的割裂出来，或者有意识凸显其重要性，无疑会破坏原有的语境，使得整个对话没有整体性。脱离语境的讲解不但没帮助学生更好的理解词义，反而误导了学生，造成对对话文本内容理解有误。

这种脱离情境，过度重视语言新知的情况多发生在一至三年级的对话教学中。因为学生的年龄小、语言积淀少，同时各种学习能力也处在刚刚开始形成的阶段，组织有效的英语课堂活动有一定的难度。因此在实际教学中教师会在不知不觉中将教学重心放在学习、朗读对话文本中出现的新语言上。尤其是在处理新词汇较多的对话板块。久而久之教师习惯性的轻视语言能力、忽视语言运用、忽略引导学生感悟与体验语言发生的真实情景。这样造成的结果是：虽然学生能熟读句子，并且也能做到发音正确，但实际交流时却张口结舌，更谈不上正确表达和灵活运用。

（二）分解对话文本，对话整体感知变得支离破碎

在对话教学中，创设生动形象的情境，既能活跃课堂气氛、激发学生的学习兴趣、锻炼学生的语言能力，又能培养学生的思维能力和想象能力。然而，在实际教学中，我们发现许多教师在设计与实施时却很难做到知行统一，常出现对创设情境的目的不够明确，造成创设的情境价值不大，有效性不高的问题。如有的情境创设时，教师主观臆造，不符合生活实际；有的情境离奇古怪，导致学生沉浸于情境细节而难以自拔；有的情境教师自认为很有趣，但学生却不感兴趣；有的情境信息不足，不能促进学生主动思考和探究；还有的为了突破教学重难点，教师每引出一个新的语言点就创设一个情境，导致情境太多太散，不利于学生整体理解对话，更不利于培养学生的交际能力。就每个活动而言，他们可能是精彩的，看似讲解到位，练习充分，可是综合起来就感觉整个对话学习零乱而不完整。创设的情境过于零碎、散乱。教师教得很忙，学生也学得很累。这种情况更多地表现在处理对话中的情境语言。

例如：北京版四年级上册 Unit 3 Lesson 11 的对话文本内容

图 6

文本内容是北京版四年级上册第三单元 Lesson 11 的第一个对话情景。对话内容是某小学的乒乓球比赛就要开始了，可 Baobao 却发现自己忘带球拍了，向 Mike 借。图中 Baobao 的表情很夸张。孩子们的好奇心非常强烈，一下子被图中人物的表情所吸引，随之特别想知道到底发生了什么？并且更想知道真相。抓住这样一种迫切的好奇心进入对话学习其实是非常难得的。

但教师在教授第一轮对话 Baobao：Will you do me a favor, please? Mike：Sure, What can I do for you? 时，为了让孩子更好地理解这两句话的实际应用，教师呈现了与本课无关的各种情景的图片，创设了很多毫不相干的情境来操练这两个句子。例如：向同学借学习用品的场景；请求别人帮助开门的场景等等。唯独没有尽快进入到对话情境中去，使学生失去了兴趣。对话的处理也变得支离破碎，不利于学生整体理解和把握所学对话，长期如此更不利于培养学生的交际能力。

小学英语教学中的对话教学要体现整体教学理念。每篇对话都有一个完整的情节，教师教学时要从学生整体理解和掌握对话内容入手，用话题这一主线把对话中的语言知识点串联起来。如果教师将对话采取逐句教学，则不仅会破坏语言情境的整体性，使语言知识显得支离破碎，而且也容易使学生的学习变得机械枯燥。

（三）忽视语言功能，机械的语言学习失去了交际意义

北京版教材的对话板块中都含有本课的核心句型，这是重点教学内容之一。但是为了整个对话情境的完整，在对话文本内容中还会出现一些如问候、请求、感谢、致歉等强调语言功能的情景文本信息。

在教学中有些教师只关注学生对这些情景文本信息的语意理解和发音朗读，却忽视了其语言的功能性，影响了学生对整体对话的理解和真实交际的恰当表达。

例如：三年级下册 Unit 3 Lesson 10 的对话文本内容

图 7　情景一　　　　　　　　　　图 8　情景二

此文本为北京版教材三年级下册第三单元 Lesson 10 的对话内容，情景一：Lingling 到 Guoguo 家里做客，两人互相询问对方最喜欢的食物，发现两人喜好相同。情景二：Guoguo 邀请 Lingling 留下来一起吃饺子，Lingling 欣然同意并主动提出帮助 Guoguo 的爸爸一起做。在处理两个情景之间的转换时，教师为了能让学生正确理解 Please stay and have jiaozi together. 的含义，做了如下的操作：

T：Look carefully, what is dad making?

教师出示情景二的图片，为了突出人物，圈出爸爸，引导学生关注爸爸正在做什么。

T：Oh, he's making jiaozi. Remember, Lingling's favourite food is jiaozi. So Guoguo doesn't want Lingling to go. Let's listen what does Guoguo say?

教师做了这么多的铺垫就是想让学生知道对话中"Please stay and have jiaozi together."这句话是留下来吃饺子的意思，教师只重视了对话文本语意的关注，却忽视了其邀请的语言功能，使句子的使用脱离了真实的交际。

总之，教师在对话教学中应围绕对话中的语言点，创设真实的交际情景，增强语言实践的真实感，充分体现"以学生为中心"的教学理念。教师应设计有效的课堂教学活动，采用"先听说，后读写；先整体，后局部"的方法，引导学生进行发散思维，最大限度地发挥学生的主体性。教师应在训练学生听说技能的同时，培养学生灵活掌握知识，进行自然真实交际的能力。

为了解决我区教师在对话教学中存在的问题，我们开展了基于文本分析的对话教学研究，完成了一至四年级（低中年级）的 144 篇对话内容的梳理与分析。我们将 Listen and say 板块的文本内容，从文本呈现的内容、结构、形式以及分布特点等不同角度进行了重组、归纳和分类，以期从不同视角抓住对话教学的不同特点，并加以利用。并对如何在单课时中更好地设计与实施对话教学达成了一些共识，形成了一些基本的思路。接下来我们将逐一阐述。

第二节　基于文本分析的对话教学设计与案例

本节中，我们将重点阐述基于文本分析下的具有不同维度特点的对话教学的设计及案例分析。所有的设计与案例均是综合了对课时文本内容和对话教学板块的文本分析的基础上进行的，既整体考虑课时设计，又充分利用板块资源。

一、基于对话的故事性特点进行的设计

北京版《小学英语》Listen and say 对话板块有些文本信息呈现出故事性特点，涵盖了事件发生的时间、地点、人物和主要活动。这些文本信息，为教师提供了直接的教学资源。教学中，教师可以将这些文本信息串联起来，叙述成一个故事，讲给学生听。故事具有生动性和趣味性，能够激发学生的学习兴趣，吸引学生参与课堂活动。通过故事的学习，学生能够感受语言、体会语言、学习语言、运用语言。

（一）对话的故事性特点的含义

对话的故事性是指每一个对话的文本信息基本承载了事件发生的时间、地点、人物、起因、经过和结果，有完整的故事性情节。对话能为学生提供真实、自然、丰富的语言输入，有助于学生习得语言。因为文本内容具有故事性，所以具有以下特点：激发学生学习英语的兴趣、增强学生的好奇心和求知欲、激发他们的想象力和创造力。根据对话所承载的故事信息饱满度的不同，我们又将其分为故事情节完整性对话和故事情节缺失性对话，如图 9所示。

1. **故事完整性对话：如三年级上册 Lesson 15、四年级下册 Lesson 23**

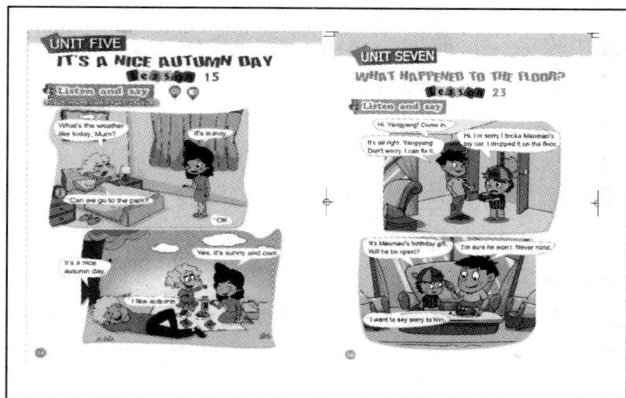

图 9

三年级上册 Lesson 15 对话板块呈现出一个连续的对话情景。文本信息呈现了事件发生的地点、人物和主要活动，具有完整的故事情节，具有故事性的特点。四年级下册 Lesson 23 对话板块呈现出两个情景，但对话内容是连贯的。交代了事件发生的地点、人物和主要事件，同样具有完整的故事情节。教师在教学中，可以引导学生先明确背景信息，然后按照情节的发展学习故事内容。有些对话内容虽然也有一定的故事情节，但情节出现部分缺失，如图 10 所示。

2. **故事情节缺失性对话：如三年级下册 Lesson 15、四年级上册 Lesson 23**

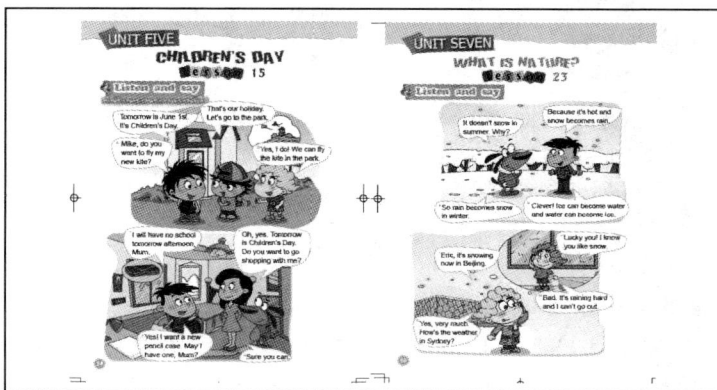

图 10

三年级下册 Lesson 15 对话板块呈现出两个情景，且两个情景互不关联。从文本信息看，呈现出故事发生的地点、人物和主要活动，具有一定的故事情节。但观察图片我们发现，故事中的人物、地点出现了信息差，导致故事情节出现部分缺失。四年级上册 Lesson 23 也同样呈现了两个情景，且两个情景相对独立。文本信息呈现了事件发生的人物和主要活动，具有故事性特点。

但故事中的人物和主要活动发生了变化，故事的情节也出现了信息差。这就要求教师在教学中通过仔细观察图片、挖掘文本信息，找出两个板块之间的关联性，用过渡性的语言把他们串连成一个完整的故事，对学生进行讲解。

(二)突出对话故事性特点的设计与案例

1. 故事情节完整性对话

故事情节完整性对话是对话的文本信息具有一定的故事情节，文本信息呈现出事件发生的时间、地点、人物和主要活动。现行北京版教材中，此类对话多分布于三、四年级。这个阶段的学生有了一定的英语基础，好奇心和求知欲也比较强，他们活泼好动、思维敏捷，喜欢参与课堂活动。根据他们年龄特点和认知水平，针对故事情节完整性对话，教师在教学中可以通过讲故事的方式将对话呈现给学生。让学生首先明确故事的背景信息，即感知故事发生的时间、地点、人物和主要活动。其次以故事发生的情节为主线，学习对话内容。

【教学案例 1】

(1)教学内容：三年级上册 Lesson 15

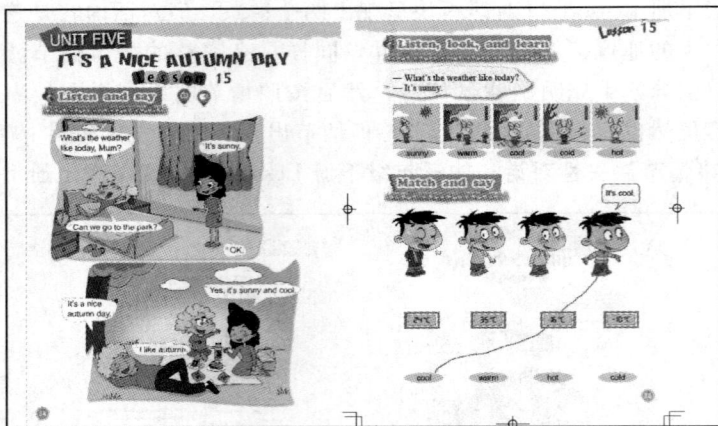

图 11

(2)对话教学内容分析

Lesson 15 是三年级上册 Unit 5 中第一节新授课。本课的核心话题是天气，通过学习，学生能够根据不同天气情况选择相应活动。教学内容主要涉及对话(Listen and say)、单词句型(Listen, look, and learn)和活动(Match and say)三个教学内容。本课时的三个教学板块文本内容联系紧密，主要功能句型是"What's the weather like today?""It's sunny."，与图一①的内容一致。通过学习，学生能够用本课功能句型与他人谈论天气情况。教学中，教师要根据各个板块之间的联

---

① 文中所说图一指教材中的图号，下同。

系整体设计教学活动，在热身环节提前渗透功能句型，为对话板块教学做准备。

　　对话板块呈现的两幅图组成一个连续的情景。图一呈现了小男孩 Mike 早晨起床询问妈妈天气情况，妈妈告诉他天气晴朗，因此 Mike 提出去公园的建议；图二延续了图一的情景，妈妈同意了 Mike 的建议，一家人去公园野餐，并一起谈论秋天的情景。整个对话交代了故事发生的时间、地点、人物和主要活动，具有故事性特点。

　　教学中，我们可以从图二入手，通过观察图片，帮助学生整体感知理解故事发生的背景，即时间、地点、人物和主要活动。然后按照故事情节发生、发展的先后顺序来学习故事。完成对话学习后，在词句学习中，教师可以引导学生根据不同的天气，在具体的语境下操练本课主要功能句型。

　　（3）对话教学目标

　　①能够正确理解和朗读对话内容。

　　②能够运用所学的语言表达自己热爱大自然的情感。

　　（4）对话教学过程

　　Step 1：歌曲热身，导入话题（3′）

　　①师生一起欣赏歌曲 *What's the weather like today?*

　　②讨论歌曲内容：What's the song about? 教师提供两个选项 weather 和 season 给学生。学生回答出 weather 后，询问学生 What's the weather like today? 同时出示图 12 分别是 sunny 和 rainy，让学生结合生活实际回答。

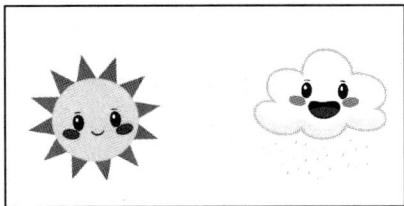

图 12

　　③此时，教师告诉学生"What's the weather like today?"是本节课我们将要学习的核心句型，也是询问天气的一种表达方式。What's the weather like today? 可以用 It's….来回答。

　　Step 2：明确故事背景（3′）

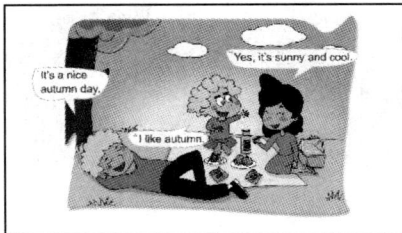

图 13

①教师出示图13,提出问题:Who are they? Where are they? 整体播放动画,学生通过观看动画得知 Mike 一家去了公园,让学生感知故事发生的地点和人物。

②引导学生观察图片内容:What are they doing? 学生通过观察能够说出 Mike、Mum 和 Dad 一起在野餐,让学生明确故事的主要活动。

Step 3:以情节发展为主线,学习故事(10′)

1)学习教材图一

①教师出示图14:引导学生思考 Mike 一家去公园的原因:What happened before they go to the park? What are they talking about? 整体播放动画一。学生通过观看动画知道他们在谈论天气。

图 14

②教师进行有效设问:What's the weather like today? 播放动画前两句,学生能够说出"sunny"。教师再次播放验证答案"It's sunny."学习句子"What's the weather like today? It's sunny."。单词"weather"的发音对学生来说有困难,教师可以先教"wea"的发音,再教"there"的发音,学生熟练后放在一起教授。

③操练主要功能句型:"What's the weather like today? It's sunny."教师示范,学生做 work in pairs 的练习。

2)学习教材图二

①教师出示图13:In the park, what are they talking about? 教师给出两幅图片(图15)autumn 和 winter 让学生猜测。整体播放动画2,验证答案。

图 15

②教师告诉学生 Mike 一家在谈论秋天，Mum 和 Dad 认为秋天的天气怎么样？ What's the weather like？播放 Mum 和 Dad 的录音。学习句子"It's a nice autumn day. Yes，it's sunny and cool."。单词 nice 是本课的新词，教授时出示单词卡 nice，告诉学生"Nice means good."，借助同义词帮助学生理解新词；单词 autumn 发音较难，教师注重口型示范；单词 sunny 和 cool 可通过出示图片帮助学生理解词义。

③学习句子"I like autumn.""Does Mike like autumn?"。学生猜测，播放录音，验证答案；再次播放，模仿跟读。

Step 4：活动中体验、巩固、内化(4′)

学生学习完故事之后，教师组织学生开展小组活动，及时把新知巩固内化。树立角色意识，让学生在活动中感知、体验人物的心理活动和情感态度，在活动中体验合作的乐趣，培养学生用英语交流的能力。

2. 故事情节缺失性对话

我们从对话文本表述完整、故事性强这个角度，对涉及的所有对话板块进行深入分析时发现，有的对话中的文本信息虽然也呈现了一个故事，且故事情节不完整。两幅图之间虽然出现信息差，但两幅图谈论的话题相同。教师在教学中，可以以此为切入点，有效利用教材，按照故事发生的情节来学习对话内容。

【教学案例 2】

(1)教学内容：三年级下册 Lesson 15

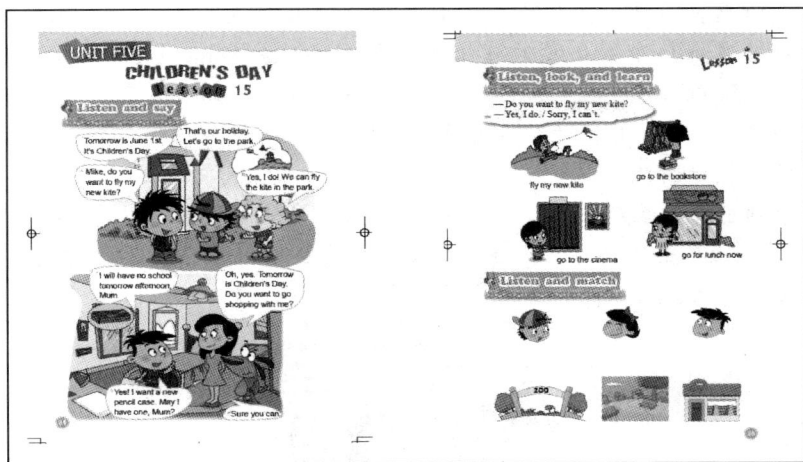

图 16

(2)对话教学内容分析

Lesson 15 是三年级下册 Unit 5 中第一节新授课。本课时的核心话题是儿童节。学生通过学习能够用商量的语气与他人沟通并征求对方意见，会主动与他人分享自己喜爱的物品。教学内容主要涉及对话(Listen and say)、单词句型(Listen，look，and learn)和活动(Match and say)三个教学板块。主要功能句型是"Do you want to…?""Yes，I do. /Sorry，I can't."。通过功能句型的学习，学生会用所学句型询问对方是否愿意做某事，并恰当回应。教学中，教师可以从核心话题展开，导入情境，自然导入到对话内容的学习。

对话板块呈现的两幅图是两个不同的情景。图一呈现出儿童节前一天，Mike、Yangyang 和 Baobao 在放学路上一起谈论儿童节事宜的场景。图二呈现出儿童节前一天，Maomao 和 Mum 在家里谈论儿童节事宜。虽然两个情景谈论的话题相同，但话题发生的地点和人物有所改变，故事情节不完整，情节出现部分缺失。教师在教学中，从儿童节的话题导入情境，恰当地将两段对话情景顺序颠倒，然后把这两个情景通过过渡性的语言结合起来，叙述成一个故事。这样就能将本课的几个学习板块有效地衔接在一起。学习完新知后，延续对话情景，引导学生一起看看 Maomao 的其他同学儿童节想要做什么，逐步过渡到词句板块的学习。

(3)对话教学目标

①能正确理解和朗读对话内容。

②能主动与他人沟通交流，提出活动建议，分享喜爱的物品。

(4)对话教学过程

Step 1：依托话题，导入情境(3′)

教师以儿童节话题展开，Tomorrow is Children's Day. What do you want to do? 学生自由讨论；之后反过来让学生问教师在儿童节前天想做什么事情，自然过渡到故事，让我们一起看看我们的朋友 What do they want to do on Children's Day?

Step 2：恰当使用教材，逐图学习(12′)

1)学习教材图二

①教师引导学生观察图 17，Who are they? Where are they? 猜测 Where are they going? 整体观看动画验证答案，让学生明确故事发生的时间、地点、人物和主要活动。

图 17

出示购物的图 18 帮助学生理解"go shopping"的含义；教师告诉学生"have no school means holiday"帮助学生理解词义。教师播放前两句，学生模仿跟读。

图 18

②学生明确故事情景后，教师引导学生猜测 Why does Maomao want to go shopping? What does Maomao want? 预测学生可能会说出 a pencil case，a bag，a toy，整体播放验证答案。Does mum agree? 学生猜测，教师播放后两句录音，验证答案，再次播放，学生模仿跟读。

2）学习教材图一

①教师告诉学生，通过图 18 的学习我们知道 Maomao 和 mum 在儿童节当天想去 go shopping。

T：Look at picture 1. How about Mike，Baobao and Yangyang?

通过观察图 19，学生能够看出故事发生在放学回家的路上，Mike、Baobao 和 Yangyang 一起讨论儿童节的事宜。

图 19

②整体播放图 19，请学生猜测 Where are they going? 第二次整体播放图 19，提出问题：What do they want to do? 让学生明确故事发生的主要活动是 go to the park and fly kites。

③教师帮助学生理解故事中的小细节：Whose kite is it? Baobao? Yangyang? 再次播放动画，学生回答是 Baobao 的 kite。教师在这里要渗透德育教育，引导学生要学会与他人分享自己喜爱的物品。

④教师整体播放动画一，学生跟读模仿。操练重点句型"Do you want to fly my new kite?""Yes，I do."。教师示范，学生开展小组活动。

3）小组活动，角色体验，巩固内化（5′）

教师引导学生听音模仿跟读，在熟练朗读对话的基础上进行角色体验，正确树立角色意识。在小组活动中，用所学语言与他人沟通，达到学以致用的目的。

基于三年级学生的心理、年龄特点，教材中文本对话呈现出的故事来源于学生的日常生活。因故事是一个相对完整并有语境的语言素材，学生喜闻乐见。教学中，教师可以把每篇对话按照文本信息的主要内容编排成一个小故事，以讲故事的方式把新知呈现给学生。帮助学生理解，体会故事中人物的心理变化和情感态度，提高学生学习英语的兴趣。

二、基于对话的功能性特点进行的设计

语言的本质是交际。交际能力是指人们能有效地运用一种语言知识进行人际交往和文字交流的能力。北京版《小学英语》低中年级 Listen and say 对话板块内容都是由功能句型构成的，结构简单、重复性大、规律性强是教师教学的主要资源。如何围绕"语言交际功能"来设计课堂教学，一直是英语教师极为关注的话题。教学中，呈现理解时凸显语言功能，巩固操练时发挥交际功能，小组活动时要运用语言交际功能。

（一）对话的功能性特点的含义

对话的功能性是指文本对话板块呈现的场景简单，交际句型突出，每个场景都有一个主要功能句型支撑，文本内容主要为这一主要功能句型服务。这种类型的对话，文本内容简单，功能句型结构清晰，贯穿整个对话。按照功能句型在对话中的意义分为核心句型突出性对话和情景语言丰富性对话。

1. 核心句型突出性对话

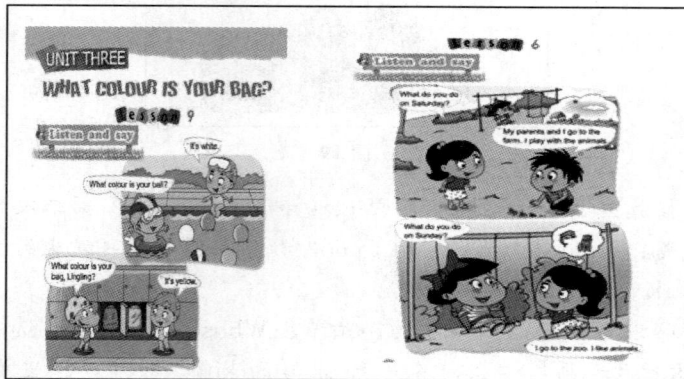

图 20

一年级下册 Lesson 9 中，对话文本内容呈现出交际句型是"What color is your…?""It's….。"句型结构简单，规律性强，始终贯穿文本内容。二年级

上册 Lesson 6 中，对话文本内容呈现的交际句型是"What do you do on…? I…"。交际句型具有同 Lesson 9 同样的特点。针对上面提到的对话类型，教学中，可以根据学生认知阶段年龄特点，设计能吸引学生兴趣的歌曲、童谣、话题，导入新课的学习。

通过大量研读教材，我们发现有些对话文本信息呈现的功能句型，只在对话开始出现，没有复现率，规律性不强，如图 21 所示。

2. 情景语言丰富性对话

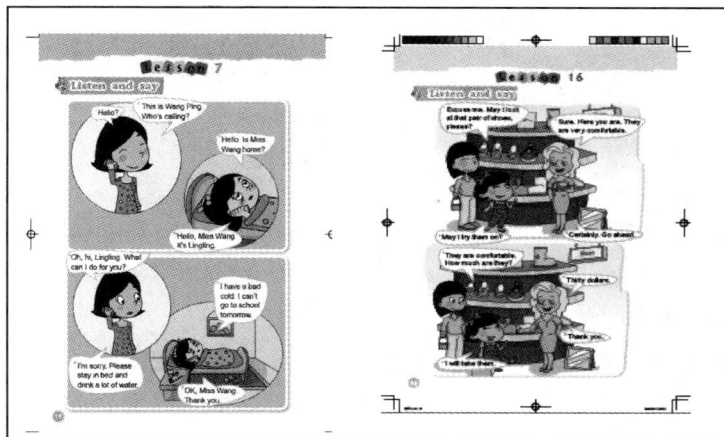

图 21

四年级上册 Lesson 7 中，对话文本是由两个连续情景构成。主要交际句型为"Is Miss Wang there?""This is Wang Ping. /Speaking. Who's calling, please?"，只在对话开始出现一次，没有复现率，不能凸显语言功能，学生对语言交际句型的理解与运用需借助其他情境语言。四年级上册 Lesson 16 中，对话文本呈现出两个连续情景。主要交际句型为"Excuse me. May I look at…, please?""Sure. Here you are."。交际句型同样只在主题图一出现一次，语言功能在主题图一中并没有凸显。针对这种功能型对话，我们建议教师可以为学生创设真实的情境，为让学生在真实的情境中感受语言功能，运用交际句型与他人交流。

(二)突出对话功能性特点的设计与案例

1. 核心句型突出性对话

从一年级开始，教材中对话的学习多是以交际句型为主的功能性对话。这些重复性大，规律性强的交际句型，贯穿了整个对话内容。低年级的学生思维以具体形象为主，活泼好动，乐于模仿，对英语充满浓厚的兴趣，具有大胆、自信、敢开口说英语的习惯。教师在教学过程中，可以结合学生年龄特点，按照所给的交际句型，设计相应的教学活动。针对上述核心句型突出性对话，建议教师可以这样处理：游戏激趣，导入话题；呈现情境，学习新知；小组活动，巩固内化。

【教学案例 3】

（1）教学内容：一年级下册 Lesson 9

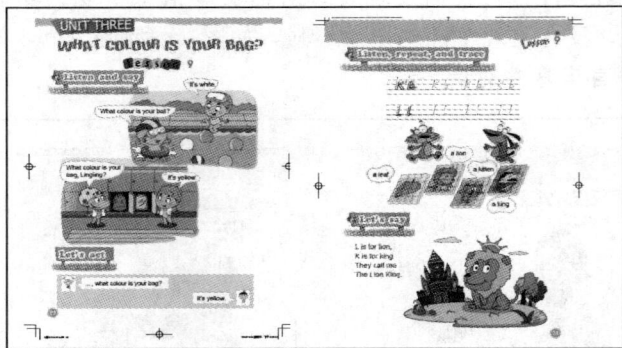

图 22

（2）对话教学内容分析

本课时的核心话题是 color。通过学习，学生能够询问物品的颜色并做出应答。教学内容主要涉及对话（Listen and say）、功能句型（Let's act）、字母及词汇（Listen，repeat，and trace）和韵文（Let's say）四个教学内容。本课时的四个教学板块文本内容联系紧密，主要功能句型是"What color is your …?" "It's…."。通过学习，学生能够在不同的情景中，用所学的功能句型与他人交流物品的颜色。教学中，教师要根据各个板块之间的联系整体设计教学活动，在热身环节提前渗透功能句型，为对话板块教学做准备。

对话学习板块中文本呈现了两个连续的情景，图一 Lingling 和 Baobao 在游泳池玩耍，Baobao 询问 Lingling 的球是什么颜色。图二延续图一的情景，Lingling 上岸后取书包碰到了 Guoguo，Guoguo 又询问 Lingling 的书包是什么颜色。观察文本内容可以看出图一和图二都是在谈论物品的颜色，且交际句型都是"What color is your …? It's…."这个模式，规律性强，重复性大，贯穿对话始终。依据对话结构特点，教师在教学中可以从本课核心话题入手，在预热环节提前渗透功能句型，在创设的情境中学习对话内容，通过已学带学的方式学习新知。

（3）对话教学目标

①能正确理解和朗读对话内容。

②能听懂、会说有关颜色的词 yellow、white。

（4）对话教学过程

Step 1：游戏激趣，导入主题（5′）

上课伊始，师生一起玩猜谜游戏。PPT 呈现出各种出色的图片，均遮盖住一部分，让学生猜猜物品是什么，然后询问：What color is it? 引导学生用 It's…. 的方式来回答，提前渗透 What color 的含义，为后面对话的学习做铺垫。最后一张呈现彩球的图片，接着询问：What color is the ball? What color is Lingling's ball? 直接导入对话学习内容。

Step 2：明确情境，以学带学，学习新知(10′)

1)学习教材图一

①首先教师呈现图23，引导学生观察非文本信息。

T：Who are they? Where are they? What are they doing?

学生能够说出 They are swimming and playing balls in the swimming pool. 明确对话发生的地点在游泳池。

图 23

②教师继续追问：Whose balls? 引导学生猜测。What color is Lingling's ball? 教师给出图24供学生选择：yellow，white。整体播放录音，学生收看动画说出 white。播放录音验证答案。

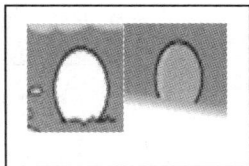

图 24

③由于在导入环节，提前渗透，故学生已经对 What color 有了一定的理解。教师再次播放录音，学生能够模仿跟读。

2)学习教材图二

①教师呈现图 25，after swimming，指着 Guoguo 的头像问 Who is coming? 学生通过观察图片能够答出"Guoguo"。指着图 26 书包追问：What are they? 学生能够答出"bags"。

图 25

图 26

②因为学生在前面已经学过询问物品颜色的句型，所以教师在教授图 26 时，可试着让学生和 Guoguo 一起询问 Lingling 书包的颜色。播放录音验证答案。接着引导学生猜测 Guoguo 书包颜色，插入 Guoguo 书包颜色的音频，验证学生猜测。再次播放，模仿跟读。

Step 3：小组活动，巩固内化（5′）

教师组织学生跟读模仿对话内容，在熟练朗读的基础上，组织学生开展 ask and answer 的活动。教师先找同学示范，然后引导各小组学生按照 What color is your ball? It's white. What color is your bag? It's yellow. 任意一组对话进行问答活动。

2. 情景语言丰富性对话

我们从功能性对话模式看，大多数的功能性对话具有重复性大、规律性强，且交际句型贯穿对话过程的特点。但发现少数对话中，功能句型只在对话中出现一次，没有复现率，且不能完全表达对话文本内容。它的目的性不强，不能凸显本身的语用功能。学生对功能句型的理解与运用需借助文本中的其他情景语言。

针对上述这种结构型对话，教师在教学中可以用这种方式呈现：话题预热；创设情境，以事件发展的推进，学习新知；小组互动，巩固内化。

【教学案例 4】

（1）教学内容：四年级上册 Lesson 7

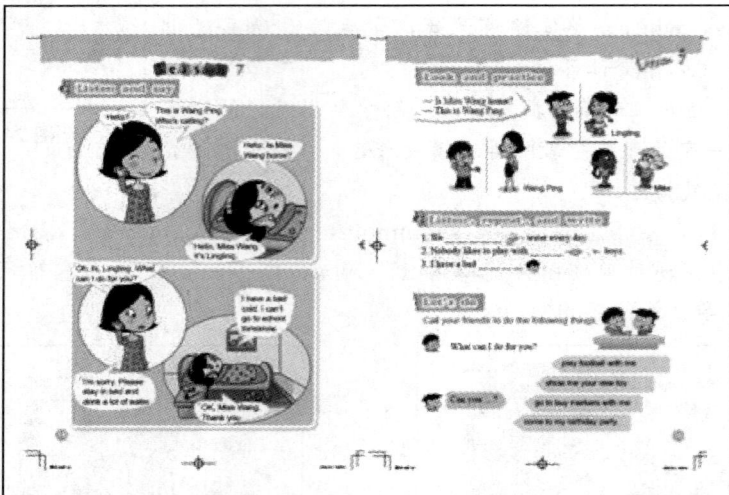

图 27

（2）对话教学内容分析

本节课的核心话题是打电话，通过学习，学生能够知道生病了如何向老师请假，以及得知病情后如何用英语宽慰、劝解对方，树立关心他人的情感。主要涉及对话（Listen and say）、单词句型（Listen，look，and learn）和活动（Let's do）三个教学内容。主要功能句型是"Is … home/there?""This is Wang Ping.""Who's calling, please?"。通过学习，学生会在生病时候用英语和老师请假。教师在导入环节，可以呈现几张各种原因导致身体不适的图片，师生一起讨论What's the matter with them? If you are he or she，what would you do? 展开讨论，进行话题预热。

对话板块呈现出两个连续的情景。图一呈现出 Lingling 躺在床上给 Miss Wang 打电话；图二顺延了图一的情景，Lingling 告知 Miss Wang 她感冒了，向 Miss Wang 请假并告知她明天不能上学的事情。功能句型只在图一出现一次，图二中没有复现。因此，仅仅通过图一功能句型的内容，学生不能理解 Lingling 给 Miss Wang 打电话的目的，需要借助图二的情景语言，来帮助学生理解交际句型的语用功能。

针对上面提到的功能性对话，教师在教学中可以在导入阶段进行话题预热，创设情境，让学生在情境中体会语言功能。学习完新知，教师可以引导学生在其他情境中进行句型替换，直接过渡到词句学习板块。

（3）对话教学目标

①能理解和正确朗读对话内容。

②能在打电话的情景中听懂、理解、认读 calling，bad，cold，stay in bed 和 drink a lot of water 等词汇。

③能够用英语表达身体状况，及得体地给病人以劝解对方，树立关心他人的良好情感。

（4）对话教学过程

Step 1：经验分享，话题预热（3'）

教师出示一组各种原因导致学生身体不适的图片："What's the matter with them?"引发学生对本课对话情景的预测。学生基于自己的经验与老师交流互动。如果自己身体不舒服，你会怎么做? 引发学生对本课话题进行预热。

Step 2：创设情境，学习新知（12'）

1）学习教材图一

①教师呈现主题图，引导学生观察图 28：Who are they? Where is Lingling? What are they doing? 学生通过观察图片能够说出答案。

②教师创设打电话的情境，播放电话铃响的声音，引导学生预测：Who's calling? 整体播放动画验证答案。

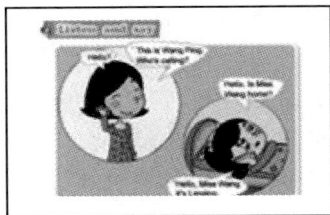

图 28

③Lingling is calling Miss Wang. What does

Lingling ask Miss Wang? 播放动画前两句；再次播放，学生模仿跟读。Is Miss Wang there? 学生猜测，教师再次整体播放动画验证。教师纠正单词"calling"的发音。

④整体播放动画，学生跟读模仿。教师示范，开展小组活动，让学生在语境中练习功能句型。

2）学习教材图二

①教师呈现图29，引导学生观察图片并进行原因追问：Is Lingling happy? Why does Lingling call Miss Wang? 教师用过渡性的语言自然地把两幅图串联成生病打电话请假的片断。引发学生思考，播放动画验证答案。

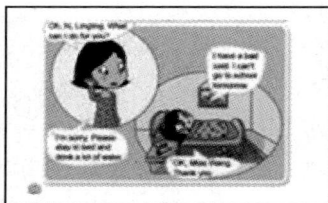

图 29

②What does Lingling tell Miss Wang? 播放动画前两句，再次播放验证答案。句子"What can I do for you?"的理解，Can I help you means what can I do for you。再次播放，学生跟读模仿。

③询问学生：When Miss Wang knew Lingling was ill. What did she tell Lingling? 播放图29后两句，再次播放，验证答案。教师借助图30和图31和动作帮助学生理解"stay in bed"和"drink a lot of water"的含义。再次播放后两句，学生跟读模仿。

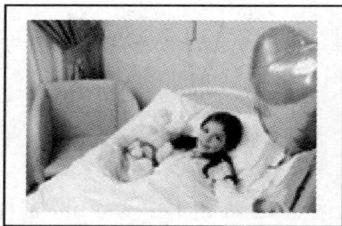

图 30

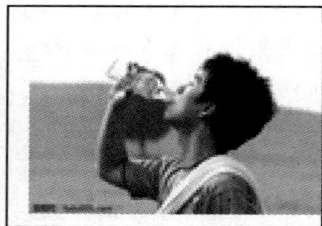

图 31

④整体播放动画，学生模仿跟读。

Step 3：小组活动，巩固内化（5′）

学习完对话后，教师组织学生整体模仿跟读，在熟练朗读的基础上，分角色表演对话。

布鲁姆认为，"成功的课堂教学应在课内创设更多的情境，让学生有机会运用已学到的语言材料"。低年级的对话文本呈现的内容结构简单，交际句型突出。因此，教师在授课中，可以为学生创设符合学生实际的真实交际情境。引导学生在真实的情境中，用所学交际句型与他人交流，达到学以致用的目的。

三、基于对话的文化性特点进行的设计

语言是文化的载体。审视北京版教材我们发现 Listen and say 对话板块，内容除涉及语言知识，还努力体现了社会主义核心价值体系及语言学习对学生心智发展的价值。在体现了语言工具性的同时，更好的兼顾了语言的人文性。

在各册教材 Listen and say 对话文本内容的呈现中，除了学习西方国家特有文化的同时，还适当融入了中国元素板块和中外文化之间比较的内容，以期在提高学生语言交际能力的同时提高跨文化交际意识和祖国意识。

(一)对话的文化性特点的含义

所谓人文性对话，是我们以对话文本与对话所承载的文化内涵的角度，审视对话并对对话进行的再定义。切入点指的是在小学英语对话教学中，针对语言文化突出的板块内容教师在教授语言知识、培养学生口语交际能力的同时，要根据学生的认知水平、思维特点，以课堂教学作为语言文化学习的主要途径。

在课堂教学的过程中，要根据具体教材内容的特点，挖掘文化信息，并因地制宜、适时适度地进行语言文化的渗透。让学生在与他人交流的过程中不是单纯的语言交流，而能从简单的语言交流中透露出某种文化气息，让孩子做最自信的交流。在以语言人文性的角度为切入点解析北京版教材时，根据其文化在对话文本中的显性程度，将 Listen and say 板块进一步分为用文化学习语言和用语言学习文化两种。

(二)突出对话人文性特点的设计与案例

1. 用文化学习语言

众所周知语言是文化的工具，与文化水乳交融。判断是否真正掌握一门外语，仅从语音语调的正确、标准程度来衡量是错误的，应深入了解所学语言的国家所承载的深厚文化背景，熟知中西方行为习惯、考虑问题的惯性思维、礼仪习俗等方面的异同。只有把握了文化背景，才能得体地运用语言进行交际。

如中国人路遇熟人总爱寒暄道："吃饭了吗？""到哪儿去？""上班呀？"等，在我们看来这是一种礼貌的打招呼用语。若按照中文习惯译成英文跟西方人这样打招呼"Have you had your meal？""Where are you going？"他们则会认为你想请他吃饭或者干涉其私事，容易造成误解。其实西方人见面，通常是简单的打个招呼："Hello。""How do you do！"或谈论天气："Nice day，isn't it？"作为寒暄。这些语言的得体运用都需要建立在对语言文化的深层理解的基础上，这些在北京版教材中都有所体现。

如：二年级下册 Lesson 9、Lesson 10

图 32

图 33

　　两课中的 Listen and say 板块都以 Maomao 和 Guoguo 到 Lingling 家做客为大背景，以人物活动的地点变化为线索，呈现了核心语言"Would you like to…?"提出请求及相应的应答句。"Would you like to…?"是英文中邀请、待客时特有的语言交流方式，体现了英语语言文化中在待人接物方面对礼仪的注重及对他人的尊重。作为主人希望所邀请的客人来家做客时能够表现的自然，感受到愉悦放松。同样作为客人，应做到不能未经允许就开冰箱拿饮料或随手乱动桌子的书本资料等，那样被视为不礼貌。

　　再如：三年级上册 Lesson 19、四年级上册 Lesson 10

图 34

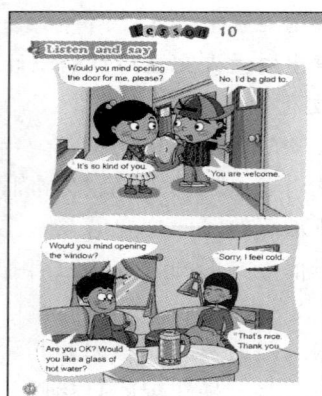

图 35

　　Lesson 19 的 Listen and say 板块以 Baobao 和 Lingling 做手工为大背景，以人物之间相互借手工物品为线索，呈现了功能语言"May I borrow your…, please?"寻求帮助及相应的回复。Lesson 10 的 Listen and say 板块则是以不同场景和不同的人物关系为背景，呈现了目标语言"Would you mind…, please?"提出自己的请求及相应回答方式。虽然功能句型不同，但是同样体现了用英语进行交流时，即便是很熟悉的朋友之间也不能忽视基本的礼貌。这些文化与中文是截然不同的。

除此之外，中西方不同传统节日的庆祝方式也能够鲜明的体现各自的文化特点，尤其是在节日的礼仪方面，中西方也有着迥然不同的文化差异。

再如：三年级上册 Lesson 24、三年级下册 Lesson 21

图 36

图 37

Lesson 24，生动再现了在圣诞节朋友互赠礼物的快乐场景。Lesson 21，父亲节到了，对话呈现 Baobao 在父亲节送给爸爸礼物的场景，要知道中西方人接受他人礼物时的表现是截然不同的。西方人总是高兴地接受并当场打开礼物，表示喜爱和感谢，同时也是对对方的尊重。中国人在收到礼物时常常会说些推辞之类的客套话，然后把礼物放置一边，等客人走了再打开看，如此视为对对方的尊重。若仅仅是站在学习语言知识的角度看这两课的对话内容，不难发现：句子结构简单，需要新授的单词很少，学生可以轻易地做到正确朗读对话。但是对于教材中出现的这样融入了语言文化的对话内容，正确朗读并简单分角色表演对话就是学生的最终学习目标吗？教师对课堂各个教学环节的活动设计，紧紧围绕学生能够正确理解并会读对话中的文本语言就是对教材的正确把握吗？

答案绝对是否定的。针对这种语言知识相对简单并渗透了英语文化的对话文本学习，教师在进行课堂教学活动的设计时可以尝试以文化的理解体验为教学主线，通过观察图片、播放音视频、现场模拟等活动多角度地呈现西方文化。依托文化学习语言，在正确朗读对话内容的同时理解为什么要这么说，即理解语言的文化内涵。让学生在学习语言的同时通过视、听、说、体验等不同形式的课堂参与活动，加深中西文化差异的理解与认识。

在教学中也可以采用如下方式进行：导入学习主题，创设文化氛围—激活已知经验，感知文化要素—学习对话新知，分层渗透文化—评价学习效果，融入体验文化。

【教学案例 5】

(1)教材内容：三年级上册 Lesson 24

图 38

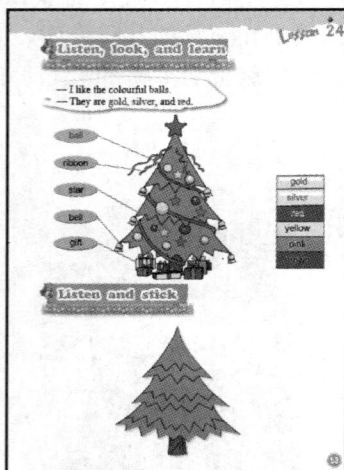

图 39

(2)对话教学内容分析

Lesson 24 是三年级下册 Unit 7 中第二节新授课。单元的核心内容是描述中外节日活动(talking about holiday)。本课创设圣诞节的节日背景，主要涉及对话(Listen and say)、单词句型(Listen，look，and learn)、活动(Listen and stick)三个教学内容。对话板块呈现的两幅图组成了一个连续的对话情景，两位中国小朋友到外国小朋友家一起庆祝节日。图一(图 38 上方)呈现了 Yangyang 和 Lingling 看到圣诞树表达自己喜爱圣诞树和彩色缤纷的彩球，Mike 补充介绍具体颜色。图二(图 38 下方)呈现了大家互送礼物，Yangyang 和 Lingling 表达了对所收到礼物的喜爱。整个对话展示了欢乐的西方节日特色和情趣，同时渗透了英语中接受他人礼物时当场打开，而且不吝于表示喜爱和感谢的文化特点。

本课三个教学板块中的文本内容前后联系紧密，Listen，look，and learn 中的核心句型" I like the colourful balls. They are gold，silver，and red."与图一中的文本内容一致，同时图二文本中出现的 brown，pink 颜色类词汇又与 Listen，look，and learn 中核心词汇相一致。教师在讲解时要注意结合本课前后文本内容的内在联系，整体设计教学活动，并在对话学习时能够有意识地强化与巩固，为 Listen，look，and learn 板块学习做铺垫。

(3)对话教学目标

①能够正确理解、朗读对话内容。

②能用"I like…."表达、交流自己所喜欢的物品并描述其颜色。

③能在表达相关节日物品的情景中积极表达自己的喜爱与感谢。

（4）对话教学过程

Step 1：复习导入，引出主题（2′）

教师带领学生回顾第23课对话内容，并简单询问 Do you like（Halloween)? 等节日，当问到 Do you like Christmas? 学生回答后，播放"We wish you a merry Christmas"歌曲，同时宣布 Christmas is coming. 师生共唱歌曲。

此环节借助复习前一课所学内容，帮助学生对前后知识建立联系明确单元核心主题。通过适时的引入歌曲引出本课主题，创设出圣诞节特有的欢快氛围。

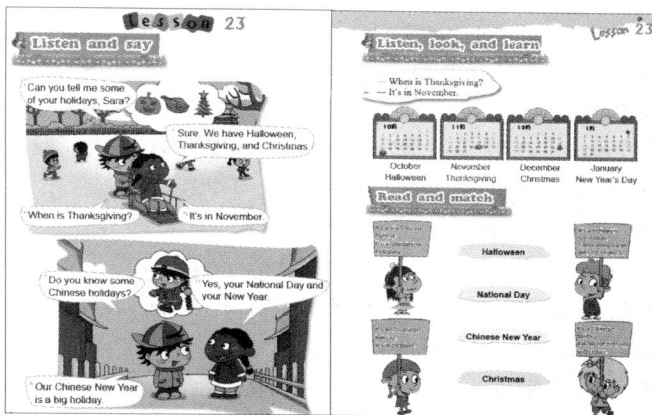

图 40

Step 2：出示无字幕背景图片，了解对话基本信息（3′）

①挖掘学生已有的旧知，引出对话中即将出现的重点词汇 Christmas tree 和 gift。教师可以询问学生 What do you see on Christmas? / What do you like at the Christmas party? 等问题。

图 41

②教师介绍在 Mike 家将举办一个圣诞聚会，并邀请了 Yangyang 和 Lingling 前来参加。出示图一，引导学生关注到图中如：Christmas tree, gifts, balls, stars, ribbons 等信息，适度渗透 Listen, look, and learn 中的词汇，学生初

步感知并理解词义。

Step 3：学习对话内容

A. Learning picture 1（预设 5′）

教师说明本课学习内容和评价方法，并告诉有圣诞礼物派送，让学生带着期盼、喜悦的心情开始本课学习，体验圣诞节的快乐。

① 教师询问 What do you like? 师生之间简单交流了解图一中出现的物品哪些是学生自己喜欢的，从而引出文中人物的喜好。借助提问 What does Yangyang/Lingling like? 激发学生的学习兴趣，同时帮助学生与对话中人物产生情感共鸣。

②播放动画课件明确答案，学习图一。

教师继续播放对话音频，引导学生听音跟读模仿。此时注意在 Lingling 所说句子中 colourful 为新词，教师可以通过观察圣诞树上缤纷的装饰帮助学生理解，有意强化 I like the colourful balls. 的操练。

③图中 Mike 的描述是进一步对 colourful 的补充说明，可通过询问 What colour are they? 引出"They are gold, silver, and red."并听音跟读模仿。需注意此句中并列出现多个颜色词，教师应适度关注学生的语音语调。

B. Learning picture 2（预设 5′）

聚焦树下琳琅满目的礼物，教师引导学生猜测盒子中的礼物，进入图二学习。

图 42

①教师提问 What gifts have they got? 播放图二动画课件，明确盒内礼物（bear，skirt）。随后进一步明确礼物的所属关系，即：Yangyang has got a bear. Lingling has got a skirt.

借此活动自然过渡到图二的学习，通过让学生猜测盒内的礼物是什么，激起学生对礼物的好奇，并对接下来自己会收到什么样礼物产生期待，产生情感共鸣有利于学生更主动地表达出自己的情感。

②教师提问 Do they like their gifts? 学生回答。继续播放对话音频，引导学生听音跟读并模仿 Yangyang 和 Lingling 的语气介绍自己的礼物。

③延伸对话。

对话中并没有对 Mike 的礼物进行描述，教师可借此引导学生猜测 What gift has Mike got? 鼓励学生说出礼物的名称及相关颜色，并模仿 Mike 来表达对自己礼物的表达。如：I like my gift. It's a (yellow car).

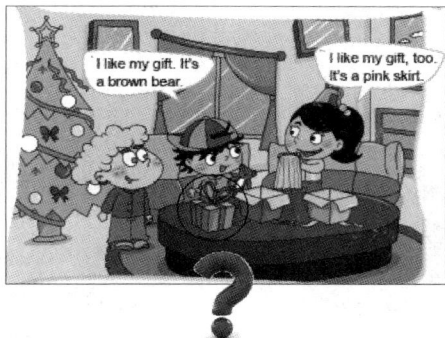

图 43

通过拓展对话内容，采用半开放式的活动形式帮助学生进一步掌握对话的核心语言，并为能够正确描述自己的礼物做准备。

Step 4：操练对话，小组展示(预设 3′)

播放全文录音学生听音跟读，随之组织小组活动，分角色模拟对话，并选出 2—3 组学生在全班做角色扮演，表演对话。

Step 5：学习效果评价(预设 3′)

教师对于表演出色的小组或表演优秀的个人送出圣诞礼物，示意学生可以现在打开。教师鼓励学生用所学句子描述礼物，勇敢表达出自己对收到礼物的感受，体验语言文化。

教无定法，在实际教学中每位教师对于如何渗透文化都有各自的妙招。无论设计何种教学活动，我们需要知道：(1)文本本身就是文化的载体。(2)课堂文化渗透要有层次感。教师应该在各个教学环节中想清楚要进行什么样的文化渗透，要定好渗透时"纽带"是什么，通过这些"纽带"逐渐把文化渗透的目标推进，使得文化渗透的氛围得到逐步渲染。当文化氛围得到很好的营造后，学生自然就会融入相应的对话语境中理解语言，语境的自然流淌出来语言思维，形成文化意识由"知"向"行"的质变过程。

2. **用语言学习文化**

世界是斑斓多彩的，中西方的节日文化也是各具特色的。这些文化节日有的存在差异，有的存在偶合。如西方国家有 Easter、Halloween、Thanksgiving、Christmas，而我们有 Dragon Boat Festival、Mid-autumn Festival、

Spring Festival、Lantern Festival。西方国家最重视圣诞节，而我们最看重春节。西方国家有万圣节的南瓜灯，而我们有元宵节的花灯。

当然中西方也有相同的文化节日，如：New Year's Day 、Children's Day、Tree-planting Day、May Day 等，虽然中西方拥有的节日相同，但因其各自历史和文化背景的不同也会有所差异。

如：三年级下册 Unit 1 Lesson 2、四年级下册 Unit 5 Lesson 15

图 44

图 45

Lesson 2 的 Listen and say 板块中，Sara、Lingling 和 Baobao 因临近植树节，三人就 Tree-planting Day 这一话题展开对话。对于植树节学生们并不陌生，但是通过阅读对话中的语言文本我们发现虽然中西方皆有植树节，但节日的时间各不相同。中国的植树节定于 3 月 12 日，而在美国 4 月 22 日为每年的植树节。另外美国植树节的英文表述不是"Tree-planting Day"，而称为"Arbor Day"。这些文化差异学生只有在完成了对对话中语言知识的学习之后方能了解。

这样的节日异同同样出现在了四年级下册的 Unit 5 Lesson 15 中。在 Lesson 15 的 Listen and say 板块中，Guoguo 和 Sara 就即将到来的 May Day/Labour Day 的相关活动安排进行交流。对话的主题虽为"劳动节你打算做什么？"，但通过对两人交流的语言文本信息的学习，得知中国劳动节在五月，而美国劳动节则是在九月。这些文化知识的获取同样需要借助语言学习来完成。因此教师在帮助学生正确理解对话文本中出现的语言文字并掌握功能句型"What are you going to do on May Day?"的同时，也应适当融入对社会节日差异的解释说明，帮助学生拓展文化视野。接下来就以 Lesson 15 为例展开具体说明。

【教学案例6】

(1)教材内容：四年级下册 Lesson 15

图46

图47

(2)对话教学内容分析

Lesson 15 是四年级下册 Unit 5 中第一节新授课。单元的核心内容是 Intention and plan，围绕"节日及安排"这一话题展开，主要涉及对话（Listen and say）、单词句型（Listen, look, and learn）、活动（Let's do）三个教学内容。Listen and say 对话场景从谈论劳动节入手，图一主要呈现了 Sara 和 Guoguo 在游乐园玩，劳动节就要到了，二人就什么时候是劳动节展开了交流。图二呈现的则是两人玩累了坐下来休息，并进一步就"What are you going to do on May Day?"展开交流。两幅图中的对话内容有层次、涉及面广、延展性强。

通过分析图一对话内容可知，中西方劳动节的时间是不同的：It's on May 1st in China, but it's on the first Monday of September in the U. S. A.．体现了中西方文化的差异，在教学中要适度强调。学生们对美国的劳动节并不了解，课堂上教师可适当插入图片或视频帮助孩子直观了解美国劳动节，拓展视野。图二部分的对话内容是谈论如何计划假日活动，此部分内容贴近学生生活实际，课堂上师生之间可以更多地进行交流讨论，说一说自己劳动节打算做什么，将书本上的内容延伸至生活实际，同时帮助学生提高口语表达能力。

本课三个教学板块的核心内容都是"节日与安排"。Listen, look, and learn 部分除 May Day 之外又涉及了 World Earth Day 和 Tree-planting Day，核心功能句型为"What are you going to do on…?""We are going to…."，属于半开放式的语言学习。Let's do 部分则是一个开放式的学习板块，呈现了部分月份的日历，要求学在日历上圈出节日并合理计划。其中"What are you going to do…?""We are going to…."句型学生在三年级下册 Lesson 2 中已经学习，十二个月份以及日期的表达学生在三年级上册第一单元已学，这些都为本课学习提供了丰富的语言储备。

设计教学活动时要注意结合各板块前后文本内容的内在联系，在对话学习的同时针对词句板块的核心句型进行有意识的强化，同时将 Listen, look, and learn 板块内容作为 Listen and say 中图二对话内容的延伸。通过合理整合两个板块内容，丰富对话情景，帮助学生更好地掌握本课核心语言。

（3）对话教学目标

①能够正确理解、朗读对话内容。

②能初步运用"What are you going to do on…?"及答语"We are going to…."简单交流节日计划。

③能在学习和讨论节假日活动安排情景下，了解中西方文化节日差异，开阔视野。

（4）对话教学过程

Step 1：复习导入，激活旧知（预设 3′）

① 播放歌曲"Months of the year"，学生跟唱歌曲。此活动帮助学生复习已学 12 个月份及季节词汇，为后续 Let's do 环节做铺垫，同时活跃课堂气氛。

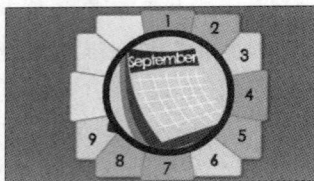

图 48

②借助歌曲内容出示日历图片，师生预热交流，学生初步理解 May Day/ Labour Day。

如：T：Look！What's on June 1st?

Ss：It's Children's Day.

T：What are you going to do on Children's Day?

教师引导学生完整问答"I'm/We are going to…."为理解和学习对话内容做准备。

图 49

Step 2：学习对话

A. *Learning picture* 1（预设 5′）

① 教师呈现无字幕图一对话场景，引导学生观察图片，简单提问：Who are they? Where are they? Can you guess what they are talking about? 借此引发学生思考。

②无字幕播放图一动画课件，明确 Guoguo 和 Sara 对话主题。

预测学生回答情况 1：They are talking about May Day.

学生答出 May Day 之后，教师可以顺势询问 Is May Day a holiday? What can we also call it?

预测学生回答情况 2：They are talking about a holiday.

学生答出 holiday 之后，教师也可以顺势询问 Which holiday are they talking about? Is May Day a holiday?

③引发思考后，有字幕播放图一动画课件，学生看课件知道"May Day is a holiday. We also call it Labour Day."教师带读 Labour Day。

④教师 PPT 出示课本图一，再次询问 When is Labour Day? 学生读图，引导学生关注到中美两国节日文化的不同。

图 50

⑤播放音频，学生听音跟读图一中第三、四对话的内容。

⑥教师自制课件，出示与美国劳动节相关的图片，如：杂志、图标，以及美国人如何过劳动节的生活图片并附有简单的英文介绍，感受异国文化风情，开阔眼界。介绍内容及图片参考如下：

In the U.S.A., Labour Day is the first Monday of September every year. When Labour Day is coming, it means the end of summer. It also means the beginning of the school again. When Labour Day is coming, they are going to have a speech. They are going to have a picnic. They are going to have a trip. Labour Day is a happy holiday.

图 51

⑦播放音频学生跟读图一，之后2—3组学生分角色朗读对话一。

B. *Learning picture* 2（预设 6′）

①教师引导学生围绕刚刚看到的关于美国劳动节图片进行简单交流。

T：Labour Day is coming. What are they going to do on Labour Day? 学生尝试回答出：They are going to have a picnic/have a trip. 等。

②引导学生关注节日安排。教师询问学生 What are we going to do on May Day? 学生联系生活实际，回想中国劳动节做什么，并尝试完整回答"We are going to…."。

③教师引发学生思考，猜一猜 What about Guoguo? What is she going to do on May Day? 发散学生思维，积极猜测。

这个过程既引发了学生思考激发了学生继续学习的好奇心，同时又能更好地激活学生已知词短语，进一步为后续学生自己的语言输出做铺垫。

④无字幕播放动画课件，学生看课件听出 Guoguo 的假日计划：We are going to visit the Great Wall in Shanhai Guan.

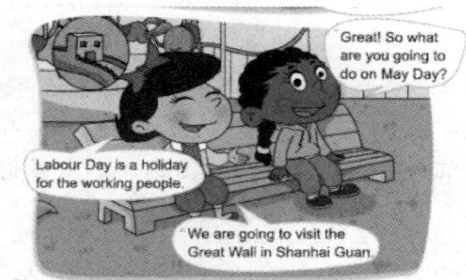

图 52

⑤播放图二音频，学生逐句跟读学习。

Step 3：操练对话，拓展学习（预设 6′）

①整体播放对话音频，学生看书指读。

②学生两人一组，小组分角色操练对话，小组展示，师生评价。

③教师引发学生思考，制订自己的节日计划。

首先，借由 Guoguo is going to visit the Great Wall. 引发学生思考 What can we do on May Day? 让学生尽可能多的说出适合的动词短语。

然后，教师在学生给出参考建议之后呈现 PPT，以头脑风暴的形式，图文并茂的出示相关短语，帮助学生唤醒旧知，并适当拓展新的动词短语。

有了丰富的词汇基础之后，此时教师询问学生自己的假日安排 T：What are you going to do on May Day? 再次引导学生完整回答 We are going to…. 为接下来开展的 Listen，look，and learn 做准备。

④延伸对话内容，引出 Listen，look，and learn 板块学习。

T：We can do many things on May Day. What about other holidays?

综上所述，无论是用文化学习语言，还是用语言学习文化，想要强调的是：英语教学不再只是一项单纯的语言培训活动，而是要在教授语言知识本身的同时，将文化巧妙有效地融入我们的英语课堂，不断培养学生的英语文化意识。教师更应根据教学内容和学生的认知特点采取必要的策略，融文化教学于语言知识教学之中，以培养学生的文化意识，为以后的英语学习奠定良好基础。

四、基于对话的情境性特点进行的设计

北京版教材 Listen and say 对话板块都配有情景图，是最直接的教学资源。我们认为这些情景图不仅为对话提供了真实的语境，而且成为对话学习中的隐性语言，为教师提供了多样化、信息化的素材资源。科学有效地运用图片语言能有效降低学习难度，将抽象的语言材料形象具体化，增加学生的学习兴趣，对提升我们英语课堂教学有效性有着非常重要的作用。

(一)对话的情境性特点的含义

所谓情境性对话，是我们以对话文本与背景图关系的角度为切入点，对对话进行的再定义。重点看的是教材中对话图片信息与对话文本信息的契合点和匹配度，并思考如何利用图片简约、直观、形象、鲜明、生动的特点，以图文结合的方式开展对话教学。情境性对话又分为图文信息互补型和图文信息无关联型。

(二)突出对话情境性特点的设计与案例

1. 图文信息互补型

北京版教材 Listen and say 对话板块都配有背景图，这些图片设计的目的是为对话中文本内容创设一个合理的情境。通过对话学习，学生不仅完成了对语言文字的学习，同时培养了学生正确情境下的语言运用能力。色彩鲜明的情景图也从视觉的角度上不同程度地弥补了文字内容的不足，可以作为最

直接的教学资源。

另外，根据儿童的生理和心理特点，小学生对形象化的读图理解能力远比对纯文字的阅读理解能力强。通过观察图片所蕴含的大量信息，直接把语言材料和思维直接联系起来，不仅减少了中间汉语释义的环节，同时培养了学生用英语思维的习惯。虽然图片所提供的情境远没有多媒体课件那样丰富，但这种利用现有材料信手拈来之势对学生而言受益无穷，对老师而言事半功倍。

如：二年级下册 Lesson 14、四年级下册 Lesson 10

图 53   图 54

Lesson 14 的 Listen an say 板块中，情境一 Guoguo 在教室里捡到一件夹克，并询问 Yangyang 和 Baobao 是否是他们的，接着情境二 Yangyang 和 Baobao 在操场玩，Yangyan 询问篮球架上的红领巾是否是宝宝的。对话中文本语言的构建形式主要由新功能句型的交替出现组成，同时新词较多，如 jacket、red scarf 和 schoolbag，学生理解和学习难度大。但是教材给我们提供的图片资源，一定程度上弥补了文字内容的不足，恰到好处地帮助了学生更好的理解对话内容，是对话局部内容的点缀。

相较于上述 Lesson 14 中背景图作为对话学习局部内容的点缀，Lesson 10 所提供的语言情境更丰富，背景图中承载了大量的语言信息，学生可以通过观察与想象完成对对话中语言知识的学习，形成对话内容的全景勾勒。此时教师可以带领学生就主题图中的背景信息谈论文本中呈现的语言知识。在师生交流的过程中适时的呈现新语言，并进行适度的操练。而音视频课件可以作为在新语言学习之后的信息验证或再次输入巩固的教学资源。下面就四年级下册 Lesson 10 的 Listen and say 板块内容为例具体说明。

【教学案例 7】

(1)教材内容：四年级下册 Lesson 10

图 55

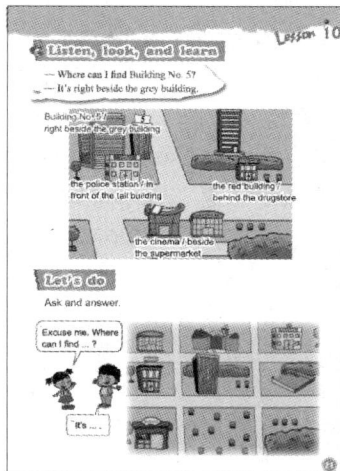
图 56

(2)对话教学内容分析

Lesson 10 是四年级下册 Unit 3 中第二节新授课。单元的核心内容是"问路与指路"(asking and telling the way)，本课创设为步行问路背景，主要涉及对话(Listen and say)、单词句型(Listen，look，and learn)、活动(Let's do)三个教学内容。对话板块呈现的两幅图均围绕同一个情景内容展开，两幅图的情境无大变化。对话情景一为在居民小区内，一位阿姨正在向 Maomao 询问 5 号楼在哪里，Maomao 为她指路；对话情景二为 Maomao 亲自带着阿姨找到了 5 号楼的位置。

"问路与指路"的语言比较多，表达方式灵活多样。Listen and say 板块的对话文本无重复的语言结构，内容较为抽象，学生不易理解和掌握。但是通过仔细研读教材，将语言知识与语言情境进行对比观察，发现实际上主题图所提供的教学资源已经全部涵盖了对话中的语言文字。

教学中教师应该最大限度地挖掘对话主题图中的教学资源，最大化地发挥作用。可以利用主题图导入对话学习，并梯度呈现语言新知。借助图片信息帮助学生理解对话内容，把握知识要点的同时拓展学生思维，提高学习能力。另外本课三个教学板块中的 Listen，look，and learn 为复现主课文重点句型，学习新单词并替换语用句型。借助对 Listen，look，and learn 内容的分析可以准确制定出本课对话教学的重点，同时在对话学习时教师可以有意加强学生对"Where can I find…?"结构的学习，以及表方位的介词的理解，以便开展后续内容学习。

（3）对话教学目标

①能够正确理解、朗读对话内容。

②能正确理解方位介词 beside，behind，并初步运用"Where can I find …?"的基本结构向他人问路。

③能在学习问路与指路的过程中，形成懂礼貌、乐于助人的好品质。

（4）对话教学过程

Step 1：复习 Lesson 9，导入本课主题（预设 2′）

教师带领学生复习第 9 课对话内容，随后呈现第 10 课图一，教师询问 Who are they? What are they talking about? 学生观察背景图了解对话主题。

通过复习上一个课时的对话内容，帮助学生回顾问路与指路的基本结构与表达形式，便于学生理解和掌握本课新的问路与指路语言结构。

Step 2：谈论情景图，学习对话内容（预设 10′）

①教师自然引出问题，带领学生走入情景图。

图 57

教师针对情景图中提供的大背景提出问题，学生观察图片，并在交流过程中理解并学习 Building No.，grey。

教师预设问题	学生看图回答
Q1：What do you see in this picture?	Many buildings.
Q2：What are the numbers of the buildings?	**Building No.** 9/10/4/5.
Q3：What colour are the buildings?	Red and **grey**.

注：**building** 为学生已知词汇，前一课对话已经学习。

②教师继续提出问题"What's this woman looking for?"，引导学生通过仔细观察背景图中人物的眼神和手势猜测答案。此环节过程中，教师可以提示学生结合上一课学习的"Excuse me, please."内容尝试完整回答"Excuse me, please. I'm looking for _____ ."

图 58

③教师播放对话中"Excuse me，please. I'm looking for Building No. 5."音频（建议重复播放 2 遍），验证答案。教师再次播放音频，学生听音模仿跟读。

④深入挖掘情景图细节，理解学习语言新知。

教师问题引领，在师生的问答交流中充分谈论图片信息，理解重点词汇 find，nearby，beside，学生学习对话基本内容。

教师预设问题	学生看图回答
Q1：Can you find Building No. 10 ?	Yes.
Q2：Where can you find Building No. 10?	It's **behind** Building No. 9.
Q3：Can you find Building No. 5 ?	Yes.
Q4：Where can you find Building No. 5?	It's **right behind** Building No. 4.
……	……

此问答交流环节中，对于新授单词学生在回答问题时可适当出现中文，教师借由学生的中文答案适时教授新词。以 Q3、Q4 为例，师生可进行如下交流，画横线处为所涉及的课文文本内容：

T：Do you **find** Building No. 5？（教师观察学生情况，可及时降低问句难度帮助学生理解。如：Do you see Building No. 5?）

S：Yes.（学生找到 Building No. 5 后，教师播放 PPT，放大图 1，清晰呈现 Building No. 4 与 Building No. 5 具体位置，自然过渡到对话图 2。）

图 59

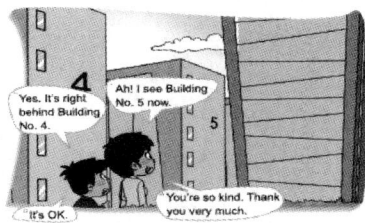

图 60

T：Where can you **find** Building No. 5？ Where is Building No. 5?

（教师观察学生情况，可及时降低问句难度帮助学生理解。教师 PPT 出示提示，根据学生实际回答情况进行先后学习。）

图 61

S：Behind Building No. 4. 或中文回答"4 号楼后边"。

T：Yes，it's **right behind** Building No. 4.

（教师边指图边说明，并播放音频学生跟读此句 2—3 遍）

T：Ah! I see Building No. 5 now.

（播放音频学生跟读此句 2—3 遍。）

It's over there. It's **nearby**.

（over there 为上一课对话中短语，借由学生已知辅助理解 nearby。）

Do you see that grey building?

S：Yes，I do.

T：It's **beside** Building No. 5.

（教师讲解并带读 beside 2—3 遍。）

Step 3：完整呈现对话，梳理对话情节（预设 2′）

教师播放动画课件呈现完整对话内容，学生观看课件加深理解对话，教师带领学生梳理对话情节。

Step 4：听录音跟读对话，分组练习，角色扮演（预设 6′）

建筑物的方位描述比较抽象，为了帮助学生更好的理解并在头脑中形成立体方位图，此环节除采取常规的分角色朗读对话的模式之外，教师还可以带领学生将对话文本内容进行再构建。在最后对话输出环节，借助背景图的帮助，通过指图描绘 Building No. 5 的具体位置，参考如下：

—Excuse me，please. I'm looking for Building No. 5. Where can I find it?

—It's nearby. Building No. 5 is right behind Building No. 4. It's right beside that grey building.

—You're so kind. Thank you very much.

—It's OK.

图 62

总之，教材对话板块中所提供的背景图传递着与对话内容密切相关的丰富信息，虽为小资源，却有大功用。教学中，教师应最大限度地挖掘图中的教学资源，丰富我们的教学活动。也让学生通过对情景图的观察，能够更好地理解对话内容，突破学习的重难点，增进语言积累，提高学习能力。

2. **图文信息无关联型**

现行北京版教材注重在理解语境的基础上学习语言。情境，实际上就是一种生活场面。在对话教学中，依托合理真实的情景既能帮助学生正确理解学习内容和激发学生的学习兴趣，又能培养学生的思维能力和想象能力。

我们在研读教材时发现课本中 Listen and say 板块提供的对话背景图与对话文本的契合度并非全部都高，部分板块中出现的对话背景图无法为语言学习提供有效信息，且背景图和对话毫无关系，可有可无匹配度不高。

如：二年级上册 Lesson 5、三年级下册 Lesson 6

图 63

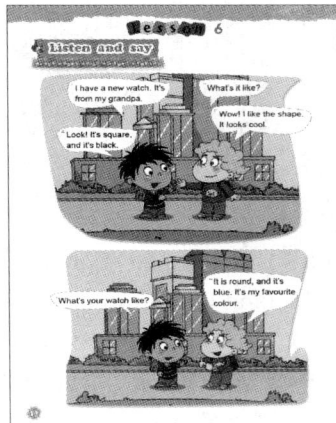

图 64

Lesson 5 的 Listen and say 板块中呈现的是 Kate 遇见 Lala，Lala 用"Do you go to the park on Saturday?"的交际用语询问 Kate 周六是否去公园玩以及图二中 Kate 用"Do you have classes on the weekend?"询问 Yangyang 和 Guoguo 周末是否上课。两幅图中所提供的对话背景图与本课的对话语言无任何关联，若换成其他场景仍然能够使用本课交际用语。

Lesson 6 的 Listen and say 板块主要是学习如何对物品的形状和颜色进行描述。呈现的是 Baobao 遇见 Mike 并告诉了 Mike 自己收到了爷爷送的一块新手表，Mike 询问手表是什么样子的。随后 Baobao 发现 Mike 也戴着手表并问了 Mike 的手表是什么样子的。我们同样发现本课对话发生的场所并不具有特指性，所提供的背景图与对话内容无实际关联，无法从图中获取任何可帮助理解学习语言的信息，并且此背景图并非不可替换。

另外，我们同样发现即便是同一个单元同主题的对话板块学习，所提供的背景图可用率也不一样。如同样是四年级下册 Unit 3 的"问路与指路"主题。Lesson 11 中提供的背景图与对话中语言的契合度不高。那么如何基于本课对话文本组织课堂教学呢?下面就以此课为例展开具体说明。

【教学案例 8】

(1)教材内容:四年级下册 Lesson 11

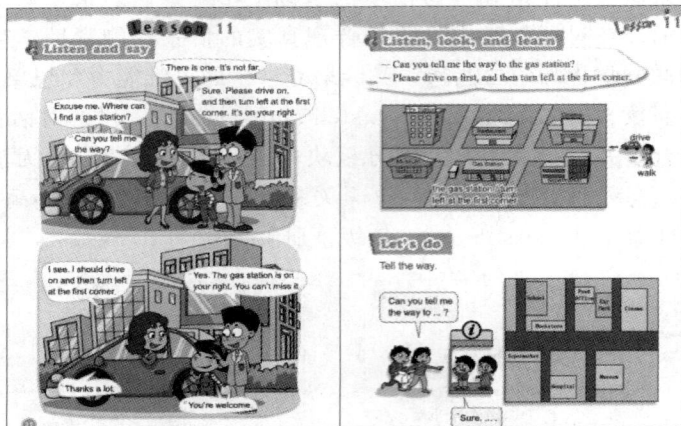

图 65

(2)对话教学内容分析

Lesson 11 是四年级下册 Unit 3 中第三节新授课。单元的核心内容是"问路与指路"(asking and telling the way)。本课创设一位女士开车外出,途中询问加油站在哪里。主要涉及对话(Listen and say)、单词句型(Listen, look, and learn)和活动(Let's do)三个教学内容。作为单元最后一节新授课,对话板块在内容安排上除了本课的新语言点,同时也包含了部分前边课时的语言知识如:Excuse me, where can I find …? 同时在分析了对话板块的教学内容之后发现,教材中提供的两幅背景图没有发生任何变化,且没有可以帮助理解对话语言的背景信息。对话中的语言句子较长,且指路相关的语言比较抽象。小学生因思维特点很难将语言所描述的信息在头脑中做到正确、形象勾勒,而教材中所提供的背景图也无法提供更多辅助理解的信息。

本课 Listen, look, and learn 和 Let's do 同为"问路与指路",与 Listen and say 板块不同,这两个板块教材中均以地图的方式呈现,都提供了丰富的背景教学资源。基于本课教材特点,教师在进行对话教学时可以将前后板块合理整合,创设一个大的语言背景,将三个板块的发生地点设计为在同一个城市或社区,而各板块中出现的人物和情节则是一个大地点中相继出现的三个不同小故事。如此在学习 Listen and say 对话时,将无效的原背景图换成 Listen, look, and learn 板块中提供的城市地图。这样边学习语言的同时,边借助观察地图直观理解,让抽象的平面文字变得立体生动,帮助学生学习对话内容。

（3）对话教学目标

①能够正确理解对话内容，分角色朗读对话。

②能正确理解、会说 gas station，beside，drive on，at the first corner 等词汇。

③能在学习对话的过程中，体验帮助他人的快乐。

（4）对话教学过程

Step 1：复习导入，引出主题（预设 2'）

①复习 Lesson 10 对话内容，通过复习帮助学生回忆关于问路及指路的表达法及已知地点类词汇。

②教师出示 Listen，look，and learn 的图片（图 66），明示学生今天将继续学习问路与指路。

图 66

Step 2：学习对话

A. *Talking something about the map*（预设 2'）

①教师说明地图：Look at this picture. This is a map of Maomao's town. What places do you see in this map?

②学生观察图片中的信息，说出里边已知的地点类词汇，如：restaurant，cinema，supermarket 等。并试着读出生词 fire station，gas station，museum。在读图过程中借助出示生活中的真实图片，简单带读新词。

注意此环节并非学习词义，只是通过读地图让学生初步感知并正确理解新词。

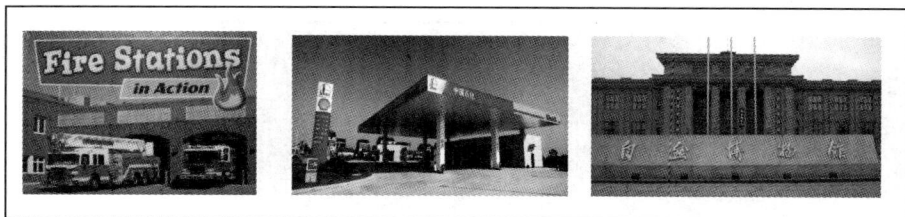

图 67

B. Learning picture 1（预设 6′）

①出示 Guoguo 和 Dad 的图片，明确对话中的人物关系。

T：Who are they?

Ss：….

②创设情境，明确对话发生的地点。引导学生观察，并在图中标注出具体位置。

T：Guoguo and her dad are going to see a movie. Do you know where they are now ?

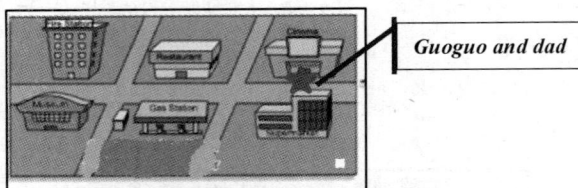

图 68

③无字幕播放图一动画课件，教师描述：Look，here comes a woman. Where is she going? How can she get there? Walk or drive? (On foot or by car?)学生看课件明确问题答案：She is going to the gas station. She is going there by car. 此时渗透 walk 和 drive。同时正式学习单词 gas station。

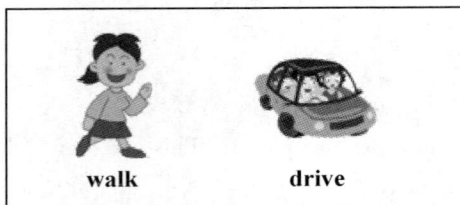

图 69

④教师先带领学生一起观察地图，让学生先说一说 Where is the gas station? How to drive to the gas station? 此处如果学生不能英文回答，可以使用中文描述。重点是帮助学生在大脑中构建出立体的方位图。为正确理解对话中的行走路线做准备。

图 70

⑤有字幕播放图一动画课件，学生通过看课件在地图中标出正确行走路线，尝试用英文进行描述。听说过程中学习单词 drive 和短语 at the first corner。

图 71

⑥播放音频，学生听音跟读图一内容。

C. *Learning picture* 2（预设 5′）

①引导学生看地图正确描述出行走路线。

T：Do you remember how to drive to gas station? 此环节可采用师生、生生不同形式帮助学生复现巩固新知。

②引发学生思考，Does the woman know how to drive there? 播放图二动画课件，学生看动画回答问题。

③看地图，教师提问引导学生观察。

如：After turning left，where is the gas station? On the right or left? Is it easy to find the gas station? 进一步围绕地图展开师生交流，学习新语言："Yes. The gas station is on your right. You can't miss it."

④播放音频，学生听音跟读图二内容。

Step 3：巩固操练对话（预设 5′）

①播放对话完整音频，学生看书跟读。

②三人一组分角色练习对话。

③3—4 组上前分角色展示对话。此时学生在分角色展示的过程中，要求学生在扮演自己的角色时，能够看着地图边指边说。因对话文本中的三人都对行走路线进行了不同程度的描述，学生指着地图进行分角色展示对话，能够加强对所说内容的理解及语言表达的多样性。

总之，在课堂对话教学环节上，教师应充分挖掘教材中的情景图，图文并茂学习对话内容。并且能够根据教材的实际情况，因"材"置宜、因"图"而异。充分利用情景图采用或创设情景，或分析，或设问，或用以组织讨论等各种教学形式。通过设计多样性的教学活动，引导学生掌握重点词句，活跃学生思维，激活学生的语言架构，促进学生对文本语言知识的理解让文本情景图真正成为 Listen and say 对话板块学习的重要资源。

第二章　基于文本分析的词句教学

　　语言是社会交际的工具，是音义结合的词汇和语法的体系，而词汇是语言的建筑材料。英国著名语言学家 Wilkins 曾说："没有语法人们不能表达很多东西，而没有词汇，人们则无法表达任何东西。"词汇量的大小是衡量一个外语学习者水平高低的重要标志。一般而言，一个学生的词汇量越大，那么他的阅读理解能力就越强，口头、书面表达就越丰富，翻译水准就越高，就越能在交流中准确而地道地表达自己的思想。学者 Lewis 认为词汇习得是二语习得的中心任务，听、说、读、写、译没有哪一项语言技能能够脱离对词汇的依赖。而句型（sentence pattern）也称句子结构（sentence structure），是根据句子的结构意义和结构特点从大量的句子中概括出来的典型句式。句型具有代表性和常用性，是语言知识的重要内容之一。学生如能掌握一定数量的常用句型，就能为其表达思想、传递信息和进行交际打下良好的基础。而词汇运用的常见载体就是对话交流，对话交流中就离不开句型运用。英语句型是模式性的，是为使用语言进行交际服务的。学生通过句型的学习能掌握句型的结构意义和词汇意义，并能进行交流运用。因此说，词汇、句型的学习是整个英语学习的基本要素，也是学好英语的关键，词汇句型教学（简称词句教学），贯穿了英语教学的始终，因此，词句教学内容也是每套教材的重要板块。

　　在过去长达十三年的教学中，我们一直依托北师大版教材进行专题课时研究，北师大版教材在词句教学内容呈现的方式上是两个独立的板块，分别为 words to learn 词汇板块和 talk together 句型板块。教学的学时基本是一个专题一节课，所以每个专题的教学自成体系。作为每节课的单项学习内容，虽然也是词不离句，句不离境，但教学重点还是紧扣在单项内容上，或者是词汇教学，或者是句型教学，只有在每节单项课的输出环节有拓展。由于北师大版教材的安排特点，以及多年对词句教学的研究，我们区涌现出了很多好的做法，例如：在词汇教学中我们关注三个阶段：呈现环节——多种方式呈现词汇，让词汇学习更有趣；操练环节——多样活动操练词汇，让词汇掌握更熟练；运用环节——多个真实情境创设，让词汇运用更自如。例如：在句型教学中，我 们 关 注 pre-learning, while-learning, post-learning 三 环 节：pre-learning——读图了解图意；while-learning——听后讨论、自己试读、跟读、练习读；post-learning——自己创编对话。

　　现行的北京版教材，在排版体例和知识体系上与北师大版教材有较大差异，词句教学成为一个课时中的一部分，虽然仍是独立的板块，但已经不是课时专项教学了。为了更好地利用这套教材以及适应我们区的教学现状，我们进行了基于文本分析的词句教学研究。

本章节中，我们所要阐述的基于文本分析的词句教学是基于上述北师大版课时专题词句教学基础上的充分考虑北京版教材特定课时教学任务下的情境化实施。既保留了词句教学本身的属性，又体现了鲜明的个性化特点。它将词句教学归于一个整体文本环境中去，成为课堂教学的一个环节，教学内容中的一个有机构成，教学目标达成的形式载体。

第一节   基于文本分析的词句教学的认识与思考

一、基于文本分析的词句教学的含义

在分析词句教学板块特点的基础上，依托教材提供的一个整体文本情境，分析词句教学部分在这个整体情境中与前后文本内容的关联，并在既定的时间内，通过多种方式把相关元素连接起来成为一个有意义的词句呈现、操练、提升的过程。与以往的词句教学相比，基于文本分析的词句教学在教学方法上、教学课时内容分配上、教学目标上都会有自己的特点。

二、基于文本分析的词句教学特点

(一)基于课时内容文本分析的词句教学特点

北京版教材在课时板块内容安排上具有以下特点：一年级有四个板块：对话教学(Listen and say)、功能句型(Let's act)、语音词汇(Point and say)或字母及词汇(Listen，repeat，and trace)和韵文(Let's say)板块。二年级有三个板块：对话教学(Listen and say)、词句教学(Let's act)和韵文(Let's say)板块。三、四年级有三个板块：对话教学(Listen and say)、词句教学(Listen，look，and learn)和实践活动(Let's do)板块。从以上分析中不难看出，词句教学是教材的核心内容之一，依托的板块是词句教学(Let's act)和对话教学(Listen，look，and learn)；由低年级到中年级编排的层次顺序是：功能句型＋语音词汇—功能句型＋字母及词汇—功能句型＋话题词汇，板块也从两个分板块逐渐并为一个板块；从编排的特点来看，词句教学板块都位于教材对话教学板块之后，语言实践活动之前，成为承上启下的重要环节；从词句教学的关联度来看，一年级的句型教学和对话教学联系紧密，是对对话中重点功能句的提炼学习，词汇教学相对独立；而二到四年级词汇和功能句型是一个不可分割的整体，二者合二为一，同时服务于本课核心话题，对对话中的

重点功能句型进行专项系统的学习。

另外，通过课时内容的分析，我们也发现从课时的话题与功能角度看，每个课时的专题教学板块虽然教学侧重点不同，但不论是对话、词句还是实践活动，都紧紧围绕同一个功能话题展开，使板块之间实现了无缝对接。

(二)基于专题板块文本分析的词句教学特点

一至四年级八本教材中，共涉及 144 个词句教学板块，每个板块的呈现方式都是先句型后单词，句型中也都用红色标出了所能替换的部分，但这些词句教学在情境、话题和功能三方面呈现出了一定的差异性。为了分析这些差异性对教学的影响，我们进行了系统的整理，并从上述三个维度对 144 个词句教学板块进行了多次重组分类：

1. 按文本呈现方式分为：整体情景和分散情景

整体情景是指在一个整体情景中通过谈论不同的事物而进行的词句学习；分散情景是指通过两个或两个以上不同的情景进行的词句学习。如图 1、2 所示。

图 1　整体情景

图 2　分散情景

2. 按文本的话题分为：单一话题类和多元话题类

两类均是指围绕某一个核心话题进行谈论，但单一话题类的话题词汇基本局限在一个类别，而多元话题类则同时出现两类词或多类词。如图 3、4 所示。

图 3　单一话题

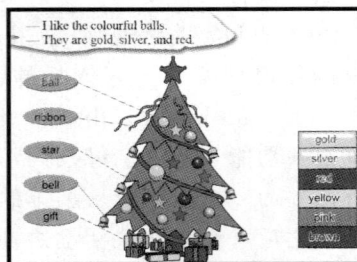

图 4　多元话题

3. **按词句教学的关联度分为：词句相对独立型和词句联系紧密型**

前者指的是：一年级的句型教学和对话教学联系紧密，是对对话中重点功能句的提炼学习，而词汇教学相对独立；后者指的是二至四年级词汇和功能句型是一个不可分割的整体，二者合二为一，同时服务于本课核心话题，对对话中的重点功能句型进行专项系统的学习。如图5、6所示。

图5　词句相对独立

图6　词句联系紧密

以上分类的具体内容和设计实施将在本章第二节进行详细的阐述。

三、基于文本分析的词句教学现状分析

在顺义区实际教学中，基于文本分析的词句教学在理解与落实方面还存在着一些问题，如：忽略文本提供的大语境，造成脱离文本的无语境词句教学；忽略文本的前后联系，造成词句呈现阶段对文本的使用率低；忽略词句板块呈现的特点，没有量体裁衣地进行有针对性的设计，将教材资源用到最大化；将目标的达成割裂开来理解，没有站在课时的角度整体设计安排等。以上这些问题归纳起来主要体现在以下两点：一是从课时内容角度来讲，忽视了词句教学板块与前面对话教学板块和后面活动板块的内在联系，使词句教学板块没有起到承上启下的作用，而是孤立地进行词句教学。二是从词句教学板块角度来讲，没有关注到板块自身的特点，将词句教学割裂开来，脱离了板块提供的语境，破坏了板块本身的整体性。以上问题导致了词句学习单位时间内复现率低，词句应用情景分散，综合语言实践活动较少，课堂教学实效性差。以下是上面一些问题的举例说明：

（一）教材体系分析度缺乏，忽略文本的前后联系

现代教学论认为，要实现教学最优化，就必须实现教学目标最优化和教学过程最优化。教材的分析和教法的研究，正是实现教学过程最优化的重要内容和手段。教材分析的前提就是分析教材的编排体系和知识之间的内在联系。一课时中的教材分析就是要认真推敲教材各板块的编写意图，明确通过教学应使学生认识或掌握哪些基础知识，达到什么要求，侧重培养哪些能力，

根据各板块的安排顺序、难易程度与地位作用等来为制定教学目标提供依据。而现实的教学中，有许多教师在课上更关注词句教学板块本身，却忽略了此板块与前后板块的内在联系。

例如：北京版教材四年级下册 Lesson 11

图 7

本课时谈论的话题是问路。对话板块谈论的主要内容是寻找去加油站的路，词句教学板块是在询问寻找去加油站的路基础上，询问去往其他地点的路。主要功能话题是 Can you tell me the way to…？Please…，and then… 问路的表达法。活动板块是用所学问路表达法互相谈论身边场所的地点。在课堂中，有的教师为了降低学习的难度，为了让学生熟练运用功能句型，一味地用了二十多分钟的时间关注学生读、说这个句型以及地点词汇：Can you tell me the way to the museum/restaurant? Please…，and then… 然后以学生能够读说这个句型为目标而结束。

作为现行的教材，教师们常常忽略了课时的整体规划：教学内容有三项，需在一课时内完成；三项教学内容之间的内在联系是什么，如何进行有机的整合，才能达到最佳融合；词句教学板块有什么特点；学生的难点在哪里等等。所以，导致教学设计缺乏整体性。事实上，经过分析不难发现：词句教学部分呈现的功能话题来自于前面的对话教学，学生在词句学习之前已经能够正确理解、听说 Can you tell me the way to…？Please…，and then… 这个功能句型了，也就是说词句教学部分呈现的功能句型是已知内容。所以教师在课堂中可以通过对话内容归纳呈现功能句，之后从询问加油站在哪儿的话题中自然过渡到询问其他地点的话题，使功能句型的交际有实际的意义，继而过渡到第三部分通过小组活动的形式，操练询问、表述身边场所的地点在哪里。由于没有以上的关注点，教师们也就忽略了文本板块之间的联系，没有将教材资源用到最大化，也就不可能实现教学目标最优化和教学过程最优化。

(二)语言知识关注度过高，忽略课时的整体语境

外语教学应使学生能在实际的交际环境中，为实现交际而运用语言知识

（语音、语法、词汇等）才能够算他们学会了语言，因此，在教学中教师要为学生创造近乎真实的交际环境。语言教学中，我们常把语言分成听、说、读、写四个部分，但是实质上，语言是包含这四个部分的不可分割的整体。整体语言教学法（Whole Language Approach）的理论首先强调整体，而且贯彻英语新课标的理念，应在英语听、说、读、写的教学过程中体现整体教学思想，在教学各个环节的设计中和实施中体现整体性。由此可见，关注课时中的整体语境就显得尤为重要。而教学中，部分老师却忽略了文本提供的整体大语境。

例如：北京版教材四年级下册 Lesson 2

图 8

本课时的整体语境是谈论 pet。在课堂中，有的老师却是这样做的，先让学生找到不会读的、不理解的词汇，主要有 cute 和 quiet，处理完这两个单词就让学生跟读对话，然后再跟读词句部分，由于本课教学内容对学生来说并不难，所以教师就让学生谈论自己喜欢的动物，所用句型为 I keep… I like…

作为本课的课时内容，老师们没有关注文本创设的语境，只是关注了本课时的语言知识学生是否掌握，没有在语境中真实运用这些文本提供的语言支撑 Which pet do you like？Why? 去运用语言，造成了无语境交际。

为了解决我区教师在词句教学中存在的问题，我们开展了基于文本分析的词句教学研究，完成了一至四年级的 144 篇词句教学内容的梳理与分析。我们将这 144 篇词句文本内容，根据文本呈现的形式、文本的话题呈现、词句教学的关联度进行了归纳分类，并对如何在一课时中更好地设计与实施词句教学达成了一些共识，形成了一些基本的思路。接下来我们将以案例的形式进行阐述。

第二节　基于文本分析的词句教学设计与案例

本节中，我们将重点阐述基于文本分析下的词句教学的设计及案例分析，所有的设计与案例均是综合了对课时文本内容和词句教学板块的文本分析的基础上进行的，既整体考虑课时设计，又充分利用板块资源。

一、基于对词句文本呈现方式分析的设计

上文中提到，根据文本呈现方式，我们将144篇词句教学板块分为：在一个整体情景中通过谈论不同的事物而进行的词句学习的整体情景类；通过两个或两个以上不同的情景进行的词句学习的分散情景类。

(一)整体情景类的词句教学设计

情景，是指某一特定的时间和特定空间中的具体情形。教学情景是指教师通过对学习主体和学习内容的分析，为学生提供一个完整的问题背景，以激发学生自主地学习，主动完成知识意义的构建。在英语教学过程中，良好的教学情景能激发学生的学习兴趣，逐步减少学生利用母语进行心译的过程，加快与客观事物建立直接的连接，并为学生提供良好的学习环境，从而提高课堂教学的有效性。本文中提到的整体情景是指所有的词句均在同一个情景中学习。

1. 教学设计思路

在二至四年级的教材中，整体情景类词句教学主要集中在二、三年级的课本上，如：

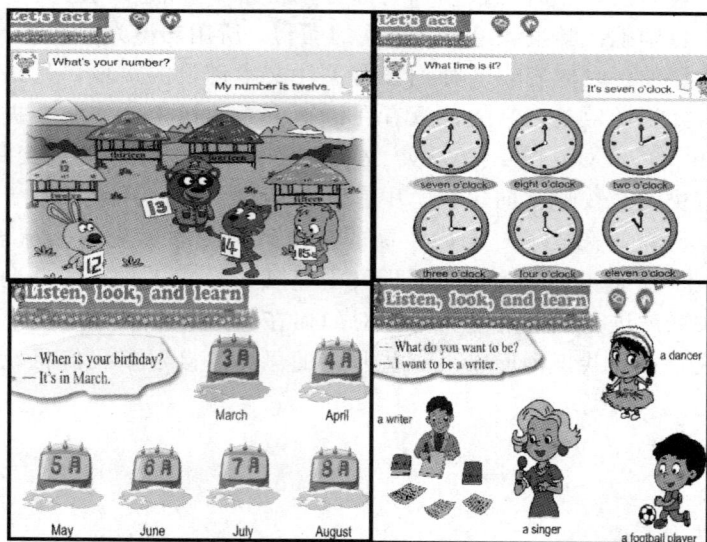

图9

这种整体情景的词句教学，词汇替换有时出现在问句中，有时出现在回答中，有时只是在单个肯定句中。对于这类词句，我们通常在分析基于课时文本内容之间的内在联系的基础上，对词句教学板块进行如下设计：

（1）由主题图的语境到词句教学板块

考虑到文本板块之间的内在联系，对于整体情景的词句教学我们经常采用对话主题图的语境延伸到词句板块的做法，用对话主题图中的旧知带动词句教学板块中的新知学习。

（2）由活动板块到大语境中真实交际

对于整体情景的词句教学，我们经常把最后的活动板块作为整个课时中的整个大语境中的交际高潮，融合前面的对话、词句教学，进行综合性的语言交际输出。

（3）由情境图中信息到新创整体情境

充分利用情境图中的大语境交际之后，为了让学生的能力有更高层次的发展，再创设新的近乎真实的情境让学生交际。

2.**案例解析**

【教学案例 1】

（1）教材内容：二年级上册 Lesson 21

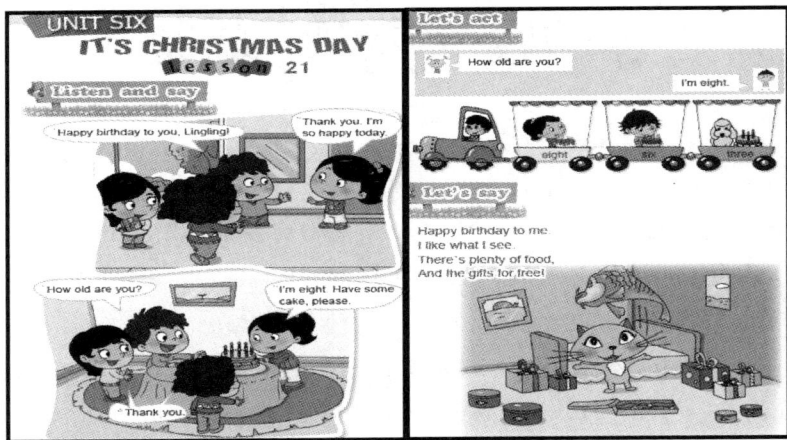

图 10

（2）词句板块教学内容分析

本课的整体情景是在谈论生日的话题中谈论年龄。本课词句板块的内容就是询问和回答别人及自己的年龄。在之前的对话教学中，孩子们已经能够正确理解、听说本课功能句型了。此板块是在学生理解的基础上，对功能句型的巩固和操练。文本呈现的是过生日的小朋友们坐着观光车游玩的情景，在这一情景中，这些过生日的小朋友们互相询问各自的年龄，孩子们最好的动物朋友也一起过生日。在这样一个特定的情景中，功能句型的交际就有了实际的意义。而最后的活动板块设计到庆祝生日的韵文。整个课时是一个过生日、谈论年龄、庆祝生日的完整情境，三个板块互相呼应，密不可分。

（3）词句教学目标

①能够听懂、会说"How old are you?""I'm….."的交际用语，并能够在一定情景中运用。

②能够认读和运用数字1—10和同伴进行年龄的交流。

（4）词句教学过程

Step 1：情景导入（3′）

教师PPT呈现对话板块涉及的内容。Today is Lingling's birthday. How old is Lingling? 学生做出正确的回答后，教师将学生的关注点引到文本呈现的情景中。

Step 2：情景中操练（6′）

今天过生日的孩子们收到了特别的邀请，游乐场给今天过生日的小朋友提供免费的参观游览的机会，大家想不想看看谁这么幸运？在勾起孩子们的好奇心后，教师呈现情景：

图11

今天还有两个朋友过生日，你们想问他们什么问题？学生们开动脑筋，当学生问出 How old are you? 的时候，教师呈现主要功能句型，并板书在黑板上。教师让学生们通过观察图片，猜测他们的年龄。Lingling坐在第一节车厢，学生们不用数蜡烛也能准确说出 Lingling 的年龄。这时教师可以采用角色扮演的方式，引出回答。I'm eight. 这时PPT呈现 eight 在车厢上。

第二节车厢中的小男孩对于学生来说是陌生的，学生们先猜测，后询问，Are you eight/seven? How old are you? 教师可以采用人机对话的形式，播放小男孩的录音，I'm six. 请学生把单词 six 从事先准备的单词卡中找出来，教师在PPT上呈现，让学生检验是否找对单词。

第三节车厢中小狗拿的蛋糕，上面的蜡烛很清晰，采用角色扮演的方式直接问答练习，同时让学生从单词卡中找到 three。教师利用PPT呈现图片，检验学生单词的认读能力。

教师通过猜测、角色扮演的活动，既练习了孩子说、认数字的能力，同时也培养了学生的观察能力，既激发了学生的好奇心，也达到了语言操练的目的。

Step 3：情景中运用（3′）

大家过得很开心，一起唱起了生日歌。

Step 4：情景中提升（6′）

出示其他动物朋友，这些朋友在游乐场参加完生日 party 后迷路了，他们找不到自己的家了，请你帮帮他们。你能找到他们各自的线索吗？学生们根据单词与数字匹配会很快找到他们各自的家。这时教师让学生以两人一组的形式，把帮助的过程表演出来。一人表演小动物，一人表演热心人。How old are you？I am nine.

图 12

通过设计给小动物找家的活动，保持了学生的学习兴趣，在提高了学生认单词的能力的同时，继续操练本课主要功能句型。

针对整体情景的词句教学，教师可以依据主题情境为学生创设新的情景来尽可能地活跃课堂气氛，从而调动学习积极性，使学生更自觉、更有趣地运用所学词句进行英语交际活动。

（二）分散情景类词句教学设计

分散情景词句教学是指词句学习内容分散在两个或两个以上不同的情景中学习。

1. 教学设计思路

北京版小学英语的分散情景词句教学，多分布于三年级下册和四年级上册。教材中词句的学习多是通过多个独立的情景呈现出与之相关连的多个词与短语。基于学生的心理、年龄特点，教材文本呈现出来的是多幅色彩丰富的、形象具体的图片。这些感性的、可见的情景，丰富了学生的感性认识，促进感性认识向理性认识的转化和升华。如：

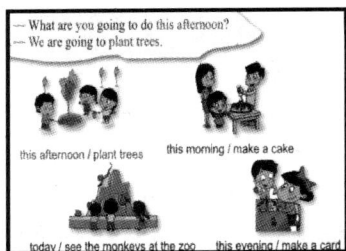

图 13　三年级下 Lesson 2

图 14　四年级下 Lesson 1

针对分散情景的词句教学，我们在教学中通常采用以下方法进行：

(1)浸入情境理解

教师利用图片、视频等手段创设出近乎真实的语言环境和场景把孩子们的思维引入到此情景，并沉浸其中，在图文并茂的或者动态的影视中，理解功能句型及单词的含义。在具体情景中理解新语言，可以降低学生理解的难度，让孩子们浸入具体的语境是学生们词句操练的第一步。

(2)体验情境巩固

在英语词句教学中，教师一定不能脱离具体的语境做机械的操练与巩固。在学生理解之后，借助图片、玩具、幻灯等引出教学内容可以帮学生加深理解，在理解的基础上巩固所学的句型、句式，提高语言运用的准确性、恰当性。

(3)运用情境拓展

英语是一种具有生命力、开放并不断发展的第二语言，需要我们灵活运用。因此在有限的课时内，进行适当的拓展是很重要的。在学生正确理解功能句型和操练之后，教师可以拓展出更多的语境，在新语境中检验学生语言的运用能力及灵活性，这也是意义操练环节，让学生在用中学，在用中练。

2. 案例解析

【教学案例 2】

(1)教材内容：四年级上册 Lesson 1

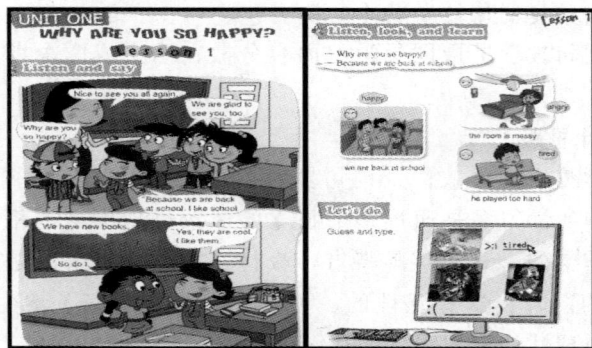

图 15

(2)词句板块教学内容分析

我们可以看到，在词句学习板块，文本呈现了三个独立的情景：学生们在教室谈论的情景、妈妈在孩子卧室的情景、男孩玩球回来休息的情景。三个不同的情景又分别出示了情景特点和人物心情的词句，we are back to school/happy；the room is messy/angry；he played too hard/tired。其中第一幅图呈现的学校教室的情景，就是对话板块情景。在对话板块孩子们已经能够理解、朗读了，所以在词句学习板块，教师可以单独创设一个新的情景，作为功能句型操练巩固的切入口。通过让学生观察功能句型中不同颜色的单词，帮助学生找到词句替换的位置，然后利用课本提供的其他情景进行功能句型的巩固和操练。Let's do 板块是词句教学之后的趣味活动，侧重学生词义的辨识与抄写，是对单词音形意的全面考察。

（3）词句教学目标

①能够听、说、认读情绪类单词 happy，angry，tired 和情境词汇 messy，hard。

②能够用句型 Why are you…? 在具体的语境中询问某人的情绪，能够对别人的询问简述自己的理由。

（4）词句教学过程

Step 1：情境中理解功能句型（3'）

首先，教师出示自己的照片遮住一部分。利用问题，引导学生初步理解功能句型。Look at this picture. I am so happy. Why am I so happy? Can you guess? 学生猜测各种理由。

接下来，教师适时出示图片的另外一部分 🎂 🎁 。教师提问 Who can ask the question? 学生提出问题 Why are you so happy?

此时，教师回答问题：Because it is my birthday. I get a birthday gift.

Step 2：情境中学习单词（5'）

首先，出示部分图片 教师提问 Is mum happy? 学生观察图片回答问题。教师补充回答，Mum isn't happy. She is angry. 教师出示单词 angry，提示单词发音，学生跟读单词。

教师提问 What do you want to know about mum? Who can ask a question? 让学生用本课时的功能句型提问 Why is mum angry?

接下来教师出示全部图片 学生观察图片 The room is not clean and tidy. The cap，the watch，the trousers are on the floor. It's messy. 教师出示单词 messy。教师呈现单词 messy，提示 e 的发音/e/，学生朗读单词。

此时，教师提问 Why is mum angry? 学生尝试回答。Because the room is messy. 采用此种方式进行其他词汇的学习。

Step 3：情境中巩固练习（5'）

首先，教师出示图片 学生仿照例子，做问答练习。明确操练方式后，学生采用小组合作的形式进行巩固练习，根据三幅图片情景，分别做问答练习。最后进行小组的展示活动。

Step 4：情景中提升拓展（6'）

教师出示更多图片和提示词汇，学生先采用两人一组的方式做替换练习，最后进行小组展示。

图 16

Let's do 板块是通过趣味性的活动，检验学生对单词意义的理解和词形的关注。文本只提供了三个图片，学生根据图片意义可以选择抄写出来。在现实生活中学生们还会通过 QQ 和微信接触到更为丰富的表情符号。教师适当补充进来，丰富学生的抄写活动。首先出示直观图片让学生图文匹配。

图 17

接着出示东、西方人常用的表情，换一种方式理解符号的含义，结合文本出示的图片与字符结合的练习，引导学生再次关注词形，强化单词的抄写。

图 18

针对多个情景的词句文本内容，教师要充分利用文本提供的多个情景，引导学生理解、操练、巩固、提升。并根据学生的掌握情况，拓展更多的情景，让学生在情景中进行词句的操练、巩固与拓展。

二、基于对文本话题分析进行的设计

通过观察 144 篇词句教学内容，我们按文本的话题把词句教学内容分为单一话题类和多元话题类。两类均是指围绕某一个核心话题进行谈论，但单一话题类的话题词汇，基本局限在一个类别，而多元话题类，则同时出现两类词或多类词。下面我们分类进行研究实践。

(一)单一话题类

单一话题类是指围绕某一个固定话题并只有这类话题词汇出现，词汇的类别基本局限在一个类别。

1. 教学设计思路

单一话题类出现在二至四年级的课本中，主要集中在二、三年级的课本上，四年级的课本也有一些分布。如：

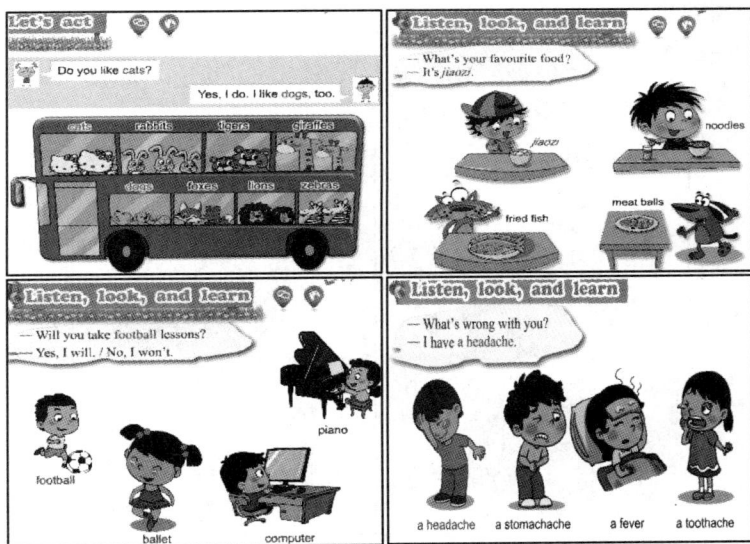

图 19

这种单一话题类词句教学内容，由于词汇的类别基本局限在一个类别，所以基本没有其他类别的替换词。这是为了让学生能更好地掌握此类词的含义及认读，为后面的综合运用打下基础，在后续的课时中达到灵活应用。老师可以根据学生所掌握的情况，组织多种活动，来学习新词，在学新词的同时，还可以把以前学过的同类词一同进行复习。

针对单一话题类词句教学内容，我们通常采用以下词句教学的方式：

(1)集中呈现同类词

中低年级的学生注意力保持的时间相对较短，教师在对话教学之后可以用恰当手段保持孩子们的兴趣，然后直接呈现单一话题类词汇。集中呈现更便于学生的替换练习，而不破环情境的整体性。必要时还可以采用字体颜色的变化、鲜艳图片，给学生以视觉的冲击。

(2)情境中意义操练

认知心理学主张让学生在有意义的情境中操练，无意义的模仿记忆是不可取的。因此词不离句，句不离境，在有意义的情境中巩固和操练，可以让学生体会语言的真谛与魅力。

（3）情境拓展中运用

鉴于文本呈现的情境有限，当学生能够在课本提供的情境中进行交际后，教师还可以利用学生熟悉和感兴趣的材料创设新的情境，让学生进行对话的拓展。不同层次的学生，可以根据自己的水平进行不同层次的交际活动。基础弱的学生可以进行简单的语言交际活动，而基础好的学生则可以进行一些较为复杂的、综合性的语言交际活动。

2. 案例解析

【教学案例3】

（1）教材内容：三年级下册 Lesson 9

图 20

（2）词句板块教学内容分析

本单元的话题是食物。本版块是在对话教学之后，继续提炼、巩固功能句型 Do you want…? Yes，please. 在厨房这一背景下展示的都是有关食物的名词、词组，some chocolates，some biscuits，the sweet potatoes，a pancake。其中单词 some chocolates，the sweet potatoes，在对话中学生已经能够正确听说了，但另外两个单词是新知。在对话中学生们已经能理解、朗读主要功能句型，在此阶段学生需要通过大量名词的替换，进一步熟悉、巩固功能句型，因此在此阶段可以把同类单词集中呈现出来，让学生在具体语境中直接作替换练习。但本课四个单词中有三个以名词复数形式出现，教师在教学时除了要求学生能够正确替换练习，达到熟练外，还要让三年级的学生初步感知名词复数以及变化。在接下来的 Listen and Match 板块中学生主要通过听力的练习形式，巩固功能句型，提取功能句型中每个人想吃的食物，然后进行匹配，是对词句教学效果的检测。

（3）词句教学目标

①能够听、说、认读食物类单词 some biscuits，some chocolates，the sweet potatoes，a pancake；

②能够用 Do you want… 询问他人想要的食物，并能对别人的询问能做出相应的回答。

（4）词句教学过程

Step 1：集中呈现同类词（5′）

在对话教学之后，教师拓展对话的情境，呈现更多的食物单词。Yangyang is hungry after school. He wants to eat some sweet potatoes. Mom is cooking in the kitchen. Let's see what's on the table.

首先，教师出示厨房图片，提问学生 What's on the table? 出示 a biscuit，a chocolate，a sweet potato，a pancake 图片。

图 21

根据学生回答，分别把单词贴到相应的图片上 a biscuit，a chocolate，a sweet potato，a pancake。

教师继续出示一盒饼干 some bis、一盒巧克力 和一盘红薯 the sweet potatoes 提问学生：What are these? 根据学生的回答，教师出示 biscuits 和 chocolates 和 sweet potatoes，它们的词尾 s/es 用红色突出。引导学生读出 biscuits，chocolates 和 sweet potatoes。教师引导学生关注词尾红色突出的部分，帮助孩子体会他们的区别。

Step 2：情境中意义操练（5′）

教师提问：Are you hungry after school? Do you want the sweet potatoes? 学生根据自身情况自由回答，教师根据学生的回答板书 Yes，please，/No，thank you. 在学生明确练习形式后，以组为单位进行对话替换练习的展示活动。

Step 3：情境拓展中运用（5′）

教师展示学生在春游前去超市购物情境，让学生先说一说自己看到的食物名称。教师适当出示更多的单词，如：an orange，an apple，bananas，grapes，a hamburger，coke 等，学生再次两人一组进行对话练习 Do you want …？Yes，please. /No，thank you. 。

Step 4：听力匹配验效果（3′）

学生们经过不断的练习，词句教学的目标已经达到。文本的最后部分是采用听力的形式对学生学习效果的检验。文本出示了三个小朋友，教师可以提问：There are so many kinds of food，what are they? 引导学生关注食物。What do they want to eat? 教师播放录音，引导学生关注回答，匹配练习。

这种单一话题类的词句教学，教师给学生提供更多可以替换练习的单词，创设更多贴近真实的情境，引导学生在具体情景中进行大量的操练，达到巩固和熟练的目的。

（二）多元话题类

多元话题类是指围绕某个固定话题，为了更加丰富这个话题的操练，同时出现两类词或多类词，其中的一类词或多类词不是固定的话题词。

1. 教学设计思路

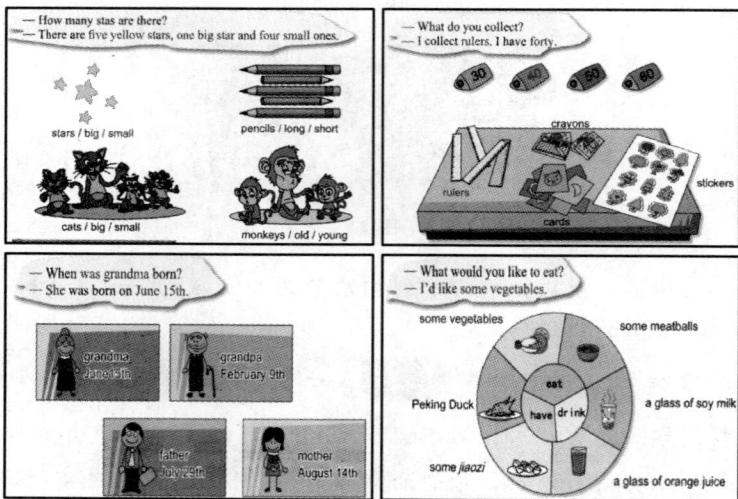

图 22

这些多元话题类的词句学习，需要学生替换多个单词。针对替换多个单词的句型，有主语和动词搭配替换的，有主语和时间搭配替换的，有主语和地点搭配替换的等等。这种情况比替换一个词相对复杂，需要学生进行统筹考虑，根据要求或实际情况逐个单词进行替换。我们通常采用下面的方式进行：

（1）分步引导给指向

由于文本呈现出来的词不是单一的，要替换的部分比较多，替换的位置对于中低年级的学生也相对复杂，教师要让孩子们明确单词的词义，进而明确功能句型的构成，为有规律的替换降低难度。

（2）具体语境让操练

英国语言学家 Geffrey Leech 说："语境是语言交际中不能忽视的一个重要因素。"导入语境是感受语言、学习语言的基础，那么在语境中练习语言则是掌握语言的关键。教师在语言操练阶段要结合所学语言知识为学生提供多样化的语境，引导学生在具体语境中操练语言，培养学生对语言形式得体与否做出判断的能力和结合语境理解语言形式与意义的能力。

（3）创设语境求发展

语境对于正确理解词义、正确选择词语表达思想有着重要的作用。除了在文本呈现的语境中操练，课堂上教师还要创设出新的真实有效的语境，使学生在较真实或虚拟的交际活动中发展其语言综合能力。

2. 案例解析

【教学案例 4】

（1）教材内容：三年级上册 Lesson 23

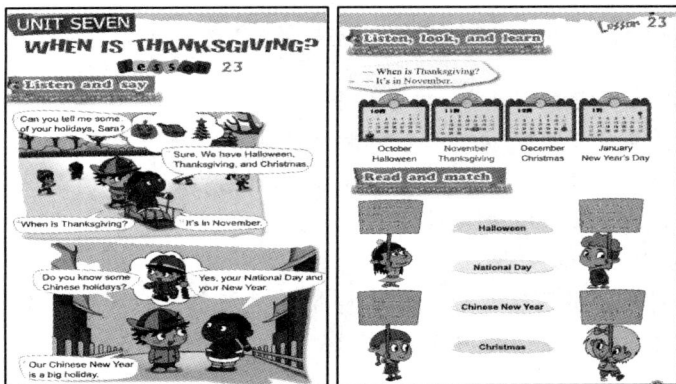

图 23

（2）词句板块教学内容分析

本单元的话题是节日。文本以日历为背景，把典型节日的代表物以图片形式标注在具体日期的位置上。本板块呈现了四个月份 October、November、December、January 的日历以及分别代表 Halloween、Thanksgiving、Christmas、New Year's Day 四个节日的南瓜灯、火鸡、圣诞树和红灯笼。四个节日单词及相关句型在对话学习中学生们已经能够听、说、认读。本课的功能句型 When is…? It's in…. 相对简单。功能句型的问答只练习到月份，鉴于在本册书的 Lesson 3、Lesson 6、Lesson 9、Lesson 10 都涉及日期的表达，在本课时可以适当拓展，可以用具体的日期来回答节日的时间。接下来的 Read and Match 板块是以阅读的形式了解中西方传统节日的时间及典型习俗特点，是对词句认读能力的训练。

（3）词句教学目标

①能够听、说、认读节日类单词 Halloween、Thanksgiving、Christmas、New Year's Day 。

②能够用 When is…? It's… 提问和回答节日的时间。

（4）词句教学过程

Step 1：分步引导给指向（5′）

教师利用对话教学中的问题引入词句学习。What holidays does Sara tell Yangyang? 引导学生说出三个节日单词 Halloween、Thanksgiving、Christmas。教师出示火鸡图片 提问学生 What holiday is it? 在学生说出单词 Thanksgiving 后教师在黑板上贴出单词卡。

接下来教师继续深入提问：When is Thanksgiving? 并把词条 When is 摆放单词卡 Thanksgiving 之前，后面标注出问号。组成完整的问句，帮助学生直观理解句子的构成。学生会根据根据所学的对话教学内容回答 It's in November.

教师根据学生回答，把 November 的日历 呈现出来，并呈现单词卡 November，这时展示完整的回答。把单词条 It's in 摆放在 November 之前。

根据学生实际情况，教师引导学生数数第几个周四是感恩节。适当补充，It's on the fourth Thursday in November. 把彩色的 on the fourth Thursday 词条再次添加到 in November 之前。

Step 2：具体语境做操练（5′）

在学生明确句型的组成后，可以替换的单词都是以单词卡的形式直观展示出来。教师出示其余三个日历图片：

October   December   January
Halloween   Christmas   New Year's Day

以其中一个为例作为过渡，教师提问当想知道 Halloween 是什么时候，该怎样提问，根据学生的回答并把单词卡 Halloween 放在上个功能句型中 Thanksgiving 的下面。在学生说出 It's in October. 之后鼓励学生说出具体的日期。It's on October 31st. 经过此次练习教师已经知道学生是否会进行替换练习了。

接下来，让学生两人一组，仿照前面的样子做问答练习，教师巡视指导。

Step 3：创设语境求发展（8′）

接下来教师可以出示更多的日历图片，创设出可以交流的语境。教师出示二月、三月、五月、六月、十月的日历，出示单词 Chinese New Year、Women's Day、Mother's Day、Father's Day、May Day、Children's Day、National Day，让学生先在日历中圈出日期。然后两人一组仿照样子做问答的拓展练习，学生根据自己的水平可以只说出月份，水平高的学生可以说出具体的日期。

在学生词句练习之后，本课呈现了图文匹配形式的阅读检测题。教师首先引导学生关注词形，读出节日类单词。在读前活动，结合生活实际做问答练习。When is National Day/Chinese New Year? 让学生口头回答。读中环节，让学生 Read and match。最后的读后活动，选择一个节日，参照关键词用一两句进行描述。

三、基于对文本词句关联度分析的设计

按词句教学的关联度分析是指观察 144 篇词句教学内容，发现北京版教材词汇和句型的联系程度不同。有的课时单词和句型之间没有联系，相对独立，有的课时单词和句型之间联系紧密，不可分割，所给词汇是为了更好地服务于本课功能句型的。因此，我们根据词句教学的关联度把词句教学内容分为：词句相对独立型和词句联系紧密型，并分类进行了研究实践。

（一）词句相对独立型

词句相对独立型是指句型教学和对话教学联系紧密，是对对话中重点功能句的提炼学习，而词汇教学相对独立。

1. 教学设计思路

词句相对独立型主要集中在北京版小学英语一年级上、下两册。

图 24

通过观察发现，一年级的词汇教学部分主要是专练语音词、发音规律词和字母顺序词等。依托的板块是 Point and say。所学词汇与每课时对话教学板块 Listen and learn 有着潜在的联系。Point and say 部分通常有一个词汇来自对话教学，在此词汇基础之上引出 2—3 个语音词汇，这几个词汇都包含一个相同的因素。基于语音词汇我们的学习目的有两个，一个是为了扩大学生的基础词汇量，一个是通过感知单词中字母或字母组合的发音，进行语音学

习，让学生通过学习词汇感知语音知识，通过运用语音知识达到掌握词汇的目的。Let's say 板块为韵文的学习，目的在于操练和复习本课词汇，感悟语音知识，体会英语的韵律美和节奏美。句型内容和词汇学习内容没有联系，和对话教学联系紧密，依托的板块是 Let's act. Let's act 板块为角色扮演和运用本课句型进行模拟交际活动，是 Listen and learn 板块的操练和语言拓展。教师主要创设语言情景引导学生进行角色扮演和模拟语言交际活动，着重引导学生运用所学功能句型进行语言交流。

在词句教学过程中，针对词句相对独立型，我们可以采用如下步骤：

(1)复习主题故事，引出功能句型

(2)创设语言情境，操练运用句型

(3)利用话题词汇，学习语音词汇

(4)巩固操练词汇，探索发音规律

(5)运用发音规律，尝试朗读新词

(6)开展多样活动，巩固所学词汇

2. 案例解析

【教学案例 5】

(1)教材内容：一年级上册 Lesson 15

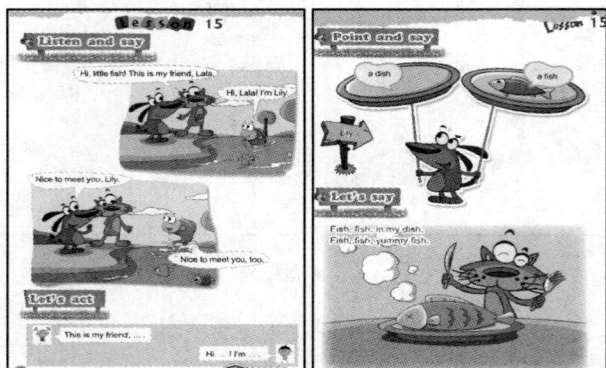

图 25

(2)词句板块教学内容分析

本课词句教学板块包括：Let's act、Point and say 和 Let's say。其中 Let's act 板块是本课的功能句型 This is my friend… Hi, …! I'm… 的操练和运用。此板块和词汇学习板块联系不大，但和 Listen and say 板块联系紧密。Point and say 板块为词汇学习板块，包括 2 个语音词汇：fish, dish, 一个话题词汇 Lily。Let's say 部分是小韵文的学习，它和前面的词汇学习板块联系紧密。学生在前面的对话学习中，已经能够听说认读本课词汇 Lily 和 fish 了，此板块是在此基础上学习新词汇 dish, 同时体会元音字母 i 在单词中的发音规律，在形式多样的活动中进行操练，达到听说认读本课单词，了解字母 i 在单词中的发音，流利地演唱本课歌谣的目的。

（3）词句教学目标

①学生通过多种方式的学习和操练，能够整体认读这 3 个词汇，了解和体会元音字母 i 在单词中的发音/i/，优等生能够根据发音规律尝试朗读简单的新单词。

②学生通过小韵文的学习，进一步巩固本课语音词汇的发音，理解韵文大意，并有节奏地进行说唱和表演，感受英语的韵律美和节奏美。

③能够在情景中运用本课功能句型 This is my friend，… Hi，…! I'm…向别人介绍自己的朋友，能够向新朋友做自我介绍并有礼貌地互致问候。

（4）词句教学过程

Step 1：复习对话，呈现句型（3′）

学生戴上头饰，分角色表演本课对话，自然地过渡到功能句型的学习。

Step 2：创设情境，运用句型（5′）

师生创设新语言情境如：朋友来家里做客，学校里认识新朋友，介绍自己的玩具或宠物等，并把这些情境呈现在 PPT 上，鼓励学生结合前面学过的语言创编新对话，在活动中，巩固了所学语言，增进了孩子们之间的感情。

Step 3：创设情景，学习新词（3′）

在表演完对话之后呈现对话中的词汇 Lily，fish 并学习单词，教师示范并纠正单词发音。学生通过朗读屏幕上各种各样的鱼类图片，进行意义操练。教师把单词放到句子里面，带领学生进行节奏朗读：如：Fish，fish，little fish，Lily is a little fish. 即增加了学习的趣味性，又帮助学生记住单词的发音，感悟语音知识，进而归纳总结字母 i 的发音规律。

Step 4：总结发音规律，尝试朗读新词（3′）

请同学们体会这些单词的发音有什么特点，观察单词的拼写有什么特点，学生能够体会这些单词的发音都含有相同的因素/i/，单词拼写都含有相同的字母 i，这个字母在单词中发/i/。

接着教师拿出一盘鱼说，Look! What's this? Where is the fish?

创设情景，学习 dish。学生通过以旧带新的方式对比学习 dish。通过节奏跟读：Fish，fish，I like fish. Fish，fish，in my dish. 操练单词和句子，为下面学习歌谣做铺垫。

Step 5：游戏操练，巩固词汇（3′）

小猫 Kate 钓鱼：出示小猫钓鱼的情景，请大家看清小猫心里想的图片，然后读一读小鱼身上的单词，找出和图片对应的单词。

操作方式：

①教师在屏幕上出示小猫钓鱼的情景，学生看图片理解 Kate 想要的东西。

②出示三条鱼，每条鱼的身上写着一个单词，学生集体朗读单词。

③选出和图片匹配的单词，钓鱼成功，教师评价。

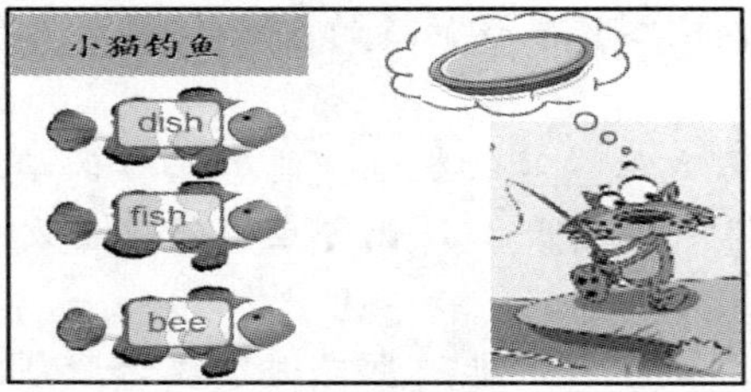

图 26

做游戏是孩子们最喜欢的活动，通过游戏复现了以前学过的大量词汇，从单词的音、形、意等方面进行趣味练习。

Step 6：学唱歌谣，巩固语音知识（3′）

出示歌谣的图片，师生谈论图片信息：What can you see in the picture? Where is the fish? Does Kate like fish? 通过观察图片并谈论，把学生带进小韵文的学习情景中，激活学生的已有认知，为学习小韵文做准备。接着播放动画，学习歌谣，跟读模仿、chant、表演等活动达到有节奏地说唱歌谣，感知英语的韵律美和节奏美。

（二）词句联系紧密型

所谓词句联系紧密型指的是所学词汇和功能句型是一个不可分割的整体，二者合二为一，同时服务于本课核心话题，对对话中的重点功能句型进行专项系统的学习。

1. 教学设计思路

词句联系紧密型教学内容主要分布在北京版教材二至四年级。北京版教材每个单元谈论的是一个相同的话题，话题涉及自我介绍、问候、节日、颜色、数字、时间、身体部位、食物、方位、生日等很多方面，因而词汇和功能句型（主要是二至四年级）也是围绕话题展开学习的。教学内容主要是话题词汇及功能句型的学习，词汇和句型之间联系紧密，这类词汇是与本单元话题密切相关，而且在输出活动中学生需要使用的词汇。话题给学生提供了综合运用的场景，学生在这个情景中运用语言进行思维和交流。如图27。

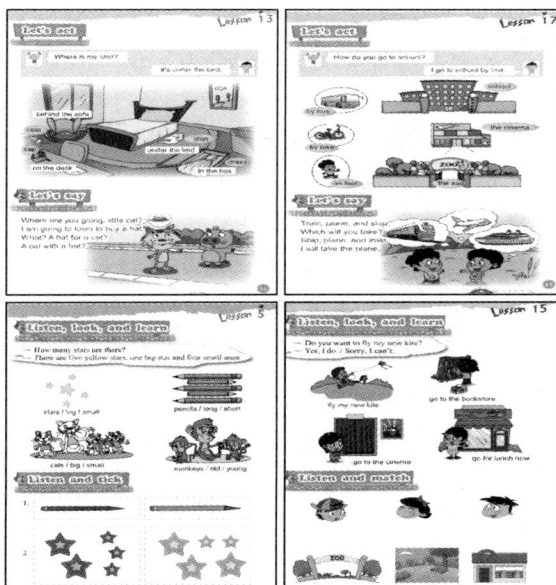

图 27

基于词句联系紧密的教学内容，我们主要在对话情境中感知理解功能句型的含义和用法，以话题为背景开展词汇教学，通过实物、图片、动画、动作等多种方式帮助学生理解词意，并创设语境让学生进行意义性操练，最终达到运用语言进行交际的目的。我们在教学中可以采用如下教学步骤：

(1)复习本课对话，引出重点词句

(2)创设语言情境，呈现学习新知

(3)开展多样活动，操练巩固新知

(4)搭建展示平台，运用语言交际

2. 案例解析

【教学案例 6】

(1)教材内容：二年级下册 Lesson 5

图 28

（2）词句板块教学内容分析

本课话题是谈论饮食，功能句型是用 What's for breakfast/lunch/dinner? We have bread，milk…询问和表达饮食吃什么。话题词汇是食物类单词。Listen and say 板块内容为 Baobao 家里发生的两个连续的场景，早上 Baobao 起床后问爸爸几点了，爸爸告诉他时间并说该吃早餐了。然后宝宝来到厨房问妈妈早餐有什么，妈妈告诉他后 Baobao 说自己要喝一些牛奶，吃些面包和一个鸡蛋。学生在对话教学中感知、理解功能句型的含义和用法，正确理解、朗读食物类词汇。Let's act 板块为话题词汇及功能句型的学习和操练，教师主要通过复习对话引出所学词汇和句型，并创设相对真实的语境，引导学生运用所学语言进行口语交际。

（3）词句教学目标

①学生能够运用交际用语"What's for breakfast/lunch/today?"就对方的一日三餐进行询问，并能就别人的询问进行回答。

②听、说、认读本课食物类词汇及一日三餐类词汇。

③通过学习，树立起健康饮食的意识，并在生活中尽力做到健康饮食。

（4）词句教学过程

Step 1：复习对话，引出重点词句（3′）

学生分角色表演本课对话，教师询问 What's for breakfast?，引导学生回答：We have break，milk，eggs，and fruits. 聚焦本课功能句型并板书。

Step 2：观看动画，复习词汇（5′）

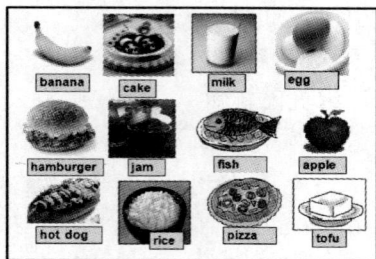

图 29

①教师给学生播放一段迪士尼动画：What food can you see in the video? 引导学生复习食物类词汇。

②Brain storm：教师给出头脑风暴的题目，学生按照小组，围绕题目来回答，答对的个数记入小组奖励。

通过观看有关食物的动画，活跃课堂气氛，激活学生思维，为本课将要学习的食物类单词及

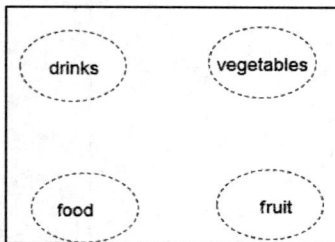

图 30

重点句型 What's for breakfast? 做了铺垫。利用头脑风暴活动，将本课交流中可能会用到的食物、饮料、水果、蔬菜等词汇进行归类，激活旧知，为新语言的学习做准备。

Step 3：创设情景，学习新词(5′)

What's for Baobao's breakfast?	
bread	
cookies	
juice	
milk	
eggs	
fruit	

图 31

①出示 Let's act 图片 What's for Baobao's breakfast? 学生一边回答，一边跟老师学习单词，重点学习 fruit。学生通过观察大量的不同水果的图片，理解单词的含义。

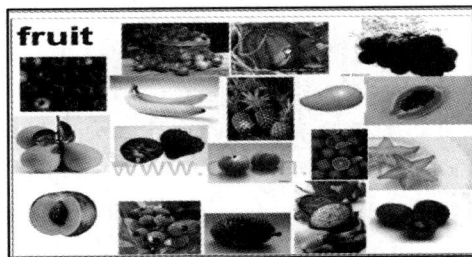

图 32

②学习 bread，breakfast

教师出示 head，bread，breakfast，帮助学生总结字母"ea"的发音(breakfast/bread/head)

用 PPT 出示午餐及晚餐的图片，背景有时钟显示时间。表针分别指向 12:00 和 6:00. 询问学生：What time is it? Is it the time for breakfast? 教师用词卡教学 lunch，supper，指导"u"发/ʌ/音。归纳 lunch，supper

breakfast
bread
head

图 33

中"u"发/ʌ/音。进一步学习 breakfast/lunch/supper。在此环节中，教师通过复习时间的表达，进一步操练本课单词。拓展 lunch，supper，为下面操练和拓展做铺垫。

图 34

Step 4：情景操练，巩固运用(5')

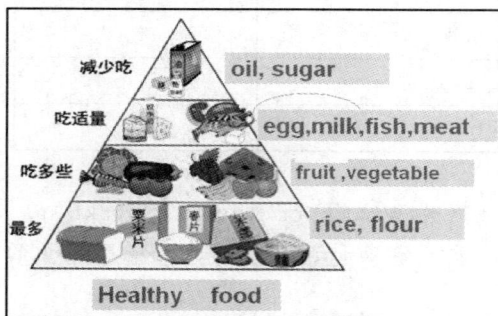

图 35

　　教师出示健康食谱的 PPT，让学生了解：What are the healthy food？ 接着，教师表格上示范自己的健康食谱，并向学生介绍：I have milk, egg for breakfast. I have chicken for lunch. I have fish for supper.（教师边说边在表格中选择打√。）然后问学生：What's for your breakfast/lunch/supper? Please, design your healthy breakfast/lunch/supper. Then talk about in pair. 学生设计自己的一天的食谱，在表格上勾出，同座进行谈论，然后找 2—3 名学生上前面进行展示和介绍。

	breakfast	lunch	supper
milk			
bread			
egg			
fish			
chicken			
meat			
coke			

图 36

教师给出语言支撑和食物词汇：

What's for…? I have…

Word bank：

Food：cake，bread，egg，jam，fish，ice cream，jello，nut

Fruit：apple，banana，grapes，orange，peach

Drink：milk，juice，coke

Vegetable：onion…

设计健康食谱活动，即复习巩固本课词汇和句型，又为学生预留了想象的空间，开阔了学生思维，鼓励学生创造性地使用语言，在真实语境中进行语言交际，即增加趣味性，又进行了书写训练。

根据以上的分类研究实践，我们发现词句教学的主体模式都是"对话—词汇—对话"，但是由于词句教学本身的特点、学生的实际情况以及我们的研究实践，我们得出的结论是：基于文本分析的词句教学应该首先放在课时当中去考虑，然后深入挖掘它与前后教学内容之间的内在联系，对不同的词句教学内容采用不同的方法。

第三章　基于文本分析的字母教学

26 个英文字母是组成英文词汇及语句的最小单位，英语字母教学是英语教学基础中的基础，是英语学习入门阶段的一项重要内容。字母教学在小学英语学习中起到至关重要的地位，它不但与将来单词的记忆、句子的学习有关，还与语言的习得方式和学习英语的思维方式直接相关，能够给孩子们未来的英语学习奠定扎实的基础。

在过去长达十三年的教学中，我们一直依托北师大版教材进行课时专题字母教学的研究。北师大版字母教学呈现的特点是：每单元学习四到五个字母，每次呈现新学的字母时都把 26 个英文字母列出，并且把要学习的字母用彩色阴影标识出。每个新学的字母都配有一个首字母为该新学字母的单词。按教材的编排，它是把字母教学分别放在了第三课时和第四课时两课时内，但是我们认为一个课时系统的学习字母会更好一些，所以我们通常把第三课字母教学的内容和第四课时字母教学的内容整合为一课时进行。北师大版教材字母教学部分是分别通过这几部分呈现的(以第一单元的字母教学为例)。

图 1

(1)Sounds and Letters(学习字母名称音、字形，渗透字母在单词中的发音，培养语音意识)；(2)Color Aa，Bb，Cc and Dd(让学生观察辨认字母形状，为后续书写做准备)；(3)Trace and Copy(描写、抄写字母的活动)；(4)Listen for A，B，C and D(复习上一课所学字母，关注字母在单词中的发音，培养语音意识，提供新的单词，使学生尝试归纳，练习，体会单词起始字母的发音)

在进行北师大版教材中的字母教学时，对于如何用一节课的时间高效地完成 3—4 个字母以及相关的单词教学，我们取得了一定的成果，总结了大量优秀的做法，如：我们利用情景导入字母、听音跟读模仿、看口型模仿、读词记字母、书空字母、描摹练习、对比记忆字母、利用各种游戏巩固字母等。

本章节中我们所阐述的是基于北京版教材文本分析的字母教学，与北师大版课时专项字母教学不同。作为课时教学内容的一部分，它既保留了字母教学本身的规律，又受制于课时文本环境的影响，在教学过程，教学方法上有了一定程度的改变，形成了个性化的实施特点。

第一节　基于文本分析的字母教学的认识与思考

一、基于文本分析的字母教学的含义

基于文本分析的字母教学，是指建立在整体理解和把握北京版教材基础上、不降低字母教学要求前提下，综合考虑单一课时中教学内容、授课时间长和字母教学任务等相关因素，关注教材中字母教学周期长、单一课时内任务少、字母操练活动缺乏等特点，将字母作为课时内容的一部分，并在有限的时间内高效地完成相应任务的教学。

二、基于文本分析的字母教学特点

(一)基于课时内容文本分析的字母教学特点

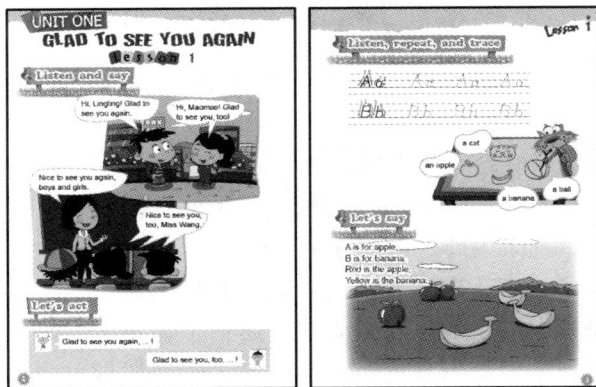

图 2

北京版教材将字母教学安排在一年级下册，本册书中每个课时由四个教学板块组成：对话教学(Listen and say)、句型操练(Let's act)、字母及单词教学

(Listen, repeat, and trace)和韵文教学(Let's say)。这四个专题教学板块中对话教学和字母及单词教学是重点,其他的两个板块分别服务于这两个板块。在授课时间的分配上,通常对话及句型教学占 20 分钟,字母及单词占 15 分钟,韵文占 5 分钟。在整个课时教学内容中,字母教学和前面对话教学的关联性不是很强,基本上是相对独立的板块,但和后面的韵文联系紧密。韵文由本课字母及对应的单词编写而成,目的是使学生在情景的帮助下,理解韵文含义,进一步感知字母在单词中的发音。因此在教学中,我们既要关注字母教学本身的特点,也要关注字母教学与小韵文的联系,让韵文为字母服务,通过韵文的形式更加牢固的掌握字母。教学时教师可以灵活运用这两个板块内容,把教学时间打通。字母简单则可以突出韵文教学,通过替换或创编来充分利用;韵文简单则可以突出字母教学,把重点放在区别字母音和形上。这些我们在后续的教学案例中都会提到。

(二)基于专题板块文本分析的字母教学特点

教材以单元统领的方式安排教学内容,每个单元有四课书,前三课为新授课,第四课为复习课。在一年级下册前五个单元的十五个新授课中,Listen, repeat, and trace 板块,是一个以字母学习为主要目的的板块。

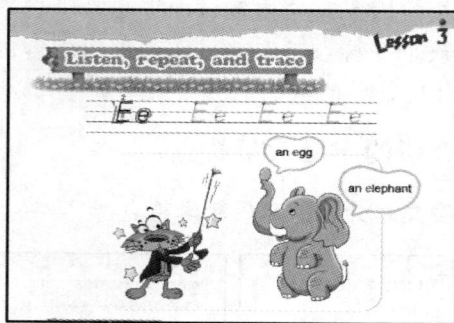

图 3

它包含字母和单词两部分内容。其中字母采用的是四线三格的呈现方式,并对大小写字母用数字标出了书写的顺序,目的是让学生了解如何按笔顺正确地书写字母;单词采用的是以教材主人公 Lala 或 Kate 的视角看到的图片、照片或实物的形式呈现,图文并茂。单词均是以本课所学的字母开头,目的是体会字母在单词中的发音,并感受单词是由字母组成的。本部分的词汇是为发展学生的语音意识而出现的,教学时不过于强调对单词的掌握,而以学生感知字母在单词中的发音为主。字母的教学是重点,包括字母的读音和书写,教学目标应该是能够听、说、读、写字母。

在一年级下册前五个单元的五个复习课中,均有一个 Match and say 板块。它是一个复习本单元所学字母的板块。

图 4　　　　　　　　　　　　　　　　　　图 5

它采用的是大小写字母匹配连线和说一说字母的方式，强调的是字母的认读和发音，也是对前三个课时中字母学习的阶段性复习。还有一个 Listen and number 板块，用来复习本单元所学单词，在听说、认读单词的同时进一步感知字母在单词中的发音。

一年级下册第六单元的字母学习部分为总复习，前三个课时以字母表的顺序，单词图文相配、首字母颜色不同的方式，分批次再现了本册所学的 26 个字母及单词；第四课时以选择补全所缺字母和单词的方式一次性呈现了 26 个字母。

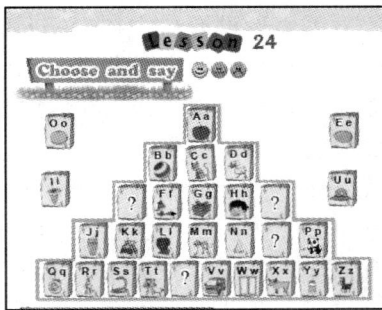

图 6　　　　　　　　　　　　　　　　　　图 7

以上两种形式，旨在通过小阶段复习、集中复习的方式，再次巩固 26 个字母的发音、认读、书写，以及在单词中的发音。

纵观整本教材，我们发现字母专题教学板块还有如下的特点：(1)字母的教学贯穿了整本书，周期较长；(2)字母的教学顺序是按照字母表的顺序呈现：第一单元中学习字母 Aa/Bb/Cc/Dd/Ee，第二单元学习 Ff/Gg/Hh/Ii/Jj，第三单元学习字母 Kk/Ll/Mm/Nn/Oo，第四单元学习字母 Pp/Qq/Rr/Ss/Tt，第五单元学习字母 Uu/Vv/Ww/Xx/Yy/Zz，第六单元呈现是以 26 个字母为首字母的单词，又再次把 26 个字母及单词进行了复现；(3)每个课时中字母的教学控制在 1—2 个，单词 2—4 个，教学任务相对较少。这种呈现方式在降低了学习难度的同时增加了学生的遗忘风险，需要教师在教学时不断地进行累积复现；（4）字母的教学更关注了单一字母的发音、书写及在单词中的发音，忽略了字母之间的关联度，如含有相同因素的字母、书写和发音易混淆的字母等；（5）关注了字母和单词的呈现和教学，忽视了字母的练习和强化。课时中除去留有四线格的空白让学生临摹，字母的认读活动、大小写匹配活动等练习都没有涉及，学生在学完字母之后缺少相应的技能训练活动。

三、基于文本分析的字母教学现状分析

基于对课本的文本分析解读以及对新教材实施以来学生学习字母的情况分析，我们发现基于文本分析的字母教学存在着以下问题：第一，整个课时时间分配不够合理，对话教学所占比重较大，字母教学时间严重不足，导致教学过程仓促，字母的发音和书写指导不到位，学生掌握不够扎实，目标的达成度不高；第二，缺少字母专题教学板块之间的横向联系，没有构建字母教学体系，专注于完成单一课时任务，字母教学零散分散，影响了学生对 26 个字母的整体认知和对单一字母的准确记忆，如 26 个字母中的发音归类，易混淆字母如 Gg 和 Jj，Ss 和 Xx 的准确区分，还会出现字母的笔顺、笔画和占格错误等书写现象；第三，对字母板块的教学要求认识不清，将单词的学习作为教学重点，字母的学习反而一带而过，使学生没有在本课的单词和字母之间建立联系，也没有树立体会字母在单词中的发音意识；第四，对学生的原有认知估计过高，认为学生对 26 个字母早有认知，淡化了教学过程的精心设计。事实上，许多学生会流利地按顺序背诵 26 个字母，但却不能对每一个字母做到发音和书写准确无误；第五，缺少结合学生的认知实际的字母操练活动的设计，如大小写匹配、听单词补全所缺首字母等，使学生只有学习，没有理解、强化和内化的过程，从而导致了字母教学的低效。

如何解决基于文本分析的字母教学中存在的上述问题，我们进行了案例研究，达成了一些共识，并将在第二节中进行详细的阐述。

第二节　基于文本分析的字母教学设计与案例研究

本节中，我们将重点阐述基于文本分析的字母教学的设计及案例研究，所有的设计与案例均是综合了对课时文本内容和字母教学板块的文本分析的基础上进行的，既整体考虑课时设计，又充分利用板块资源。需要说明的是，无论是哪个课时的字母教学，我们都基本遵循了复现旧字母—呈现新知—教学新知—教学单词体会发音—教学韵文的基本环节，但根据课时教学内容的差异性和难易度，我们会在环节时间分配、活动设计等方面体现出个性化的特点，这也是我们基于文本分析的教学设计与案例研究的出发点和意义所在。

一、单一课时内的新授字母教学

(一)相对简单的字母教学

通过对教材的分析，我们发现，有些课时内字母教学任务相对简单，不仅教学任务少，而且字母的发音和书写也相对容易。如：Aa、Bb、Ee、Oo、Tt。

图 8

针对这样的课时，我们通常采取以下方式：相对简单处理字母的读音和书写，把重点放在体会字母在单词中的发音上，充分结合韵文板块，多种方式灵活处理韵文板块，如替换韵文中的单词或者创编小韵文等，让韵文板块为字母板块服务。下面请看案例：

【教学案例 1】

1. 教学内容

北京版一年级下册 Unit 3 What colour is your bag? Lesson 11

2. 教学内容分析

本课时字母教学部分的内容包括元音字母 Oo 和单词 oil、orange，教学内容相对较少，字母 Oo 的发音和书写也较为简单，但 oil 的发音和 an orange 中的冠词 an 是学生的认知难点。元音字母的名称音和在单词中作为首字母的发音是不同的，因此在教学中，教师把教学重点放在引导学生感受单词中字母 Oo 的发音

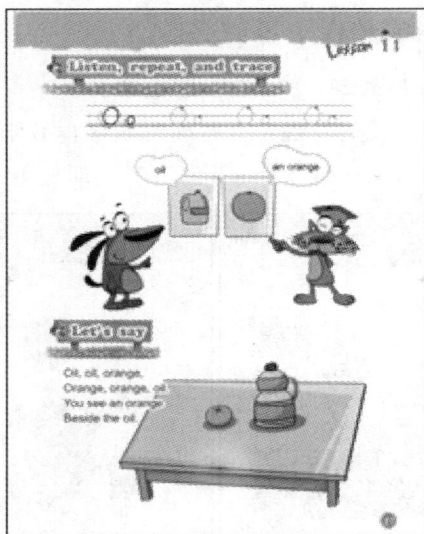

图 9

上，并在学习小韵文时通过替换单词等方式帮助学生记忆字母和单词。

3. 教学目标

(1)能指认、朗读和书写字母 Oo，感受 o 在 orange、oil 单词中的读音。

(2)能听懂、指认并读出单词 orange、oil。

(3)能跟录音朗读小韵文。

4. 教学过程

Step 1：导入(1′)

(1)复习字母 Aa-Gg：教师用 PPT 呈现字母和图片，让学生按字母 Aa-Gg 的顺序有节奏说出 A is for apple. B is for ball….

(2)复习字母 Hh-Nn：教师在黑板上依次写出小写字母 h-n，学生认读。然后教师将大写字母 H-N 的卡片随机贴在黑板上，让学生上前找出 h-n 对应的大写字母，找到后贴在相应的小写字母下面，并以升降调的形式大声带读。

Step 2：学习字母 Oo 的读音(2′)

(1)教师呈现字母 Oo，提问：Do you know this letter? 请学生试着读一读，并将字母 Oo 贴在黑板上字母 Nn 的后面。

(2)教师播放 flash 课件，请学生认真听。然后教师示范字母读音 Oo /əʊ/，强调口形，学生观察口形，模仿字母读音，请 2—3 组学生认读字母 Oo，提醒学生发音要饱满到位。

(3)教师用肢体语言示范字母 Oo，请学生跟着做动作并在小组内朗读。

(4)教师用 PPT 呈现生活中的字母 Oo，请学生观察并大声朗读。图片跟生活实际相关联，既能激起学生进一步学习的兴趣，也能加深学生对字母的理解和记忆。

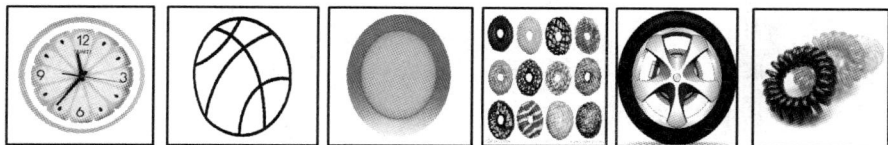

图 10

Step 3：学习字母 Oo 的书写(2′)

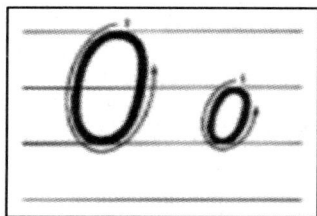

图 11

(1)教师播放 flash 课件，请学生观察字母 Oo 在四线三格中的位置。然后教师再次播放 flash 课件，请学生观察书写笔顺，提醒学生注意字母的起点和书写顺序。最后教师小结并示范。

(2)教师再次在黑板上示范书写字母 Oo，请学生书空字母，然后在书上的四线三格内描摹字母 Oo。学生自行书写两遍字母 Oo，教师巡视指导。

Step 4：学习单词，体会 Oo 在单词中的发音(10′)

(1)学习词汇 orange

①教师准备首字母是 Hh-Kk 的单词卡片，带领学生回顾前面几课所学首字母是 Hh-Kk 的单词：Look，what can you see? 学生回答：A head. 教师示范读单词：A head. Hh is for head. 学生说出其余几个。

②教师出示图片 a lion，a monkey，a net，提问学生：What can you see in the picture? 请学生依次说出。教师带领学生复习首字母是 Ll-Nn 的单词，为学习首字母是 Oo 的单词做准备。

③比较 orange 和 an orange，突出冠词 an。

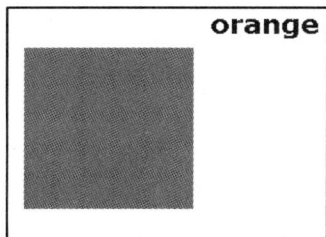

图 12

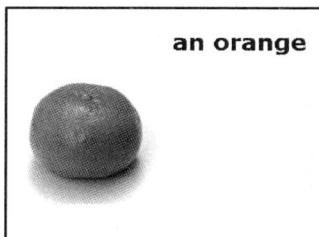

图 13

A. 教师拿着第一张图片，把 orange 挡起来，问学生：What colour is it? 引出：It's orange.

B. 教师接着出示第二张图片，把 an orange 挡起来，问学生：What's this? 引出：It's an orange.

C. 教师把图片全部展示给学生，请学生比较单词 orange 和 an orange，学生总结两个单词的含义不同。

D. 在教师的带领下，学生重复单词，强调 Oo 在单词 orange 中的发音是/ɔ/，并且强调一个橙子用冠词 an orange。教师利用 orange 和 an orange 作对比，让学生清楚明白地了解这个单词的两种含义，同时突出冠词 an 的用法。

④请学生将 orange 的单词卡片贴在黑板上相应字母的下边，并带读：Oo is for orange.

⑤教师请学生说一说知道的词，引导学生思考：Oo is for _____. 为创编歌谣做准备。

(2)学习词汇 oil

①教师 PPT 呈现 oil 图片，让学生试着说说是什么，然后教师点击图片播放录音，学生听录音。

②突破词汇 oil 的发音难点

A. 教师引导学生拼读单词：oi/ɪ/，1/1/，学生重复拼读单词。教师示范的时候强调口型的变化，让学生关注。教师刚开始拼读的时候可以将单词中间的停顿时间稍微延长，oi/ɪ/，1/1/，然后慢慢地缩短时间，降低学生发音难度。

图 14

B. 教师发 oi/ɪ/的音，请学生发 1/1/的音；学生发 oi/ɪ/的音，教师发 1/1/的音。

C. 教师完整地读整个单词，学生跟读。多种形式的操练，让学生突破 oil 这个单词的发音难点，牢固掌握单词。

③教师把学生分为四人一组，给每组发一张 oil 图片，请学生在小组内升降调说出 oil。

④教师请学生将 oil 贴在黑板上相应字母的下边，并带读：Oo is for oil.

Step 5：学习小韵文(5′)

(1)学习小韵文

①教师出示韵文图片，提问：What can you see in the picture? 请学生说出图片中已学过的单词 a desk，an orange 和 oil。教师播放课件，学生观看，猜测韵文大意。

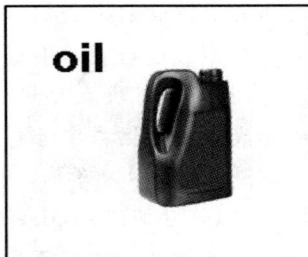

②教师出示实物 orange，说：O is for orange. 接着出示实物 oil，说：O is for oil. 把两者放在一起，然后说：The orange is beside the oil. The oil is beside the orange. 强调 beside. 把 orange 放在书旁边说：The orange is beside the book. 让学生明白 beside 的含义。

③教师播放韵文课件，学生跟读。让学生分小组朗读韵文，教师给予评价。

（2）创编小韵文

①教师创编韵文 O is for orange. O is for oil. Oil，oil，orange. Orange，orange，oil. You see an orange beside the oil. You see the oil beside an orange. 请学生一边拍手一边说。

②教师出示玩具 ox，说：O is for ox. 然后把 ox 放在 orange 旁边，举例来创编小韵文。接着把 ox 放在 oil 旁边，来创编小韵文。然后请学生在小组内自选创编的小韵文练习。请两个小组的同学上前展示，教师给予评价。

（二）难点字母的教学

在英语 26 个字母中，有些字母的发音和书写比较难，学生容易受发音不严谨和书写易混淆的影响，对这些字母的掌握不是很准确。例如字母：Cc、Ff、Gg、Hh、Jj、Ll、Qq、Uu、Vv、Xx 和 Zz 等。下面就结合具体案例说一说不同难点的字母的课时教学。请看案例：

【教学案例 2】本身发音较难的字母

在发音方法上，英语和汉语存在很大的不同，由于受汉语发音习惯的影响，在学习有些字母时，学生的发音存在着一定的困难，发音发不准确或者发不出来。例如字母：Cc、Ff、Hh、Ll、Qq、Uu、Vv、Zz。在教学这一类字母时，教师要将教学重点放在字母的发音上，注意口型的准确示范，设计多样的游戏活动，充分巩固练习，突破发音难点。

1. 教学内容

北京版一年级下册 Unit 5 Who's he? Lesson 17

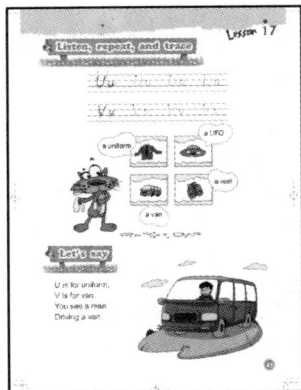

图 15

2. 教学内容分析

本课时字母教学部分的内容包括字母 Uu、Vv 和单词 a uniform、a UFO、a van、a vest。教学内容不是很多，但有一定的难度。这两个字母的难度不在于和其他的字母发生混淆，而是字母本身的正确发音就是教学难点。这两个字母的口型位置及发音的松紧度容易带来感官的不适，造成学生接受起来打折扣，所以教师如何正确示范字母的发音，巧妙地设计发音练习活动，以调动学生的兴趣，从而正确的掌握字母的发音，是案例中需要重点体现的。

3. 教学目标

(1)能够正确读出和书写字母 Uu、Vv，并感受它们在单词中的发音。

(2)能够听懂、指认并读出单词 a uniform、a UFO、a van 和 a vest。

(3)能够模仿录音中的语音语调朗读表演韵文。

4. 教学过程

Step 1：导入(1′)

教师和学生一起复习前面学过的字母，做 Aa-Tt 的字母操，接着教师用身体摆出 Uu 的形状，引出新字母 Uu，让学生猜测是什么字母。教师用身体摆出字母来猜测更能激起学生的兴趣和关注字母的形状特点。

Step 2：学习字母 Uu 的读音和书写(7′)

(1)字母 Uu 的读音

①教师出示字母卡片 Uu，示范读音/ju:/，并引导学生认真观察教师的口型，模仿字母读音。请多组学生认读字母 Uu，教师提醒学生读音要准确到位。

②教师引导学生分别观察和认读大写字母 U 和小写字母 u。

③教师用手势来表示读字母的声音大小，学生看教师的手势，分别根据教师的手势用相应的音量读出字母 Uu。接着学生两人一组，一人做手势，一人根据手势读出字母 Uu，并互相纠正。

④教师请几组同学朗读字母，评选出读的最标准的学生，并给予激励性评价。如果有的学生读的不标准，教师纠正发音。

(2)字母 Uu 的书写

教师出示字母 Uu 的卡片，让学生观察大小写字母在四线三格中的位置，教师要强调大小写字母的区别。然后教师播放课件，学生观看并书空。接着学生在书上的四线三格中描摹字母 Uu，教师巡视。

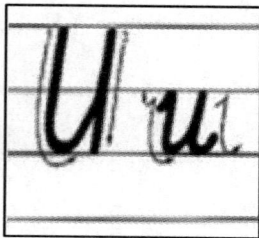

图 16

Step 3：字母 Vv 的读音和书写(7′)

(1)字母 Vv 的读音

①教师用手势比画 Vv，让学生猜测是什么字母。接着教师播放课件让学生听 Vv 的读音，学生试着跟读。教师示范发音 Vv/vi:/，强调发音时上牙齿要摩擦下嘴唇。学生观察教师口型，模仿跟读。

②教师大声带读 Vv，学生就小声读 Vv。让学生两人一组，面对面，一

人大声读，一人小声读，互相观察口型对不对，上牙齿有没有摩擦下嘴唇。接着请学生两人一组展示读 Vv。教师奖励给读的标准的学生小贴画。

（2）字母 Vv 的书写

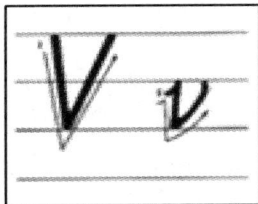

图 17

教师播放课件，学生观看 Vv 的书写。教师引导学生观察并尝试说一下它们在四线三格的位置。教师示范书写，学生书空描摹，接着在书上四线三格内描摹。

（3）字母 Uu 和 Vv 的操练活动

活动一：教师口型示范 Uu 和 Vv，不出声，让学生观察，猜测字母。第一个猜出的学生当小老师，带领全班同学读一遍该字母。使学生体验成功感和自豪感，同时更加深刻地记忆字母发音的口型特点。

活动二：教师 PPT 出示生活中的 Uu 和 Vv，学生进行认读比赛。

图 18

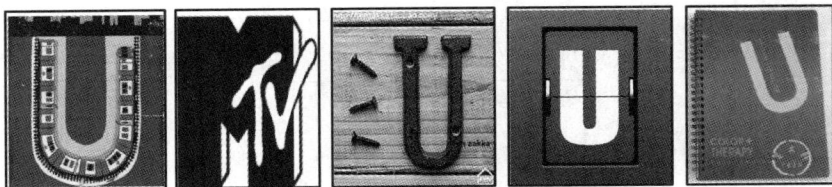

图 19

Step 4：学习单词，体会 Uu 和 Vv 在单词中的发音（2'）

（1）教师指着一位学生的校服说：He has a uniform. 引导学生指着自己的校服说：A uniform, a school uniform. 教师出示字母卡片 Uu 和单词卡片 uniform，教师带读，然后引导学生说出：U is for uniform. 然后，让学生积极思考，回忆说出以 Uu 为首字母的单词，引出：U is for UFO. 并引导学生体会 Uu 在单词中的发音/ju:/是跟字母本身的读音是一样的。

（2）教师呈现小货车图片，问学生：What's this? 引出单词 van，教师带读，学生多种形式练习。教师接着出示背心的图片，引出 vest，并呈现各种 vest 的图片，让学生朗读，巩固词义。之后教师总结 Vv 在单词中的发音/v/。

Step 5：学习小韵文，巩固 Uu 和 Vv 在单词中的发音(3′)

（1）整体感知小韵文

教师出示韵文图片并提问：What can you see in the picture? 学生观察图片后说出已学过的单词：a man、a van 和 a uniform。教师出示另一张韵文图片，继续提问：What's that man doing? 引导学生回答：Driving a van.

图 20　　　　　　　　　　图 21

（2）学习小韵文

教师分别用慢节奏、快节奏播放韵文录音，学生指书跟读，模仿语音语调。学生小组内练习朗读韵文。请两组学生上前表演韵文，教师给予评价。

【教学案例 3】读音易混淆的字母

在 26 个字母中，有些字母的读音比较相近，学生在学习过程中没有充分地掌握单个字母的读音，会造成对这些字母读音的混淆，比如 Gg 和 Jj，Mm 和 Nn，Ss 和 Xx。对于这一类字母，我们在教学中要把重点放在区分两个字母的读音上，找出各自的发音规律，设计有趣的游戏，如听音拍单词、Who is faster? 等，帮助学生区分读音的区别。

1. 教学内容

北京版一年级下册 Unit 2 What do you do? Lesson 7

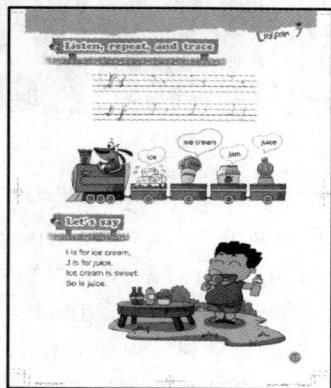

图 22

2. 教学内容分析

本课时字母部分的教学内容为字母 Ii、Jj 以及单词 ice、ice cream、jam、juice。字母 Ii 的发音和书写相对简单一些，而且本课时中，字母 Ii 在单词中的发音与字母的名称音正好吻合，也降低了字母 Ii 的教学难度。但字母 Jj 是本课的教学难点，它的难点不仅体现在字母本身的发音和书写上，还体现在与字母 Gg 容易混淆上。因此在教学过程中如何运用多种方法进行字母 Jj 的教学以及与字母 Gg 的区分，是本课的教学重点。

3. 教学目标

(1)能够正确读出和书写字母 Ii、Jj，并感受它们在单词中的发音。

(2)能够听懂、指认并读出单词 ice、ice cream、jam 和 juice。

(3)能够说唱小韵文。

4. 教学过程

Step 1：导入(1′)

教师播放字母歌 Phonics song 的视频，学生跟唱，当播放到 Hh 时教师按暂停键，让学生猜测下一个字母是什么。然后教师继续播放歌曲，验证猜测。激起学生兴趣，同时复习巩固前面学过的内容，为新知识的学习做准备。

Step 2：学习字母 Ii 的读音和书写(5′)

(1)字母 Ii 的读音

①教师出示字母卡片 Ii，示范读音 Ii/aɪ/，请学生观察嘴型，引导学生模仿字母 Ii 的发音，注意强调发音时要把嘴巴张到最大。

②教师让学生用手中的铅笔、尺子等摆成大写字母 I，用橡皮泥做出小写字母 i。学生两人一小组，互相读一读对方的大小写字母。

(2)字母 Ii 的书写

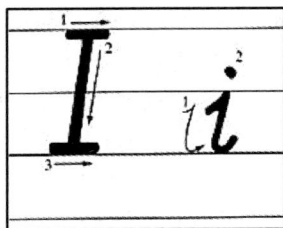

图 23

教师播放 flash 课件，学生观看字母 Ii 的书写。教师示范字母 Ii 大小写的书写，强调字母大小写的占格，学生书空，然后在书上的四线三格内描摹。

Step 3：学习字母 Jj 的读音和书写(9′)

(1)字母 Jj 的读音

①教师从生活中学生熟悉的物品入手，PPT 出示一些生活中含有字母 J

形状的物品，引出要学习的字母 J。让学生观察，找共性，总结出：这些物品都含有字母 J。

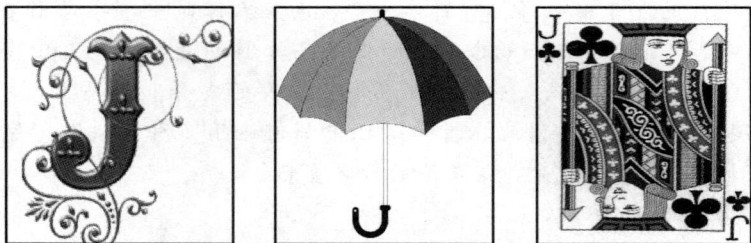

图 24

②出示字母 Jj，教师播放字母 Jj 的发音，请学生听录音。教师示范发音 /dʒei/，让学生观察口型、舌位，学生尝试发音。请学生两人一组，面对面，互相模仿发音，互相纠正。教师检查学生的发音，发音标准的同学，教师给予激励性评价。发音不规范的同学，教师请发音标准的同学帮助其纠正。

③比较字母 Jj 和 Gg，教师将两个字母的音进行分解 Jj/dʒei/ 和 Gg/dʒi:/，引导学生找到共同的因素 /dʒ/ 和不同的因素 Jj 含有 /ei/、Gg 含有 /i:/，引导学生摆出共同因素的口型并练习发音，之后再用共同因素分别与不同因素进行拼读训练，体会这两个字母的发音。

④字母 Jj 和 Gg 的操练活动

游戏一：听音拍字母

教师请学生拿出课前准备好的字母卡片 Jj 和 Gg，上课时两个同学一组，听老师读字母，学生拍字母，听到哪个拍哪个，进行比赛。

游戏二：Who is faster?

教师将全班分成三大组，每组派出一人到讲台前，听老师小声读字母，分辨出是 Gg 还是 Jj，听清楚后快速将听到的字母小声传给每组第一位同学，第一位同学依次小声往后传，传到最后一位同学时，最后一位同学迅速跑到讲台前，面对全班同学大声说出听到的内容，哪组既快又准确加 1 分，分高者得胜。每组派出的同学在每次结束后换人。

（2）学习字母 Jj 的书写

图 25

教师播放 flash 课件，请学生观察字母 Jj 的大小写分别在四线三格中的位置，注意区分大小写的形状及占格的区别。然后教师示范书写大小写字母，学生观看并书空，并在自己书上的四线三格内描摹字母，教师巡视给予指导。

Step 4：学习单词，体会 Ii 和 Jj 在单词中的发音(3′)

(1)教师播放本课歌谣，请学生听出 I is for…. 引出单词 ice 和 ice cream。学生听录音，跟读单词，教师板书。

图 26

(2)教师再次播放本课歌谣，请学生听出 J is for…. 引出单词 jam 和 juice。学生听录音，跟读单词。教师结合字母说说单词，比如/dʒ/－/dʒ/－jam，/dʒ/－/dʒ/－juice。

图 27

Step 5：Let's say(2′)

图 28

教师播放课件，学生整体跟读韵文，注意模仿语音语调。教师出示不同的节奏，让学生试着读一读。学生选择自己喜欢的一种节奏，说一说韵文。学生在小组内有节奏感地读韵文，并展示。

【教学案例 4】书写易混淆的字母

在 26 个英语字母中，有的字母字形非常相像，由于学生的年龄特点和认知水平，以及学生上课的习惯等问题会影响学生对字母的正确书写。学生书写时容易混淆，如：大写字母之间容易混淆的 D 和 B，E 和 F，C 和 G，L 和 J；小写字母和大写字母易混淆的 k 和 R；小写字母易混淆的 b 和 d，p 和 q，y 写成 g 等。教师可以通过肢体语言练习字母，通过大小写字母找朋友等游戏活动，帮助学生解决字母书写易混淆的问题。

1. 教学内容

北京版一年级下册 Unit 1 Glad to see you again Lesson 2

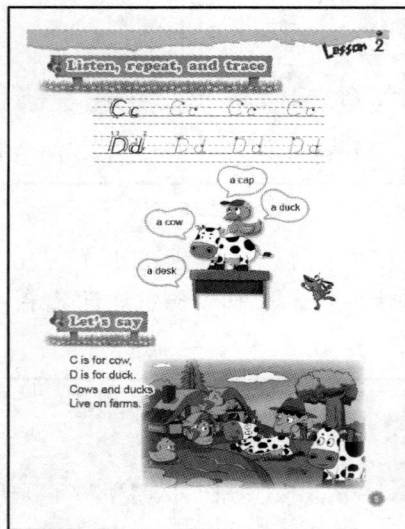

图 29

2. 教学内容分析

本课时字母教学部分的内容包括字母 Cc、Dd，单词 a cow、a cap、a desk、a duck 以及关于本课字母的小韵文。其中字母 Cc、Dd 的听说、认读和书写是这节课的重点。难点是字母 Cc 的发音和字母 Dd 的书写，学生容易把小写字母 b 和 d 的书写相混淆。教师在教学中要关注字母的读音，指导学生按正确笔顺笔画和占格书写字母，并采用肢体语言区别字母的外形，利用有效的游戏活动巩固所学的字母，突破教学中的重点和难点。

3. 教学目标

（1）学生能正确指认、朗读和书写字母 Cc 和 Dd 大小写形式，感受字母 Cc 和 Dd 在单词中的发音/k/和/d/。

（2）能听懂、指认读出单词 a cow、a cap、a desk 和 a duck。

（3）能模仿录音说唱小韵文 C is for cow。

4. 教学过程

Step 1：复习、导入字母(1′)

教师利用肢体语言呈现字母 Aa、Bb，请学生说出相应的字母。教师继续利用肢体语言呈现字母 Cc，问学生这个字母是什么？学生回答。引出字母 Cc。

Step 2：学习字母 Cc 的读音和书写(6′)

(1)学习字母 Cc 的读音

教师呈现字母 Cc，让学生听录音，跟读字母。教师强调字母 Cc 中含有的因素/iː/，接着教师示范发音，让学生观察口型，模仿跟读。请学生单个朗读字母 Cc，纠正错误的发音，突破教学中的难点。

(2)学习字母 Dd 的读音

教师出示字母 Bb 的卡片，让学生读出这个字母，继续出示字母 Dd，问学生：Is it letter Bb? 学生回答：No, it's letter Dd. 教师呈现字母 Dd，学生听音模仿，齐读字母。

(3)学习字母 Cc 和 Dd 的书写

①教师让学生观看课件，观察字母 Cc 和 Dd 的笔顺、笔画和占格。

②教师用手势左拳朝上 b，右拳朝上 d，来感知字母 b 和 d 的字形，通过肢体语言帮助学生解决小写字母 b 和 d 的书写易混淆的难点问题。让学生运用手势做一做、说一说。

③教师在黑板上示范字母 Cc 和 Dd，强调小写字母 d 的第二笔与汉语拼音的写法不同。学生书空临摹字母 Cc 和 Dd 的大小写形式。教师巡视，展示学生的书写，给予评价。

(4)开展游戏活动

教师利用 PPT 出示图片，请学生观察图片，找出两幅图中字母的不同之处，让一名学生把不同的字母 B、b 、D 和 d 在屏幕上指出来，接着教师把 B、b、D 和 d 的字母卡片贴在黑板上，教师随机出示字母卡片，让学生快速抢读。帮助学生更好的区别字母 Bb 和 Dd。

图 30

(5)巩固练习：大、小写字母找朋友

教师课前给每位学生发一张练习小篇子，如图 31 所示，请学生把相应的大小写连线，要求自己独立完成。完成后，请一位学生上前展示自己的小篇子，全班同学一起核对练习题。通过这个练习，让学生对前两课

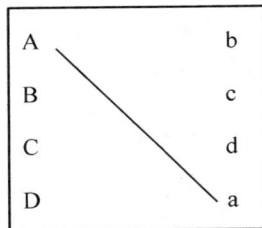

图 31

所学的大写字母进行了匹配和认读。

Step 3：学习词汇（7′）

（1）导入

教师出示图片问：Who's this? 学生回答：It's Lala. Why is he so sur-prised? 他为什么那么惊讶？ What does he see on the desk? 他看到了什么？引导学生开动脑筋想一想。

图 32

（2）呈现单词

教师接着出示图片，教师说：Let's guess，please. What does Lala see on the desk? 学生在图片信息的支持下会猜出 a cow。教师继续呈现图片追问学生：Who is on the cow's back? 让学生猜一猜，学生猜出 a duck。教师呈现出最后一幅图片，问学生：What's on duck's head? 鸭子的头上有什么？学生能回答 a cap。教师依次呈现单词，并板书单词。学生跟录音朗读单词。

图 33

Step 4：巩固词汇（3′）

（1）师生说韵文

教师说韵文 A is for apple. B is for banana. C is for…. 引导学生说出 C is for cow. C is for cap. C is for cat. 等。教师接着说 D is for…. 学生们会说出 D is for dog. D is for desk. D is for duck. 等。

（2）小组比赛活动

教师把学生分成 3 个组，学生以小组为单位进行比赛，从每组第一个学生开始，教师出示 Aa、Bb、Cc 和 Dd 中的一个字母，如字母 Bb，每个小组的学生依次说出 B is for (banana)。回答正确的小组学生为本组获得一分，比赛结束，获得积分最多的小组获胜。

Step 5：学唱韵文(3′)

(1)教师出示本课的韵文图片问学生：Look at the picture. What can you see? 学生们回答：I can see ducks/cows/a man/a house/a tree. 教师问学生：Where are they? 学生回答：农场、公园、动物园。教师给他们介绍：They live on the farm. (学习并理解 farm)

图 34

(2)教师第一遍播放小韵文，让学生听。教师第二遍播放小韵文，让学生边拍手边有节奏地跟读小韵文。小组展示表演小韵文。

【教学案例 5】笔顺笔画易错的字母

书写是字母教学的重要内容之一，掌握好字母的笔顺笔画是写好字母的前提条件，同时也是教学的难点。在教学中，学生把有些字母书写的笔顺笔画与汉语拼音相混淆，如字母 i 和 j，t 和 f，另外 D、E、F、H、N 等字母的笔顺笔画是学生书写错误率较高的。在教学中教师应关注字母的笔顺、笔画教学，可以采取用橡皮泥捏字母，让学生观看课件，了解字母笔顺、笔画的正确顺序；通过让学生用绒条做字母感知字母的外形和书空临摹等活动来进行笔顺笔画易错的字母教学。

1. 教学内容

北京版一年级下册 Unit 2 What do you do? Lesson 5

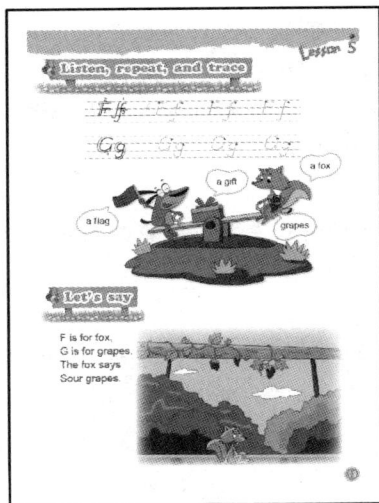

图 35

2. 教学内容分析

本课时字母教学部分的内容包括字母 Ff、Gg，单词 a flag、a fox、a gift、grapes 和与所学字母相关的小韵文。本课的教学重点是学生能准确朗读和书写字母 Ff、Gg，其中字母 Ff 和 Gg 的读音以及按照正确的占格和笔顺书写是本课的难点。教材中呈现了字母 Ff、Gg 在四线三格中的笔顺、笔画和占格，学生可以进行书写练习；但练习的形式较少，比较单一。因此教师要在教学中开展多种教学形式，更加有效地突破教学的重点和难点。

3. 教学目标

（1）能正确指认、朗读和书写字母 Ff 和 Gg 的大小写形式。能按照字母正确的笔顺笔画和占格书写字母 Ff 和 Gg 的大小写形式。感受字母 Ff 和 Gg 在单词中的发音 /f/ 和 /g/。

（2）能听懂、指认、读出单词 a flag、a fox、a gift 和 grapes。

（3）能模仿录音说唱小韵文 F is for fox。

4. 教学过程

Step 1：演唱韵文，复习字母和单词（2′）

小组展示演唱创编韵文：A is for apple，B is ball，C is for cat，D is for dog，E is for elephant. 通过韵文的演唱，复习所学过的字母及与字母有关的词汇。之后教师出示字母卡片 Aa、Bb、Cc、Dd 和 Ee，学生齐读这些字母。

Step 2：学习字母 Ff 和 Gg（7′）

（1）学习字母 Ff 的读音和书写

①呈现字母 Ff

教师用橡皮泥捏出大写字母 E，让学生齐读 big letter E，之后教师快速把字母 E 捏成了大写字母 F，教师问学生 Is it big letter E? 学生回答 No. 让学生试着读出字母 big letter F。教师继续捏，最后捏成了小写字母 f，让学生齐读 small letter f。教师呈现字母 Ff。

②学习字母 Ff 的读音

教师播放录音，让学生听录音跟读。教师出示字母 Ff 的卡片，小组比赛朗读。

③学习字母 Ff 的书写

a. 教师播放动画，学生观看课件中的字母 Ff 的书写笔顺、笔画。

b. 教师示范，学生书空。教师发指令 big letter F，引导学生用 one, two, three 说笔画，同时书空；教师发指令 small letter f，让学生用 one, two 说笔画，之后书空。教师强调小写字母 f 占三个格。

c. 学生在书上 13 页临摹字母 Ff 大小写形式 3 遍。

d. 教师巡视，展示书写作品，并给予评价。

（2）学习字母 Gg 的读音和书写

①呈现字母 Gg

教师出示一部分被遮盖的字母 C 和 G 的卡片，让学生猜是哪个字母。学生会猜出大写字母 C 或 G。之后教师出示字母卡片，呈现字母 G。教师出示小写字母 y 和 g 的卡片，询问学生，哪个是 G 的小写字母，让学生到前面选出来，选出小写字母 g，教师把字母 Gg 呈现在黑板上。

②学习字母 Gg 的读音

教师播放录音，让学生跟读。分音节朗读 Gg，纠正错误发音，解决发音的难点问题。教师出示不同笔体的字母 Gg，小组比赛朗读字母 Gg，哪个小组的学生读的准确获得奖励。

③学习字母 Gg 的书写

a. 教师示范用绒条做字母 Gg，让学生初步感知字母 Gg 的外形，之后学生在组内用绒条做出字母 Gg，教师展示学生作品，给予评价。

b. 教师播放课件，学生观察字母 Gg 的笔顺、笔画和占格，教师示范书写字母 Gg，之后学生模仿书空字母。

c. 请一名学生在黑板上的四线格内写出字母 Gg。其他学生在书上 13 页临摹字母 Gg 3 遍。教师巡视，评价学生的书写。

（3）游戏活动，巩固所学字母

游戏规则：教师发指令，学生以小组为单位，小组长让组内每个成员任意抽取一张 Aa-Gg 的字母卡片，如教师读字母 Ff，哪个小组学生快速准确出示这个字母，这个小组就得到一分。之后组内学生的字母卡互相交换，游戏继续。获得积分最多的小组获胜。

Step 3：结合韵文，学习单词(8')

（1）学习单词 fox 和 grapes

教师播放本课的韵文课件，学生观看课件。教师举着大写字母 F 提问：F is for _____ . G is for _____ . 学生试着说出单词 fox 和 grapes。教师让学生观察图片问：Does the fox like grapes? 学生回答：Yes. 教师说：The grapes are sweet or sour. 学生试着回答：Sour grapes. 教师通过表情来帮助学生理解 sour 的词义，让学生带着表情读 Sour grapes。

（2）学习单词 flag 和 gift

教师呈现情景，今天 Lala 认识了一个新朋友 fox，A gift for Lala. 教师呈现单词 a gift，之后教师让学生猜一猜 fox 送给 Lala 的礼物是什么，教师拿出礼物盒并打开，露出旗子的一个角，让学生猜。学生猜词，教师呈现单词 a flag。

（3）教师播放录音，学生听录音跟读单词。

（4）游戏活动，巩固练习：We are the winners.

教师把单词卡片和图片的背面面向学生放在黑板上，在黑板上把单词卡片放在第一行，把单词图片放在第二行，找一名学生和老师来示范，如教师选择的单词卡片是 gift，学生选择的恰巧是单词图片 gift，图文匹配时，教师和学生一起说 We are the winners，之后一起说出 F is for gift，如果图片和单词不匹配，学生根据选择的单词卡或图片卡，分别说出歌谣_____ is for _____.卡片放回原处，游戏继续。之后学生小组内开展活动。

Step 4：唱演韵文，感受发音(3′)

(1)呈现韵文

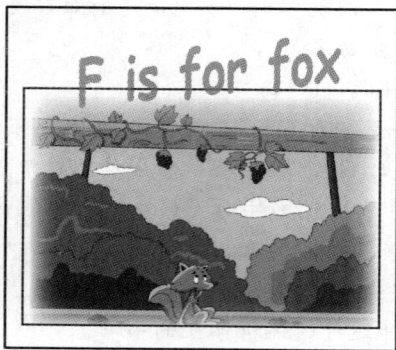

图 36

教师指着图片说：This is a fox. They are grapes. Let's listen to a rhyme about them. 教师播放两遍，学生认真听。

(2)学唱、表演韵文

教师说：Who can say the rhyme with me. 教师找来三名学生，分别拿着字母 F 和 G，玩具 fox 和 grapes 一起表演韵文。学生小组活动说韵文，小组到前面表演展示。

二、单元复习课的字母教学

一年级下册的教材中，每个单元有四课时，三个课时为学习课，第四课时为复习课，整本书有六个复习课。教材用前五个单元的复习课讲完了 26 个字母，用五个单元的五个复习课进行了阶段性的单元字母复习，采用 Match and say 的练习方式复习本单元学过的字母，让学生对每个字母的大小写形式有进一步的感知；采用 Listen and number 的形式复习单词，进一步感知字母在单词中的发音。为了有效达成字母教学目标，我区教师增加了活动设计，从听说、认读和书写等方面开展有效的教学活动，如字母大小写连线、听音标号和 Bingo 游戏等，充分调动学生学习字母的兴趣，从而更好地掌握字母及感受字母在单词中的发音。请看案例：

【教学案例 6】

1. 教学内容

北京版一年级下册 Unit 2 What do you do ? Lesson 8

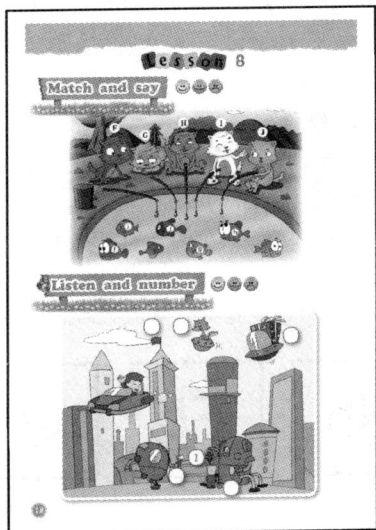

图 37

2. 教学内容分析

北京版小学英语一年级下册的复习课第 8 课中共有四个教学板块。第一个教学板块 Match and say 中，重点复习本单元的字母。本部分内容通过小猫钓鱼的方式请学生将字母 Ff、Gg、Hh、Ii 和 Jj 的大小写进行连线。教师通过有效的字母复习活动，为学生的字母大小写连线做好了充分的准备。在第二个教学板块中，呈现了未来世界的街景，教师通过让学生观察图片的方式，找出本单元学习单词的图片，为听音标号做好铺垫。

3. 教学目标

(1) 复习字母 Ff、Gg、Hh、Ii 和 Jj，要求能正确认读、书写大小写字母并掌握字母顺序。

(2) 复习本单元 a flag、a gift、a fox 和 grapes 等 10 个单词，要求能听懂、会说、并能整体认读。

4. 教学过程

Step 1：演唱韵文，复习旧知(3′)

(1) 教师播放 Lesson 5、Lesson 6 和 Lesson 7 的韵文动画，师生一起演唱韵文。

(2) 教师出示字母卡片问学生：Can you read these letters? 学生回答：Yes. 学生读出字母 Ff、Gg、Hh、Ii 和 Jj。

Step 2：Match and say(4′)

(1)教师出示图片提问：Look，Who can you see in the picture？What are the cats doing？学生们回答：I can see cats and fish. The cats are fishing.

(2)教师指着 Cat F 给学生们介绍 Its name is Cat F. 引导学生说出 Cat F 应该钓上哪条鱼，学生指出 Fish F，然后教师指导学生将 F 和 f 连线。

(3)教师继续提问：Cat G、Cat H、Cat I 和 Cat J 会钓上哪条鱼，学生回答。然后让学生自己完成连线活动。

(4)教师巡视指导，核对答案，纠正典型错误。

Step 3：游戏活动，巩固字母(6′)

(1)教室的墙上贴有本单元的字母 Ff、Gg、Hh、Ii 和 Jj 字母卡片。选出两名学生参加活动，教师任意读出字母，学生根据听到的字母去教室的墙上找到相应的字母，并把它们贴在黑板上。对完成任务的学生给予奖励。

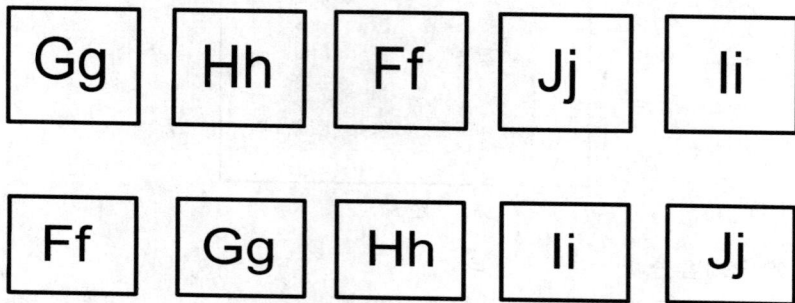

图38

(2)教师请一名学生按照字母的顺序进行排序。学生齐读字母。

Step 4：Listen and number(7′)

(1)复习单词

教师通过不同的方式，如出示实物、图片、声音、肢体语言等形式，让学生猜出本单元所学过的单词。学生根据教师的信息提示说出单词，之后朗读这些单词。

(2)听音标号

图39

①教师出示书上第 18 页 Listen and number 的图片，让学生观察图片，问学生，What can you see in the picture? Can you find them? Circle, please. 学生圈出书上自己学过的人或物品，并让学生用英语说一说圈出的人或物品。

②教师播放录音，学生完成听音标号，核对答案。之后学生两人一组开展指图来读单词的活动。

【教学案例7】

1. 教学内容

北京版一年级下册 Unit 5 Who's he? Lesson 20

图 40

2. 教学内容分析

到第五单元结束，26 个英语字母就全部学完了。本课共有四个复习板块，前两个教学板块重点复习本单元字母和单词。第一个教学板块 Match and say 的重点是复习字母 Uu、Vv、Ww、Xx、Yy 和 Zz，呈现了 6 只小兔子身上分别写着 6 个大写字母，6 个胡萝卜上写着 6 个小写字母，供学生认读字母并完成大小写字母的配对练习。第二个教学板块 Listen and number 呈现了 7 幅单词图片。教师引导学生说出单词，通过教师指导学生听录音内容，让学生准确迅速地完成听音标号的活动。本课通过不同的活动形式来复习字母和单词。

3. 教学目标

(1)复习本单元的字母 Uu、Vv、Ww、Xx、Yy 和 Zz，能正确书写大小写字母并掌握字母的顺序，感受字母在单词中的发音。

(2)复习本单元所学词汇，能听懂、会读、会说、会描述。

4. 教学过程

Step 1：演唱歌曲，复习字母(4′)

(1)学生演唱英语字母歌《A B C song》，活跃课堂气氛，激发学生的学习兴趣。

(2)教师利用 PPT 随机出示字母，让学生以小组为单位进行读字母比赛，读得正确的学生会得到字母卡的奖励。为后面的游戏活动做好铺垫。

Step 2：Match and say(8′)

(1)观察图片，明确任务

教师呈现小兔子的图片提出问题：What animals can you see? What do they like? 学生回答：They are rabbits. They like carrots. 教师接着问：What letters can you see？学生说出看到的字母，并把小兔子和胡萝卜图片贴在黑板上。回答问题正确的学生奖励字母卡。

图 41

(2)完成练习，核对答案

图 42

①教师继续介绍，今天小兔子们来拔胡萝卜，他们应该拔和自己字母相匹配的胡萝卜，可他们拔错了，你们能帮帮他吗？教师示范字母 U-u 的连线，

让学生分别指出字母 V-v、W-w、X-x、Y-y 和 Z-z，之后完成连线。

②教师巡视检查学生完成情况。教师让一名学生到黑板上完成字母的匹配连线。全班核对答案。如果答案正确给这名学生字母卡的奖励。教师让学生两个人一组读字母。

(3)游戏活动：找左邻右舍

在每一个教学环节中，教师会根据学生的表现，奖励字母卡，26 个字母全部奖励给学生。教师让学生拿出在学习活动中奖励的字母卡片，当教师读字母 Ww，拿到这张字母卡片的学生到前面举起卡片，全班学生齐读。之后拿到字母 Ww 左邻右舍字母 Vv 和 Xx 的学生到前面，按照字母表的顺序排序，如果排序正确给予奖励。全班齐读这 3 个字母。之后继续开展游戏。通过这样的练习活动，帮助学生有效掌握 26 个字母的顺序。

Step 3：Listen and number(8′)

(1)教师把学生分成 3 个组，每个小组分别来展示演唱第 17、18 和 19 的韵文。展示之后，教师让学生说一说韵文中出现的已学单词：uniform、van、window、wall、ox、box、yogurt、zoo 和 zebra 等。通过这个活动来复习本单元所学单词。

(2)教师出示图片，引导学生观察图片。教师提问：What can you see in the picture? What color is…? 引导学生回答：It's….

(3)听音标号。

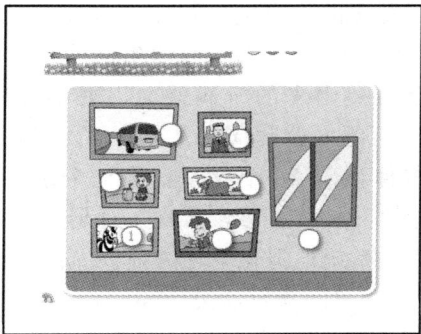

图 43

教师播放录音两遍，学生标号，核对答案。教师说序号，学生说单词，学生边说，教师边出示答案。学生两人一起检测答案。

(4)卡片游戏：Bingo

教师发给每个学生本单元的单词图片和一张在九宫格中印有本单元单词的表格。教师读单词，学生重复单词，并把单词和图片进行匹配，放在格中，最先完成游戏的学生，大声说出 Bingo。教师核对是否正确，奖励获胜的学生。

yogurt	zebra	vest
ox	uniform	yard
van	wall	box

图 44

三、新授单元字母复习课的教学

在教学过程中我们发现由于有的字母字音和字形比较难，教师教学时强调得不够，练习的不充分，所以有一部分学生虽然能够流利地按顺序背诵 26 个字母，但是把单个字母提出来的时候就会出现不会读、不会写或者读错、写错的现象。对于这些问题，教师应采用有效的教学方法，帮助学生解决。教学时教师可以多次整体出示 26 个字母，强化个别字母的读音、认读和书写，而第六单元的字母学习是总复习，再现了全册所学的 26 个字母，教师在这个单元可以更加完整、系统地强化上述方面。

本单元前三课（Lesson 21—23）通过 Listen，repeat，and trace 板块分阶段地复现了 26 个英文字母和相关单词，第四课时以选择补全所缺字母和单词的方式一次性呈现了 26 个字母。在教材的基础上，教师还可以把字母教学活动化，通过演唱英文字母歌曲、开展小组读字母的竞赛、左邻右舍游戏、Make letters（让学生用肢体动作表示不同的字母）、What's missing? 游戏、拍单词游戏等多种教学方法进行字母和单词的复习，以下就是我们第六单元字母复习课的案例：

【**教学案例 8**】

1. 教学内容

北京版一年级下册 Unit 6 I'm sorry，I'm late Lesson 23

图 45

2. 教学内容分析

本单元是复习 26 个字母的书写和发音以及已学过单词的整体认读。本课是第三课时，复现了 26 个字母中的 Qq-Zz。教师要带领学生复习这些字母的认读、正确发音和正确书写。通过学习单词，感受字母在单词中的发音。本课所复习的字母 Ss 和 Xx 的发音容易混淆，字母 p 和 q，y 和 g 的认读和书写容易发生混淆，还有字母 t 的笔顺，这些是难点问题。教师在课上可以通过单词卡片对比两个字母，投影展示书写过程，请学生总结字母字形的不同等活动，突破这些难点。本课小韵文以字母歌的歌词作为韵文的内容，学生可以在熟读的基础上唱出这首歌。

3. 教学目标

(1)能够通过再现更好的指认、朗读和书写字母 Qq-Zz，感悟字母在单词中的发音。

(2)能够通过再现更好的听懂、指认并会读单词 queen、river、ship、tiger、UFO、van、window、ox、yogurt、zebra。

(3)能够说唱小韵文 ABCDEFG。

4. 教学过程

Step 1：Listen，repeat，and trace(16′)

(1)复习和导入(3′)

①教师把首字母是 Aa-Pp 的单词卡片贴在黑板上，学生依次读出单词，

教师注意学生的发音，遇到发音不准确的字母，及时提醒学生。教师在请学生读每个单词的时候再读一下它的首字母，并在单词卡的首字母上做出标记。

②学生两人为一小组，读一读这些字母和单词。

(2)复习字母 Qq-Zz 的读音和认读(4′)

①教师任意出示字母卡片 Qq-Zz，让全班学生进行男女生认读字母比赛，在比赛过程中，教师强调字母 Ss 和 Xx 的读音，分别请单个男生和单个女生站起来读出这两个字母，看谁读的最准确，就给相应的队伍加分。

②重点再现字母：教师引导学生找出字母 Qq-Zz 中的元音字母：Uu，练习发音。教师接着引导学生找出字母 Qq-Zz 中含有因素/iː/的字母：Vv，关注学生发音到位。

③强调字形易混淆的字母：教师分别出示小写字母 p、q 和 y、g 的字母卡片，让学生说一说这两个字母的区别，加深印象。

(3)描写单词首字母(5′)

①教师请学生打开书第 57 页，观察书上单词，引导学生发现规律，说出单词首字母是按照字母顺序来排列的。

②教师请学生描写首字母，之后利用投影展示部分学生描写的字母，师生一起评价，提出优点与不足。把字母放在单词中进行描写，让学生体会字母是在单词中的，单词是由字母组成的，加深学生对字母的理解。

③强调小写字母 t 书写时的笔顺：教师请学生来前面通过投影演示书写小写字母 t，观察学生的笔顺问题，其他同学看投影，判断书写笔顺的对错。教师此时强调小写字母 t 的笔顺，要后写横。之后教师再次出示小写字母 t，请学生用手书空一下。

(4)复习首字母是 Qq-Zz 的单词(4′)

①教师拿出单词卡片，请学生到黑板前将单词卡贴在相应的图片下面，考查学生是否能正确的认读，引导学生边贴边读。

②教师从黑板上拿下这些单词卡片，请一位学生到前面来参加游戏，这名学生从卡片中抽一张单词图片，根据图片内容表演，请其他学生猜一猜，猜对的学生来抽取卡片，继续游戏。猜出单词后，全班一起朗读一遍。游戏结束时，教师评出最佳表演者。

Step 2：Let's say (4′)

(1)整体呈现韵文

教师播放英文歌曲 ABC Song。学生整体视听韵文，理解小韵文的含义，特别是 I can say my A B C.

(2)朗读小韵文

①教师点击课件重复播放小韵文，学生跟读，注意韵律和节奏。

②教师让学生分小组跟读韵文，其他组给予评价。

（3）表演小韵文

①学生在小组内有节奏感地演唱小韵文，并展示。

②教师请准备好的学生到前面来表演唱小韵文，并予以奖励。通过表演小韵文，培养学生的节奏感和语感，增加学生学习兴趣和自信心。

【教学案例 9】

1. 教学内容

北京版一年级下册 Unit 6 I'm sorry，I'm late Lesson 24

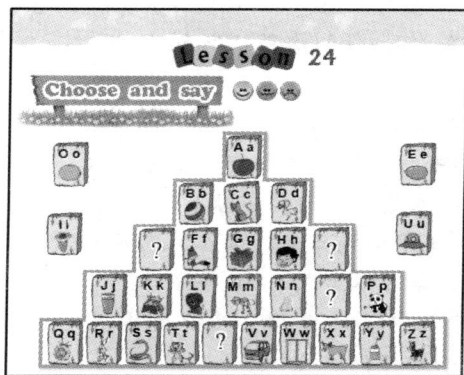

图 46

2. 教学内容分析

第六单元 Lesson 24 是全册书的最后一课，它是通过 Choose and say 部分整体复习 26 个英文字母的发音、认读以及排列顺序。通过"Who's not here?"这个游戏帮助学生整体复习 26 个字母。

3. 教学目标

能够准确读出和正确书写 26 个字母，掌握字母表顺序，初步感知字母在单词中的读音。

4. 教学过程

Step 1：复习 26 个英文字母的认读（3'）

（1）教师出示 Aa-Zz 的字母卡片，学生按照顺序认读字母。男生读大写字母，女生读小写字母。

（2）教师随机出示字母卡片，学生认读字母后，说出这个字母相邻的字母，速度快的学生获得奖励。

（3）Pair work：教师示范后，学生两人一组，用手中的字母卡片互相随机互测。

Step 2：完成 Choose and say（4'）

（1）教师请学生打开书第 58 页，带领学生观察书上 Choose and say 板块，看一看画面上都有哪些字母，并请学生两人一组读一读。

（2）找邻居

①教师明确任务，请学生观察图，让学生说一说，缺少了哪几个字母，应该将缺少的字母填写在什么位置。

②学生小组合作，一起帮助字母们找到他们的"好邻居"。学生活动，教师巡视。

③教师用投影展示学生在英语书上的练习，反馈完成情况，核对答案。

④教师引导学生观察图中所缺的字母，总结出这些字母都是元音字母，并将 5 个元音字母卡片贴在黑板上，让学生读一读，告诉学生，这 5 个元音字母本领很大，能够帮助我们在读单词时发出响亮的声音：They are vowel letters.

Step 3：练习字母的书写（3′）

（1）教师任意说出字母，请学生书空，复习字母。教师说字母时要多说一些平时书写不容易掌握或容易出错的字母。

（2）教师在黑板上出示四线三格，请五名同学到黑板前，每人按要求默写五到六个字母，其他同学在本上默写 26 个字母。

（3）评价黑板上学生书写的字母，并投影展示几位同学在本上书写的字母，学生可以和教师一起评价。

第四章 基于文本分析的语音教学

英语教育专家胡春洞教授指出："语音是存在的物质基础，英语语音教学是整体教学发展的起点，也是教学的第一关，并始终影响着以后的其他教学。"由此可见，语音教学在英语学习中的重要性，尤其是在学习英语的初期。

广义的语音即语言的声音，是指人类通过发音器官发出来的、负载着一定意义的语言。从语音学的角度来看，语音是第一性的、文字是第二性的，语言仅仅是语音的符号，是语音外显的载体，是人与人之间互动交流的工具，具有社会交际功能。所谓的语言的"优美"、"动听"等描述，追其根源皆是因为有了语音才赋予了语言生命。语音是掌握语言知识和获得言语技能的基础，是语言的一种表现形式，是构成语言的三要素之一。英语语言学家麦卡锡（Mac Carethy）也强调必须先学好发音再学习语言，所以学习语言必先从语音开始。

由此可见语音在英语学习过程中至关重要的作用，语音是语言学习的基础。只有学好发音才能听懂人家说的话，才能对所学的材料以正确的形式在脑子里储存下来，并在需要时以正确的形式再现，从而建立语感，提高运用语言的能力。小学阶段语音教学的内容可包括以下几个方面：字母和音标的单音教学；单词的拼读教学；语调、连读、重音、意群停顿和节奏等教学，同时要培养学生一定的语感和良好的语音、语调基础。在教会小学生如何发音的同时，发展听、说、读、写的基本技能，培养他们对英语的语言感觉。

本章节中，我们所阐述的基于文本分析的语音教学是指将上述所有的语音教学任务和要求，根据北京版小学英语教材语音专题板块呈现的特点，进行布局调整，任务重置，并经过基于教材的语音专题板块的系统学习，最终实现小学英语语音教学的目标。

第一节 基于文本分析的语音教学的认识与思考

语音是基础教育阶段学生应该学习和掌握的内容之一，是口语交际的基础，积极开展语音教学，为学生的终身学习打下良好的语音基础是小学英语教师的重要任务之一。一直以来，语音教学都是小学英语教学的重要内容，随着教材的不断更新，小学英语教学对语音教学部分有了更高的要求。在顺义区过去使用的北师大版小学英语教材中，也涉及了语音的渗透与学习，但是因教材编写体例的特点，语音学习相对薄弱。

目前使用的北京版教材从一年级开始，无论是在教材的板块编排或板块文本内容编写上，语音渗透与学习备受重视，如：专项的语音学习板块、对话学习、字母学习、词句学习以及韵文儿歌部分的学习等，无处不在地体现了语音教学的重要性。

一、基于文本分析的语音教学含义

在分析语音教学板块特点的基础上，依托教材提供的一个整体文本情境，分析语音专题板块在教材中所体现的地位和作用、语音教学内容的分布情况、语音在教材中呈现的特点、语音教学的时间安排、语音教学的目标和要求等进行的专项学习，完成既定目标。

二、基于文本分析的语音教学特点

(一)基于课时内容文本分析的语音教学特点

纵观一至四年级 8 本教材中都编排了语音板块的教学内容，但是根据学生的认知发展和语言学习递进性的特点，语音教学在各年级的各册教材中的位置和呈现特点也有所不同。但是无论其如何变化，语音板块皆是作为单课时教学内容的一部分出现的。

1. 通过课时中的语音词汇板块学习语音

如：一年级上册 Unit 1 Lesson 3

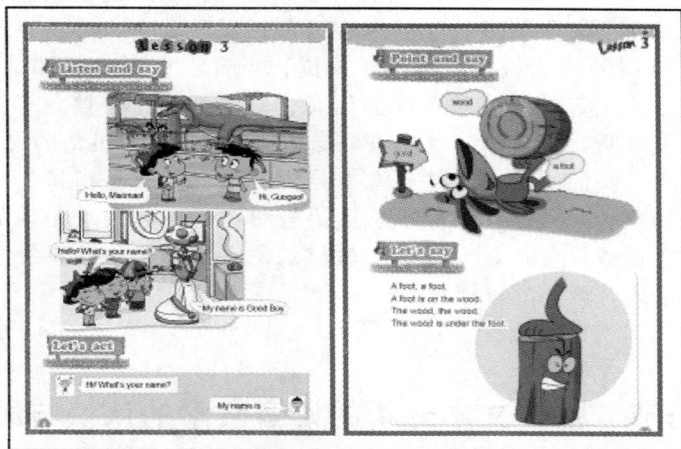

图 1

本课共四个板块：对话教学(Listen and say)、功能句型(Let's act)、语音词汇(Point and say)和韵文教学(Let's say)板块。根据各板块在教材中的作用，Listen and say 和 Point and say 为本课的重点教学板块。同时通过观察教材中板块的编排顺序和本课各板块的具体文本内容，Point and say 起着承上启下的作用。Let's say 板块编排韵文的目的是巩固 Point and say 板块的语音词汇。所以 Point and say 和 Let's say 板块都作为语音内容进行教学。教学时间基本是 8—10 分钟。

2. 通过课时中的字母及词汇板块学习语音

如：一年级下册 Unit 2 Lesson 7

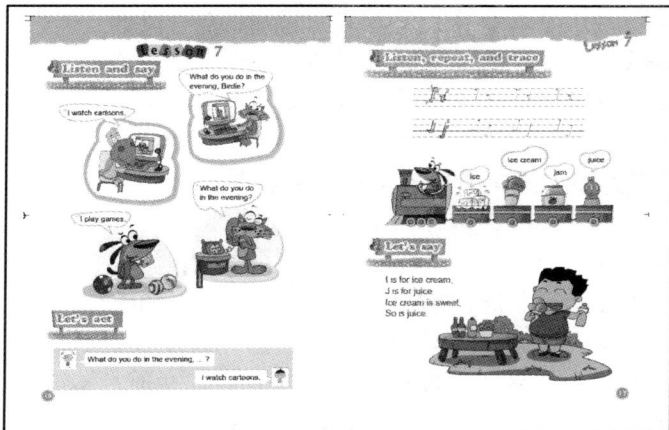

图 2

本课分为对话教学(Listen and say)、功能句型(Let's act)、字母及单词教学(Listen，repeat，and trace)和韵文教学(Let's say)四个板块。对话教学和功能句型依然是一课时的重点教学内容。基于本课时文本内容分析可以看出，Listen，repeat，and trace 板块是本课的分界线，从此板块开始语音学习。在语音教学过程中，受内容影响 Listen，repeat，and trace 作为教学重点，Let's say 是辅助理解记忆语音内容的活动。教学时间基本是 10 分钟。

3. 通过课时中的拼读活动板块学习语音

如：三年级上册 Unit 5 Lesson 18

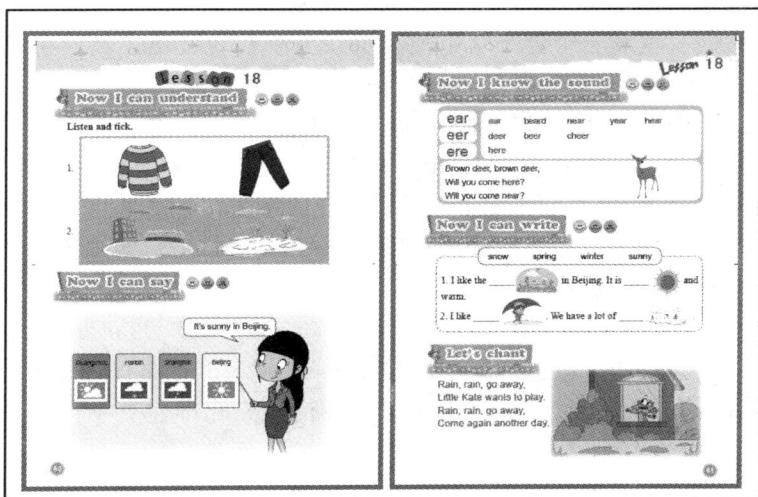

图 3

本课为单元的复习课，分为五部分 Now I can understand，Now I can say，Now I know the sound，Now I can write 和 Let's chant。其中 Now I can understand，Now I can say，Now I can write 和 Let's chant，都在以各种形式回顾本单元的天气话题以及主要的功能句型。Now I know the sound 板块为专项的语音教学内容，通过本课时文本内容分析可看出，此板块与其他板块联系不大，相对独立，所以教师可以调整板块顺序，将这些板块放在一课时的最后进行系统讲解。教学时间基本是 10 分钟。

（二）基于专题板块文本分析的语音教学特点

从上述分析不难看出，语音教学贯穿了 1—4 年级 8 本教材。纵向来看，语音专题板块呈现的顺序是：一年级上册主要是以对话中的词为例，通过学习含有相同因素的单词及韵文感知字母或字母组合在单词中的发音特点，体会英语和中文发音的不同，逐渐培养英语感；一年级下册通过学习字母和单词以及相关的韵文，感知字母在单词中的发音，并通过韵文朗读，结合本课单词，感知英语韵律；二年级开始，进行专项的字母或字母组合发音的学习。从培养学生能力上来看，语音教学是从最初渗透语音意识，到形成语音拼读意识，最后达到拼读等能力；从呈现特点来看，从隐性到显性，从感知到认知。

具体到每个年级，语音专题板块是这样安排的：

一年级上册在 Point and say 和 Let's say 板块出现语音教学，语音教学内容主要是由课文对话板块中的单词引出语音词汇，随后扩展了两至三个相同字母发音的语音词汇。这些语音词汇可以为两类：第一类是所要教授的字母发音即为字母本身的发音；第二类是所要教授的字母的发音不是字母本身的发音。这些词汇中的字母发音是以元音字母发音为主，出现了少量字母组合的发音，例如：oa、oo、ee、ir。最后以一首富有节奏感的小韵文，把语音词汇串联起来。一年级上册要求学生能根据录音模仿说英语，让学生感知英语的语音、语调。

一年级下册涉及学生语音训练的内容体现在 Listen，repeat，and trace 板块和 Let's say 板块。Listen，repeat，and trace 板块主要是在每课时按 26 个英文字母顺序呈现 2—3 个英文字母，同时开始系统学习这些字母在单词中的发音。Let's say 部分，根据所学字母以"… is for …"的句式编排韵文。教师可根据字母特点，拓展更适合字母的韵文，不必每课都用"… is for …"。例如：在讲字母 s 时，教师可引用"The snake is in the grass. The snake is in the grass. /sss/！/sss/！The snake is in the grass."。目的就是提高复现率，通过每课的感知学习达到润物细无声的效果，在潜移默化中建立字母与语音音素的联系。

二年级上册语音教学内容是学习元音字母在开音节中的发音，并在这个发音的基础上拓展相同发音的字母组合；二年级下册，主要学习元音字母在闭音节中的发音，同时出现字母组合 ea，ar 的发音。受学生的接受能力影响，在每单元的第四课的第二课时学习一个元音字母的一个发音，通过拓展相关联的单词，让学生充分理解和认读字母在单词中的发音。此时应引导学生自己寻找字母在单词中的发音规律，为以后的学习打好基础。

三年级语音教学是在一二年级基础上的提高，是对旧知的唤醒，是在元音的基础上继续学习字母组合的发音，并加入绕口令。三年级上下册 Now I know the sound 板块都在学习字母及字母组合在单词中的发音，在新授单元的第四课出现，而且第四课只用一课时完成，两个复习单元没有语音教学内容。结合一二年级的语音教学教师应该注意处理以下几点：相同字母组合的不同发音，学过的发音又出现新的字母组合，以及长元音和短元音的对比。例如：ear 字母组合在三年级上册第三单元的读音是 bear、pear、wear；第五单元的读音是 ear、hear、beard、near、year。在讲第五单元时，就可以先回顾在第三单元的发音，用学过的词 ear 引导学生这个字母组合还有其他发音，最后通过阅读绘本将 ear 的发音串联成一个小故事，巩固学生记忆。

绘本故事：One day，Lear is reading with his friends. Lear hears a sound. "Can you hear? Coo-coo! Coo-coo!" Mouse can't hear. Giraffe can't hear. "That's strangle!" Lear covers his ears，but he can still hear it. "Something is wrong with my ears." Mouse puts his ear near Lear's ear. "Oh dear，I hear it!"

四年级上册的语音教学内容是以元音字母展开的，是在一年级对字母的发音有了初步感知的基础上对二三年级已学知识的再梳理，区分易混淆的发音，以如何突破易错点为主。教师可以帮助学生总结相应的语音规律，帮助学生记忆。例如：字母 E，在重读开音节时读/iː/，he、we、evening…；在重读闭音节时读/e/，pet、leg、get、better…。字母 O 在四年级上册第三单元的发音是/ʌ/，即：当 o 在 m、n、v、th 前时，读作/ʌ/，come、honey、love；第七单元的发音是/ɔ/，即在重读闭音节时，读作/ɔ/，ox、shop、lock、dog。

四年级下册的语音教学内容主要是，感受辅音字母"b、c、d、f、g"在单音节词和多音节词中不同位置的发音。尝试根据拼读规律拼读单词，使学生由音知形，由形知音，知道英语单词的音与形有一定的对应性，帮助学生建立语音意识，培养学生拼读能力。虽然学生对 26 个字母已经掌握的很熟练，对汉语拼音又驾轻就熟，但在学习辅音字母的发音时，仍要注意区分与汉语拼音发音的不同。另外辅音字母在单词中的发音相对元音会比较简单不多变，只要记住变化规律即可。例如：字母 g 在四年级下册第六单元既读作/g/，又读作/dʒ/。当 g 在其他字母前或单词的结尾读作/g/，give、get、bag、frog；

当 g 在字母 e 前读作/dʒ/，large、orange。

综合以上文本分析，我们制定了 1—4 年级语音部分的学习目标：

1. 初步感知 26 个字母在单词中的发音，能够正确朗读所学单词。

2. 初步感知元音字母和常用字母组合在单词中的发音。

3. 能了解元音字母（辅音字母）及字母组合在单词中的读音，并体会他们的不同。能根据发音规律，尝试拼读单词，有节奏的朗读相关语音的短句。

（三）基于隐性教学内容分析的语音教学特点

本套教材在专项的语音板块教学中更强调的是学习一些语音知识，然而对于语音能力的培养更多的是隐藏在其他板块教学中，例如：在 Listen and say 和 Let's say 板块中通过对语调、连读、语义停顿、弱读、重读等指导，培养语音能力，这些能力的培养没有办法从专项的语音教学板块中得到训练，而是融入对话教学和词句教学的过程中。不论是语音知识还是语音能力，最终的目的都是使学生能够流畅朗读和自然交际，甚至作为识记单词的工具，为以后的听、说、读、写打下良好的基础。

1. 语音是对话交流的基础

英语学习的最终目的是交际，而语音在此过程中起到了至关重要的作用。在教学过程中，学生通过听辨、模仿、练习学会音素的发音，但在朗读和表达中，常常不能准确地读出相应的句子，究其原因是英语句子中的单词不是一个一个独立地发音，总会受到重音、同位、连读、语速、节奏、语调等因素的影响。在本套教材的对话教学中，通过模仿课文录音，对学生语音语调的指导，分角色朗读课文等实践活动，帮助学生初步形成语感。

我们通过研究总结出三个步骤：第一步是安静地听。要求学生纯粹地听，在听的过程中注意单词在句子中的语调变化，哪些用升调，哪些用降调，哪些重读，在书本上标出来；第二步是模仿。语音语调的模仿最好采取个人比赛的方式，教师给出相应的评价标准，让学生根据标准找出自身的差距；第三步是分角色扮演。每个人都必须尽量用所扮演角色的语音语调进行对话。在这个对话练习前，老师要和其中模仿得比较好的学生示范对话，老师一定要将要求体现在与学生的对话中，让学生看清老师的示范。只有使学生熟悉各种语音下的规则，才能有效地提高对声音信息的反应能力和接收能力。

2. 语音是识记单词的好帮手

北京版小学英语教材的推行使用，使得学生在小学阶段所需掌握的词汇量大幅度增加。在学习中，随着所学的单词越来越多，有些学生常常会将一些音、形相近的单词混淆，或是学了新单词，就忘了旧单词。尤其是一些基础薄弱的学生，对单词的读音和字形死记硬背，甚至用汉字给单词注音，不仅读不准音，而且过不久还是会忘记。例如，单词中的 ir 和 ri 学生常常会写反，friend 误写成 firend，bird 误写成 brid。为了帮助学生区分、记忆，教师可以通过指导学生对比 bird、girl、thirty、circle、friend、fridge 等单词，总结出 ir 通常发/ə:/，ri 通常发/ri/或/rai/。这样，学生记住了读音，也就记住了单词的拼写。再如，学了单词 father、mother、brother，学生就可以掌握 ther 在词尾的读音/ðə/。再学到单词 other 或 together 时，就可以让学生把 t-her 当作整体认读，加强他们拼读拼写的能力，这种能力对于英语学习是非常重要的，它能减轻学生记单词的负担，能为学生的英语学习打下基础。因此，教师的责任不应仅仅是教给学生一个个单词和句子，而更应是对他们运用语音知识识记单词能力的培养，使他们得法于课内，得益于课外。

三、基于文本分析的语音教学现状分析

根据北京版英语教材实施过程中出现的问题，我们发现语音教学之所以效果不佳，甚至成为学生学习英语的主要障碍，主要有以下一些原因：

(一)教师的重视程度不够

从小学教师来看，因受应试教育的影响，加之课本内容的容量大，在语言知识教学方面，教师普遍侧重于词汇和语言功能的教学，甚至涉及语言结构的教学。只有少数的教师在教学过程中能明确强调和体现语音教学，大多数教师在讲语音时一带而过，对学生的学习效果没有评价，平时训练也不够，没有形成系统化的训练模式，在讲词汇、对话、阅读中教师又很少渗透语音方面的知识。老师们没有把英语语音教学和培养学生的语音意识和语音能力放在首要位置。

(二)语音教学孤立化

教师教授语音时，常常孤立地教语音知识，却忽视语音与单词、句子之间的联系。有些学生在课堂上的发音练习中可以很好地发出每一个音素，但是他们很难将这种标准的发音带到语流中去。比如，在发音练习过程中，学生可以很好地发/θ/这个音，但是在单词和句子中"Thank you very much"就说成了"Sank you very much"。同样孤立的学习语音知识，使学生不会运用语音拼读规律记忆单词，以及运用准确、自然、流畅的语音语调进行交流，长此以往，学生学到的只能是知识，却难以形成能力。

(三)语音教学缺乏系统化

北京版教材语音知识的安排，各年级之间是联系在一起的，由浅入深，由易到难，如果不通读整套教材，教师很难对整个小学阶段的语音教学内容有一个整体的认识。教学中就会出现对各年级或各个单元之间的联系处理不到位，复现率低，造成学生对语音知识掌握不扎实，灵活运用能力差。比如：各年级都有教学目标，为了实现这个目标，我们各年级采取了哪些具体措施？根据各年级的教学内容，我们又有什么拓展？学生不应该只是能熟读课本上的内容，他们应该能根据所学知识，能够流畅朗读和自然交际。

（四）语音教学过程缺乏指导性和实践性

教师在教学语音时示范发音不到位，没有对比强调每个音素的发音特点和对个别发音的示范指导，学生在上课时会因看不到教师口型或注意力不集中等因素影响导致学生模仿不准确，留下错误记忆；在日常教学中，语音知识复现率不高，导致学生产生遗忘；朗读对话时听原版的录音机会少，缺少有效的模仿练习，尤其是在朗读课文对话时，经常平铺直叙，习惯拖沓，没有模仿课文语音语调的意识。

第二节　基于文本分析的语音教学设计与案例研究

根据上述分析，我们在研究基于文本分析的语音教学时，根据学生的年龄特点、认知特点和心理特点，以及语音教学内容在教材中所呈现的顺序，我们把语音学习分成三步：1. 渗透低年级学生语音意识；2. 培养低中年级学生拼读意识；3. 树立中年级学生语音规范意识。

一、渗透低年级学生语音意识

这一点我们主要是针对一年级学生而言，而且通过两个方面的教学渗透语音意识。

1. 遵循教材结合一年级上的语音教学目标和教学任务，让学生感知英语发音，体会英语发音和汉语发音的不同，初步形成英语语感。在扩大学生的基础词汇量的同时，通过感知不同单词中相同因素的发音进行语音学习，在词汇学习的同时渗透语音和拼读意识，让学生逐步建立字母与语音音素的联系。

2. 结合对话和韵文的教学进行语音语调的训练。一年级的大多数学生是刚刚开始接触英语学习，对英语的语流、连读、语调等语音知识掌握不够，语音意识不强。教师应注意将单词、句型和课文学习有机结合，重视语言功能性的同时，强化语音训练、培养语感；在学生朗读时，教师进行适当的指导。如：句子重音的指导，通过示范、对比、试读，让学生知道英语句子朗读不仅有升降调之分，还有重音的变化，不同的重音位置给人的感受是不同的。如：Yes. 和 Yes? 表达的意思是不同的。Thank you. ↗表示礼节性的感谢。Thank you. ↘表示诚恳的谢意。在不同语境中让学生体验不同语调的作用，从而形成良好的语感，为他们可持续英语学习打好基础。下面根据这两点关注，分别列举案例分析：

【教学案例1】

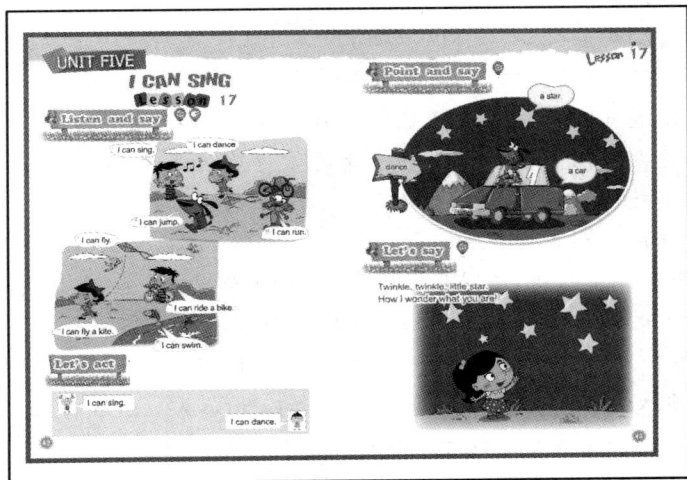

图 4

1. 教学内容分析

本课为一年级上册第 17 课，共四个教学板，即：Listen and say、Let's act、Point and say 和 Let's say。根据各板块在教材中的作用，Listen and say（对话）和 Point and say（语音）为本课的重点教学板块。同时通过观察教材中板块的编排顺序和本课各板块的具体文本内容，Point and say 又起着承上启下的作用。

Point and say 板块再现了 Listen and say 对话板块中的单词 dance，并通过学习、体会 dance 中红色字母在单词中的发音，引申学习两个含有相同发音的单词：car 和 star。教学重点为在听说理解和认读单词的基础上，体会字母组合 ar 在单词中的发音。另外，通过研读教材发现本课语音板块提供的词汇学习背景图并非孤立呈现的，而是通过在夜晚 Kate 和 Lala 开车外出观赏到天上美丽的星星为大背景呈现的词汇学习。图片生动形象、色彩艳丽，教师在课堂教学中可以充分借助观察图片激发学生语音学习的兴趣，并借助大背景下单词呈现的形式帮助学生将本课语音学习打包记忆。Let's say 板块内容同样是围绕 star 这一主题词展开的小韵文的学习，在培养语言激发学习兴趣的同时，进一步巩固强化了 Point and say 中的语音。

2. 教学目标

（1）能够听懂、会说，并能初步整体辨认 dance、a star、a car，感知它们中的共同元音音素 /ɑ:/。

（2）能说唱小韵文 Twinkle, twinkle, little star，感受其韵律。

3. 教学过程

Step 1：在句子情景中感受语音词汇

教师拿着奖励贴纸说："This is a star. This is a car."，让学生初步感知所学词汇。得到奖励的同学，指着自己得到的贴纸说："I have a star."，奖励性贴纸是贯穿在整堂课中的，这样就可以让学生在学习 star 和 car 这两个词之前，先感知这两个词的读音和意思。通过学习后再用奖励形式巩固这两个单词，使学生不是孤立的学习语音词汇。

Step 2：示范发音，替换练习

(1)引导学生学习 car，同时示范音素/ɑ:/的发音，请学生边看边注意教师的口型。示范时注意口型要到位，注意读音饱满，但不要拖长音。

(2)教师在黑板上呈现 ar，在 ar 的前、后替换不同的辅音字母，让学生练习拼读，例如：p**ar**、f**ar**、b**ar**…，**ar**f、**ar**t、**ar**m…。然后在 ar 前后同时增加辅音字母，例如：p**ar**k、f**ar**m、b**ar**d…。根据学生掌握程度，还可以拓展一些词，让学生练习拼读：sm**ar**t、sc**ar**f、b**ar**k…。

Step 3：变换不同形式，感受语音词汇

(1)请学生逐个跟读模仿，然后朗读音素及单词，及时纠正学生的错误发音。

(2)以"找朋友"的活动方式巩固语音词汇，教师出示今天所学的新单词：dance、star、car 以及前面学习的单词 hut、nut、cake、lake，帮助所含相同音素的单词找到它的朋友。小组内合作完成，学生利用手里的单词卡片，比比谁找的又快又准确。

【教学案例 2】

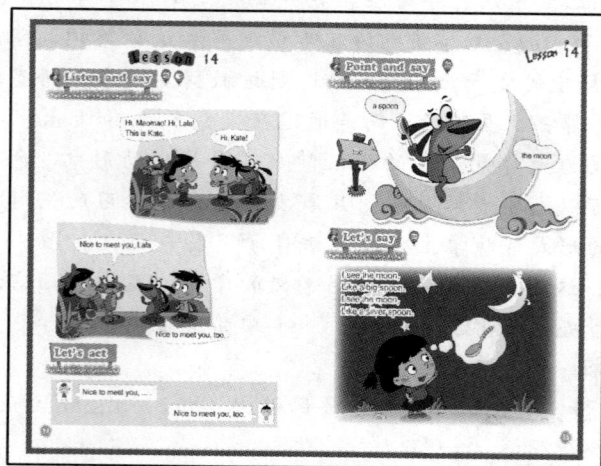

图 5

1. 教学内容分析

本课教学内容为一年级上册 Lesson 14 Listen and say 的第一板块内容，主要教学内容是：能在学校、家庭以及日常生活中熟悉的情景中用"This is…."来友好地介绍自己的朋友，并能在结识新朋友时用"Nice to meet you.""Nice to meet you，too."得体地与人打招呼、问候。虽然在 Lesson 13 的对话教学中学生已经学习过"This is…"的句型，但是有些学生还是不能准确使用。在教学"Nice to meet you."这个句子时，由于这个句型是学生初次接触，教师在教学时要引导学生关注 nice 中字母 n/n/的发音，不要读成/l/，以及 meet 与you 之间的连接，注意连读，同时要提醒学生 to 不要读得很重，应该一带而过，弱读即可。在朗读环节，引导学生多模仿课文录音，体会语音语调的变化。

2. 教学目标

(1)能在实际情景中用"This is….来介绍他人，并能用"Nice to meet you.""Nice to meet you，too."得体地与人打招呼、问候。

(2)能够模仿录音中的语音、语调朗读课文，并尝试表演课文。

3. 教学过程

在本课的对话教学中，不再阐述对话教学过程，只重点描述语音训练的活动，强调易错字母和字母组合的发音、语句连贯性、流畅性以及语音语调，并对个别学生有针对性的朗读指导，在此只谈涉及语音的几个活动：

Step 1：强调 this/ðis/的发音

(1)教师清晰示范，将食指轻轻放在嘴唇上，用伸出的舌尖触碰食指的方式示范咬舌音/ð/的正确口型。

(2)学生模仿教师的正确口型，反复操练，读准句子。

Step 2：强调 nice/nais/的发音

(1)教师强调 nice 的发音并示范，让学生看清楚发/nais/时的口型，明白 nice/nais/时嘴巴要张大。

(2)强化/n/的鼻音，及时纠正将/n/发成/l/的同学。

Step 3：强调连读

(1)注意 meet you 的连读，不要在 meet 和 you 之间停顿，也就是说要发成/mi:tju:/，而不是/mi:t//ju:/。

(2)学生先跟读模仿发 meet you，带领学生重复多遍，先慢后快。

Step 4：强调语流语感

(1)反复听读课文原版录音。

(2)教师在跟读环节进行语音语调指导，请那些模仿力强、读得准的学生大声读，然后再集体反复跟读。

(3)学生尝试有感情地朗读课文，并分角色表演对话内容。

这种语音语调的训练不仅仅局限在一年级，会一直贯穿小学阶段学生的对话教学和词句教学中，采取的方式是：

第一步，多听原版录音，加强正确的语音输入。

第二步，进行有感情的跟读模仿训练。

第三步，加强重难点词的发音和口型示范指导。

第四步，采用多种方式进行语音训练活动，体会语音语调的变化。

但本章节中仅举上述案例说明，后续不再赘述。

二、培养低中年级学生拼读意识

经过一学年对字母语音的感知与体验，学生掌握了字母在单词中的读音规律。掌握元音字母在开音节和重读闭音节里的发音规律以及字母组合的读音规律，可以帮助学生自学新单词，同时还能帮助学生克服靠死记硬背来记忆生词。但二年级学生主要依靠的是形象、具体思维能力，所以二年级应该引导学生感悟读音的规则。比如，学习 mouse、proud、out 后，能发现 shout、cloud、ground 的读音，让学生通过自己思考来发现规律。三年级的学生注意力、记忆力、理解能力、思维能力、表达能力等学习能力不断增强，这时教师可以帮助学生系统的总结语音规律，辅助学生记忆单词。例如：字母 e，在重读开音节时读/i:/，he、we、evening…；在重读闭音节时读/e/，pet、leg、get、better…。

下面就如何归纳语音、培养学生拼读意识总结如下方法：

一是根据音节，识记单词。根据音节记忆单词，就是在学习单词时，把单词按音节划分成若干份，让学生口中念其音，手下写其相应的字母或字母组合，脑中把音与形结合起来。这种记忆方法是基于单词的拼读规律，许多的字母组合读音是有规律的，按照其规律来记忆，学生就会更加轻松。例如：在拼读单词 information 时，可划分为四个音节，教师引导学生根据每个音节的发音拼读单词：in/in/-for/fə/-ma/mei/-tion/ʃən/。从识记的心理学角度来看，音节记忆单词让学生口到，眼到，手到，充分调动各种感觉器官，参与记忆，大大提高记忆效果。

二是替换字母，识记单词。英语单词由多个字母组成，把每个字母根据不同顺序组合起来就是单词。单词中的字母又会组成一些常用的字母组合，如果记住这些常用的字母组合，然后通过替换他们前后字母的方式，就能组成新单词。学生通过这种规律替换，记住一个字母组合的发音，就可知道多个单词的发音，可达到"学一个，记一片"的效果。例如：记住 at 这个字母组合，然后替换不同的首字母，辅助记忆 fat、cat、hat、rat 等。教师指导学生归纳记忆这些字母组合，将会降低学生学习英语的难度，增强学生的学习兴趣和自信心。

【**教学案例 3**】

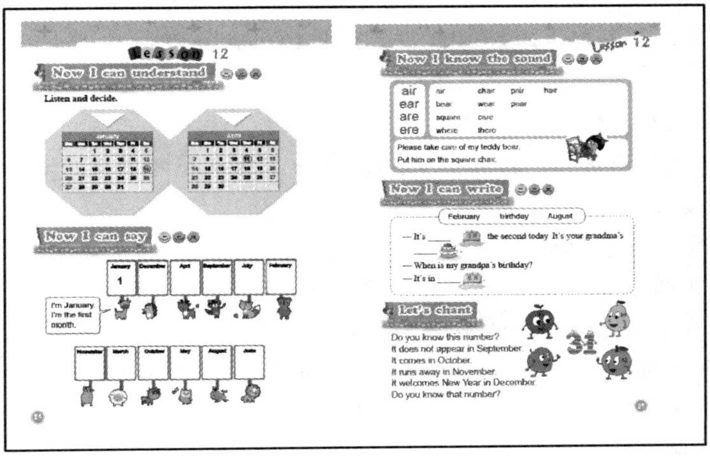

图 6

1. 教学内容分析

本课为三年级上册的第 12 课的内容。本课中有 5 部分的教学内容，其中第 1，2，4，5 部分联系紧密，都是在谈论本单元的月份话题，可以放在一起讲，第 3 部分是专项的语音板块，内容相对独立，与前后各板块之间基本没有联系，可以放在本课的最后一个环节。

这部分呈现了含有元音因素/eə/的 4 组单词和两个句子。在本套教材中学生第一次接触含有三个字母的字母组合发音，虽然相对两个字母的字母组合只多了一个字母，但是字母组合的数量也增加了，这很容易让学生产生厌烦的情绪。教师在课上应巧用一些教学方法，注意调节学生的情绪。例如：从学生已知的字母组合入手，降低学习困难，提高学习兴趣。教师在教学时，主要让学生在朗读单词的过程中，感受元音因素/eə/，并引导学生将字母组合与其发音建立联系。由于语音词汇组成的句子内容相对简单，在朗读时可配以相应的动作辅助理解。另外，教师应引导学生关注含有/eə/的单词读音，初步感受句子的重读和连读。

2. 教学目标

（1）能够知道哪些字母发/eə/，并能尝试拼读单词。

（2）能听懂"Please take care of my …. Put him on the …."等指示用语，并能根据指示做出正确的反应。

3. 教学过程

Step 1：根据已知单词的发音，总结出字母组合的发音

教师出示单词 chair，引导学生说出"ch，ch，/tʃ/，/tʃ/，/tʃ/"，对于 ch 的发音我们从一年级开始就可以向学生渗透了，学生会结合汉语拼音的正迁

移作用，很快记住这个字母组合的发音。接着教师会引导学生说出"air，air，/eə/，/eə/，/eə/"，当学生知道字母组合 air 的发音后，教师就可以出示 pair、hair，让学生来试读这些单词。同样的方法来学习字母组合 ear、are、ere 的发音。

Step 2：跟读录音，模仿内化

教师播放单词录音，指导学生跟读单词，感受和发现字母组合在单词中的发音。

Step 3：反复操练内化

（1）在拼读中掌握所学的词汇。教师说"/eə/"，学生说："air，ear，are 或 ere。"学生来猜教师要说的单词中会是哪个字母组合发/eə/。猜对之后，老师会说整个词的读音，学生要根据教师的发音，想到辅音字母在单词中的发音，尝试拼读出这个单词。为了增加这个游戏的趣味性，我们可以采用男女生或小组对抗赛的形式来进行。练习元音与不同辅音拼在一起，进一步体会元音字母组合的发音。

（2）教师边做动作，边出示句子"Please take care of teddy bear. Put him on the spare chair."，帮助学生理解句意。

（3）教师播放句子录音，学生跟读，模仿录音中的语音、语调，朗读句子，朗读过程中教师可以借助拍手的方式，让学生体会句子中的重读。

（4）接着教师可以与学生一起用这两个句式，进行造句的练习，所编的句子要有本课所出现的语音词汇。

【教学案例 4】

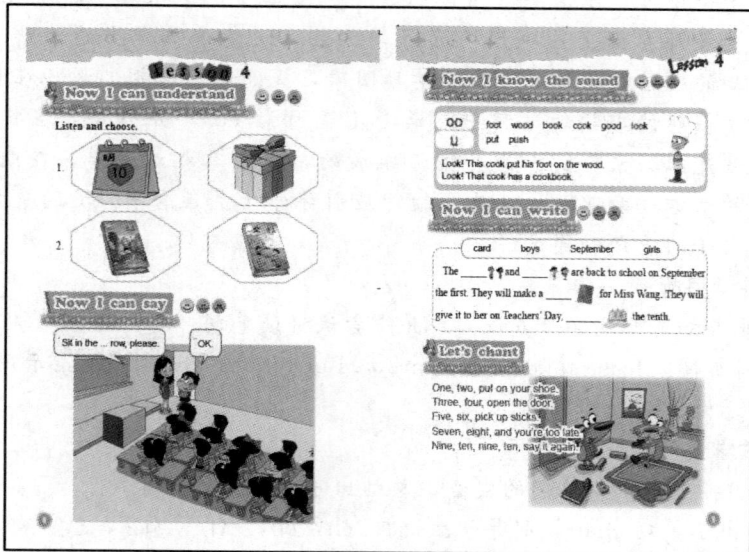

图 7

1. 教学内容分析

本课为三年级上册的第 4 课时，这是一节复习课，由 Now I can under-stand、Now I say、Now I know the sound、Now I can write 和 Let's chant 五部分组成。其中 Now I can understand、Now I say 和 Now I can write 主要在复习本单元的功能句型和开学话题，是本课时的重点。Now I know the sound 和 Let's chant 板块与之联系不大，所以教师可调整板块顺序将 Now I know the sound 和 Let's chant 结合放在整个课时的最后讲解，作为本课时的次重点。

Now I know the sound 板块主要是通过感知含有相同发音的元音字母 u 和元音字母组合 oo 的单词，让学生通过朗读初步了解元音字母 u 和元音字母组合 oo 在单词中的发音的规律，最后由这些单词组成了一则简短的小故事。教师可根据这则故事进行改编，使故事中都是含有 oo 字母组合的单词，这样便于学生记忆。另外 oo 的发音涉及长短音，教师应注意帮助学生总结规律，辅助学生理解。Let's chant 虽然是一篇含有本课语音词汇的韵文，但是从韵律和节奏的角度看，并不朗朗上口。所以教师可采用拓展练习的方式，选取其他有趣的内容，将此部分弱处理。

2. 教学目标

(1)能感知字母 u，以及字母组合 oo 在单词中的读音/u/。

(2)使学生能够听说拼读符合 oo 发/u/的语音规律的新词。

3. 教学过程

Step 1：说唱韵文，寻找发音规律

(1)教师播放课文中的韵文，引导学生演唱韵文。教师引导学生自己说出韵文中含有/u/发音的单词，学生可能会说出含有/uː/的单词。

(2)教师用学生熟悉的 look 来引出含有 oo 的单词，让学生尝试按音节拼读单/l/-/u/-/k/-/luk/，/b/-/u/-/k/-/buk/，/g/-/u/-/d/-/gud/，/w/-/u/-/d/-/wud/，/f/-/u/-/t/-/fut/，再采取替换字母 c 的方式引出单词 cook。

(3)在读元音/u/的时候，教师可以将两手掌相对打开，手指向上，分别放在嘴角两边，用手掌的距离示意学生这里是个短音。同样手掌间的距离拉开表示长音/uː/，通过手型的变化，引导学生区分长元音和短元音，让学生自己尝试用新读法，巩固练习/u/的读音，边做同上手势边带读 oo，oo，/u/，/u/。

Step 2：创编对话，巩固 look，book，cook 的发音

例如：—Dad, could you cook me some food? I'm hungry.

—I'm not good at cooking. You can eat some cookies.

—You can cook by using a cookbook.

学生通过表演对话，锻炼听力、培养语感，还能学以致用，把这个对话应用到实际生活中。

Step 3：总结拼读规律

(1)逐个出示单词 look，book，took，hook，cook，引导学生注意 oo 字母组合在 k 字母前通常发短音，并总结顺口溜：oo，oo，/u/，/u/，遇到老 k 发短音。

(2)编故事总结规律：Look! There's a cook. That cook has a cook-book. His foot is on the wood. 把发短音 /u/ 的单词总结在一起，这样更加方便学生区分记忆。

Step 4：拓展练习

(1)学生利用本课渗透的长元音 /u:/，自己尝试拼读 moon，spoon，after-noon，classroom，bedroom…，帮助学生区分长短元音。

(2)教师布置课后阅读作业。将含有字母组合 oo 的常用单词巧妙地编入幽默故事，让学生在笑声中达到巩固自然拼读、锻炼阅读能力、扩大词汇量的目的。

例如：Brook is a lazy boy. One evening, he is reading a story book on the sofa. His mother says to him, "Here is some money. Go and get some meat."

"Look, I'm busy, mom," says Brook. So his mother gets the meat.

"Brook, here is the meat. Now cook it, please."

"But I'm not good at cooking, mom," Brook answers. So his mother cooks the meat again.

After a while, the mother says to Brook, "The meal is ready. Come and eat."

"Yes, mom," Brook jumps up from the sofa, and says, "I don't like saying no all the time."

【教学案例 5】

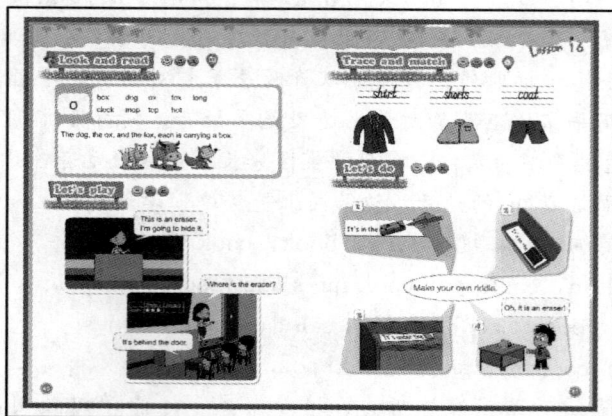

图 8

1. 教学内容分析

本课为二年级下册的 16 课，本课为复习课。二年级的复习课有六个板块，基本是由两课时来完成。Listen and number、Match and say、Trace and match 在谈论本单元的服装类词汇，Tack and act、Let's play 和 Let's do 在谈论本单元的功能句型。就本课而言 Look and read 板块与其他几个板块没有内在联系，可放在第二课时的开头，作为活跃课堂的热身环节，吸引学生的注意力。

Look and read 板块主要教学内容是：含有字母 o 的单词，通过已学过的旧单词进行朗读，学生尝试用划分音节的方式拼读单词，并自己尝试总结规律。根据自己总结的规律，让学生尝试自己朗读新单词，培养学生的拼读能力。要求学生在朗读时要读准、读清、读流利。

2. 教学目标

(1)能够读准含有字母 o 的单词。

(2)能够归纳总结出单词中含有相同的辅音音素/ɔ/。

3. 教学过程

Step 1：学习已知含字母 o 的单词

教师播放一年级上册 Unit 6 Lesson 22 中 Let's say 的小韵文，帮助学生回忆字母 o 发/ɔ/音的单词 dog、box、hot 等。

Step 2：归纳学习字母 o 的发音

(1)教师出示含有字母 o 的单词 box，dog，ox，fox，hot，让学生朗读，体会字母 o 在单词中的发音，并试着总结其发音规律：o-sounds-/ɔ/。

(2)教师出示其他 mop，top，让学生利用刚总结出来的规律尝试拼读 /m/-/ɔ/-/p/，/t/-/ɔ/-/p/。最后出示 clock，long 两个单词，并提醒学生注意 ng 的鼻辅音/ŋ/。

(3)学生朗读句子，比比谁读的熟练流利。

(4)教师补充含有字母 o 并在单词中发/ɔ/的单词：bog，fog，god，强化学生的语音意识。

语音归纳的方法主要体现在二至三年级的语音教学中，但实际上每个年级都会用到。因为归纳的目的是帮助学生掌握这些单词的读音，归纳之后再反复操练。对于小学阶段的学生，虽然不要求学生具体学习音标，但对字母和字母组合的发音规则，对单词轻重音的规则，对句子语音语调规则，教师也要分类总结，逐个强化，培养学生语音意识，初步形成拼读能力。

三、树立中年级学生语音规范意识

四年级在小学教育中正好处在从低年级向高年级的过渡期，他们开始由被动的学习主体向主动的学习主体转变，知识增长速度明显加快。针对这一特点在四年级的语音教学环节就是对之前所学知识的再梳理，特别应注意区分易混淆的发音，教学生如何突破易错点。在教授易混淆的辅音时，教师应讲清楚英汉差异，加强对比解析，避免学生汉语辅音的负迁移，例如：英语的/h/和汉语中的 h，前者口张开，口型不定，气流从口腔泄出不受阻，仅在通过声门时有轻微的摩擦；后者是气流从舌后部的软腭之间逸出。另外教师要注意整体把握教材，将新学和旧知对比结合，让学生在头脑中形成体系。教师可以与学生一起总结易错的音，比如：ship 和 sheep，kite 和 cat，hair 和 hare，vet 和 wet，bad 和 bed，fourteen 和 forty……。

【教学案例6】

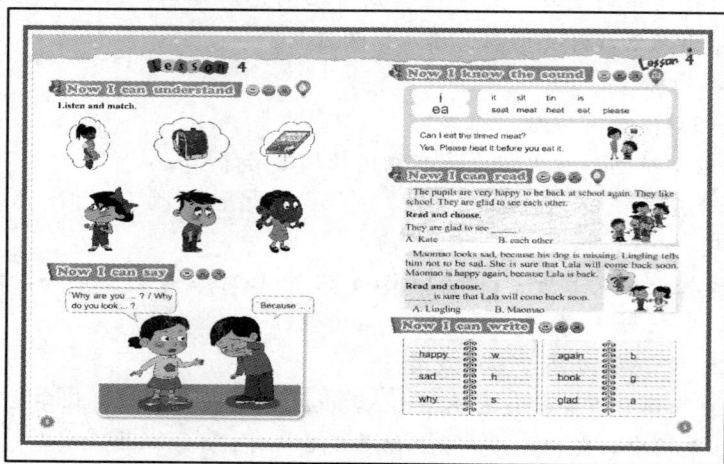

图9

1. 教学内容分析

本课为四年级上册的第 4 课时，Now I can understand 和 Now I can say 在谈论本单元的功能句型，Now I can read 复述本单元的核心对话，所以这三个板块是本课的重点。Now I know the sound 是专项的语音学习板块，其重要性就本课而言仅次于前三个板块，但它又比 Now I can write 单词书写重要，在本课中是知识的过渡段。

本套教材语音学习的编排是十分系统的。对于四年级学生语音学习的要求和标准与低年级学生是有所区分的。所以在 Now I know the sound 板块的语音内容，主要是含有元音字母的 i 和元音字母组合 ea 的单词及语音句子。教师在教学中应注意长元音与短元音的对比，通过口型示范，跟读模仿等活动，让学生感受长短音的区别。这部分内容与本课时的其他板块联系不大，教师可以在教学中创设情景，或是用含有语音词汇的趣味性阅读作为导入，引出语音词汇，安排学生运用拼读规律读出单词或者是进行韵文创编，提高学生的语音能力。

2. 教学目标

能感知元音字母组合 ea 在单词中的发音及规律，尝试拼读单词，有节奏地朗读相关语音短句。

3. 教学过程

Step 1：整体感知/i:/和/i/

(1)出示学生以往学过的包括字母 i 和 ea 的词汇，体会其发音。

(2)教师拿词卡随机邀请学生读出相应单词，并请学生说出单词中的字母 i 和 ea 组合的发音。

(3)将字母及其发音与单词相结合，创编小韵文/i/，/i/，it；/i/，/i/，is；/i/，/i/，sit。

(4)播放韵文录音，请学生集体跟读韵文内容，再将学生分为不同组进行韵文朗读。

Step 2：对比区分易混淆的发音

(1)让学生理解，长短音并不是以长短来区分的，而是以发音的位置来区分的。如长音/i:/，这个发音，嘴巴尽量咧开，像微笑一样的发出。念短元音时，一定要念得短而自然。一般来说，清辅音前的短元音应念得非常短。例如：put，cup 等。

(2)将发音相似的两个单词各说一遍(如：sit，seat)，或仅将其中一个词连续读两遍(如：seat，seat)，让学生判断所听到的两个音是否相同。

(3)利用多重对比。将一组对比词并列，由老师念出其中一个音，学生说出该音的号码。如：1. Sit，2. Seat，3. It，4. Eat 等。

Step 3：拓展练习

教师布置课后阅读作业。将含有字母组合 ea 的常用单词巧妙地编成幽默故事，或是结合攀登英语阅读系列(神奇字母组合)让学生在笑声中达到巩固自然拼读、锻炼阅读能力、扩大词汇量的目的。

例 1：Mrs. King likes to eat meat and cakes，so she gets fatter and fatrer. Now it is very difficult for her even to walk.

One day，she goes to see a doctor. The doctor says，"Please sit down. " Then the doctor looks over her carefully and says，"there is something wrong with your heart，Mrs. King. It's bad for you to eat too much meat and suger. You'd better eat a piece of bread for each meal. "

"That's easy，doctor，"says Mrs. King，"but when should I eat it，before a meal or after a meal?"

例 2：The peacock drops her pea in the sea. It's not easy to pick up the pea. The peacock goes to Mr. Flea. "Please! Please pick up the pea for me. " Mr. Flea jumps into the sea. But he can't find the pea. Mr. Flea drinks out all the water in the sea. Now the peacock has her pea. And Mr. Flea has a cup of tea.

【**教学案例 7**】

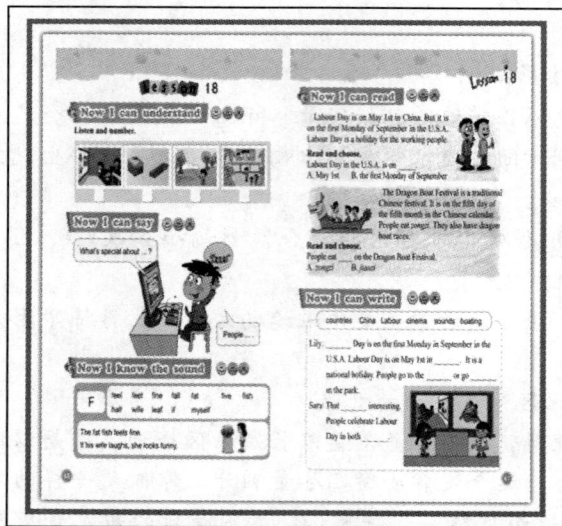

图 10

1. 教学内容分析

本课为四年级下册第 18 课的语音教学内容。Now I can understand，Now I can read 和 Now I can write 板块是对本单元节假日话题的复述梳理，相对重要应作为本课的重点。Now I can say 在谈论本单元的功能句型，与本单元话题联系紧密。Now I know the sound 是专项的语音学习板块，与其他板块相比，较为独立，彼此联系不大。

此版块从词汇、韵文两个梯度入手，让学生学习字母 f 在单词首位和末位的读音，由于英文的辅音字母发音与汉语拼音的发音易混淆，教师应注意指导性示范，从口型入手，让学生清楚发音位置的区别。学生能够正确朗读所给例词及韵文。在教学中可以鼓励学生基于发音规律，总结归纳出更多以往学习过的同类型词汇，积极调动学生已有经验，进行融合重现，提高语音学习实效。

2. 教学目标

(1)学习字母 f 在单词首位和末位的读音/f/。

(2)能正确朗读所给例词及韵文。

3. 教学过程

Step 1：巩固旧知，拼读单词

(1)教师呈现几张字母组合的卡片，学生说出字母组合的读音。例如：

ee/iː/，al/ɔl/，sh/ʃ/，ea/iː/。

（2）教师呈现含有这些字母组合的单词，学生试着读出这些单词。

Step 2：规范发音，寻找规律

（1）教师强调字母 f 的发音。上齿轻轻接触下唇，然后吹气，使气流从唇齿间通过，形成摩擦，声带不振动。两个学生面对面反复模仿练习，教师观察学生的发音情况，及时矫正。

（2）教师播放单词录音，学生跟读，体会字母 f 和字母组合在单词中的发音。

（3）请学生观察这些单词中蕴藏的规律，并将词汇归类，总结出字母 f 在单词中的首位和末位发音都是一样的。

Step 3：巩固操练

（1）教师把全班分成两大组，看哪组同学能说出更多单词首位和末位的词汇。

（2）从单词过渡到句子部分的操练。教师呈现句子，学生跟录音模仿。学生 2 人一组，进行带有趣味动作的韵文朗读。

（3）请几组学生进行展示，鼓励学生自创个性化的趣味动作。

辨析教学非常直观，符合小学生形象思维的特点，同时有助于训练学生的观察能力和探究能力，提高学生朗读的准确性和流畅性。在教学过程中，教师示范正确的读音，指导学生进行对比性的朗读，并配以大量的听读训练，培养学生语音对比的能力，建立语音的规范意识。

第二部分

基于文本分析的课时教学设计

　　本书中第一部分谈及的是基于文本分析的各个专题教学板块的认识思考与案例设计分享，本部分将要阐述的是基于文本分析的课时教学设计的思考与实践。我们在进行课时设计与实施中，基于文本分析，探索了单一课时教学设计、单一课时同课异构设计、单元内连续单一课时整体设计等多元方式，以引导教师更好地理解教材，使用教材。

第一章　基于文本分析的单一课时教学设计

在现行使用的北京版教材中，每个年级每册教材都有六个学习单元；每个学习单元包括四课时内容，其中三个课时为新授学习课，一个课时为复习课。

一年级的每个新授课时都由四大部分组成：对话教学板块（Listen and say）、句型教学板块（Let's act）、语音词汇（Point and say）或字母教学板块（Listen，repeat，and trace）和韵文教学板块（Let's say）。纵观各课时的内容组成，四个板块中对话教学和词句（字母）教学是重点板块，小韵文教学是非重点板块，从课时任务分配和各板块承载的功能来看，每个学习课各板块之间的关系如图1所示：

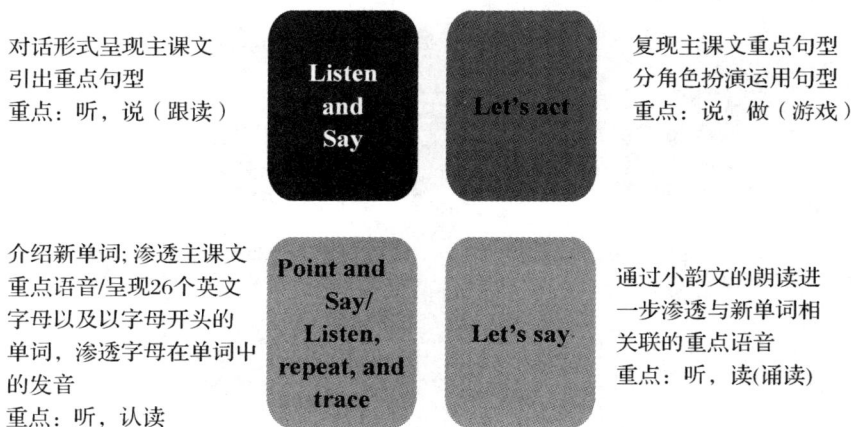

对话形式呈现主课文
引出重点句型
重点：听，说（跟读）

Listen and Say

Let's act

复现主课文重点句型
分角色扮演运用句型
重点：说，做（游戏）

介绍新单词；渗透主课文
重点语音/呈现26个英文
字母以及以字母开头的
单词，渗透字母在单词中
的发音
重点：听，认读

Point and Say/ Listen, repeat, and trace

Let's say

通过小韵文的朗读进
一步渗透与新单词相
关联的重点语音
重点：听，读(诵读)

图 1

如图1所示，我们发现，在一年级的新授课时教学中，四个板块之间，对话和句型教学板块联系紧密，服务于本课时的重点句型的学习；语音词汇板块或字母教学板块与韵文教学板块联系紧密，服务于学生的语音感知和训练。而句型和字母或语音词汇的学习又都是课时内的重点教学内容。因此，在基于对课时内容分析的基础上进行整体设计时，会重点突出重点板块的教学，将辅助板块融入重点板块的教学环节中，淡化板块的意识；并基本上平均分配两大重点教学内容的时间，进行两位支架式教学，达成课时两大方面的教学目标。

二至四年级的每个新授课都由三大部分组成：对话教学板块、词句教学板块和韵文或实践活动教学板块，教学的重点仍然是对话和词句板块。各板块的教学任务和承载的功能如图 2 所示：

对话形式呈现主课文
引出重点句型
重点：听，说（跟读）

Listen and Say

Listen, Look, and learn

复现主课文重点句
型；分角色扮演运
用句型；拓展词汇
重点：听，说

Let's do

通过听说做等灵活多变的活动
进一步巩固所学话题及句型重点
重点：说，做（游戏）

图 2

各个板块之间的递进关系如图 3、4 所示：

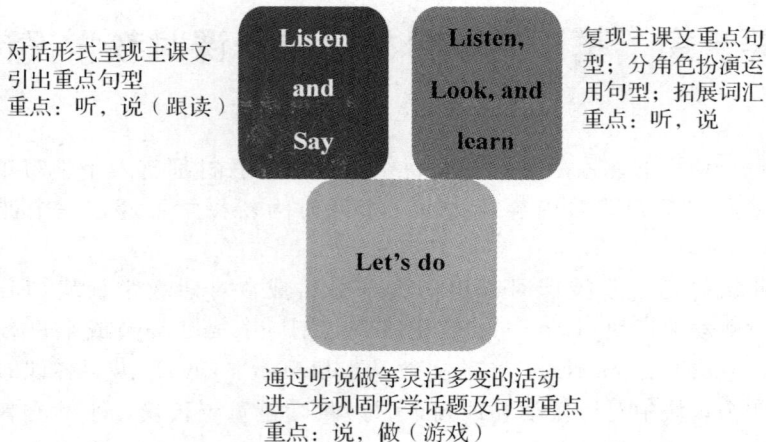

图 3

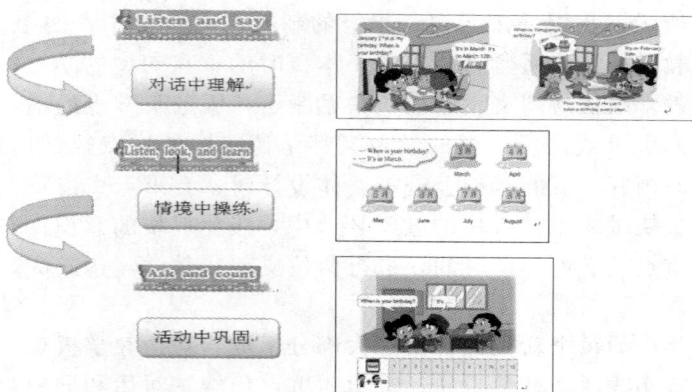

图 4

　　从上两幅图可以看出，二到四年级的新授课时中，板块之间的联系紧密，并且是层层递进的关系，共同围绕本课的重点词句展开。教师在课时教学内容设计时要深入挖掘板块之间的连接点，在突出完成每个板块的阶段性教学目标的同时，使整节课浑然一体，共同达成课时总目标。

　　基于对教材编排体系的理解以及对各个板块的文本分析，我们进行了部分课时的精心设计，现摘录几篇如下：

教学设计 1

UNIT 4　HOW MANY STARS CAN YOU SEE? Lesson 15

【教学背景分析】

1. 教学内容分析

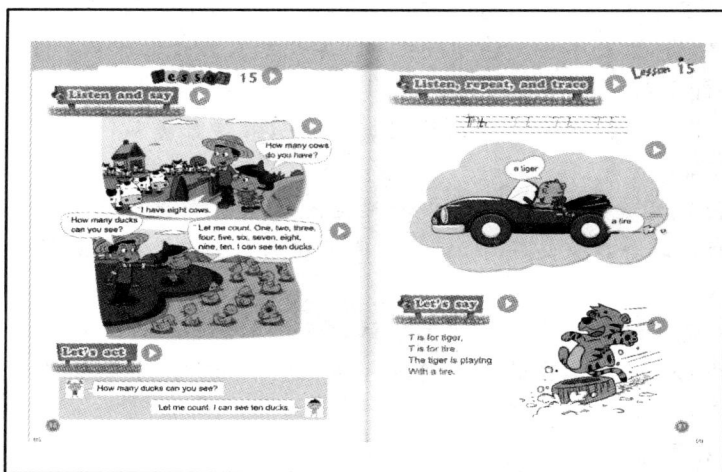

　　本单元的话题是谈论看到的物品数量及自己拥有的物品数量。在前两个课时中已经学习了新的交际用语"How many … do you have? I have… , How many… can you see? I can see… 以及数词 one～seven"来谈论物品的数量；在本课 Listen and say 板块中 Guoguo 来到农场，想了解农民叔叔拥有的奶牛数量及农民叔叔想知道 Guoguo 看到的鸭子数量的情景呈现自然的复现了前两课学习的句型，此时重点应放在用引导学生在情景中理解区分这两个询问物品数量的日常用语的不同含义以及用数词 eight，nine，ten 表达物品的数量上。Listen，repeat and trace. 板块的内容是字母 Tt 的认读和书写，并在单词 a tiger，a tire 中感受字母 T 的发音/t/。Let's say 板块呈现的是一只老虎在玩耍一个轮胎的场景，句型"play with…"是理解的难点。

2. 学生情况分析

本课时的授课对象是一年级第二学期的学生，本班学生已经有了半年多攀登学习的知识储备，三分之二的学生能够用数词 one～ten 表达物品的数量。学生经过前两课的学习已经能够用本单元主要句型"How many … do you have? I have … ，How many … can you see? I can see … ?"来询问看到的物品数量并能做出相应的回答。

3. 教学方式和手段

（1）词句教学

充分利用课本资源，从本课故事情节中，逐图延伸拓展情景，让学生能够区分运用本课重点句型进行交流，在交流中熟练掌握本课对话结构，培养学生综合运用语言的能力；通过书空字母 Tt 帮助学生进一步了解字母 Tt 的笔顺，学习字母 Tt 的书写；出示"T is for … 。"的句型结构，让学生猜测、呈现本课新单词，激发学生的学习兴趣，让学生在快乐的过程中获得了新知。

（2）评价方式

①言语激励法：当学生出色地完成某一项教学任务后，教师会说 good，very good，super 等。

②小物品奖励法：此法常出现于师生问答环节或者是游戏环节，当学生答对问题后，我会口头奖励 one star，课后在课本上印上本节课所得的 star 的数量。

③小组竞争激励法：以小组为单位的评比、竞赛活动，对纪律好的、回答问题积极的、正确率高的小组奖励一颗小星星，得到星星最多的组为获胜的小组，每人可以多加一颗小星星。

4. 技术准备

自制多媒体课件、本课人物头饰、教学相关卡片、本课背景板画、奖励贴画。

【教学目标】

1. 能在真实的语境中运用句型"How many … do you have? I have … ，How many … can you see? I can see … ?"谈论物品数量，并做出相应的回答。

2. 能用 eight，nine，ten 表达物品数量，并能整体认读。

3. 能正确认读和书写字母 Tt 的大小写形式，并感受字母 Tt 在单词 a tiger，a tire 中的发音/t/。

4. 能听懂、会说并认读单词 a tiger，a tire。

5. 能够理解小韵文，并尝试跟着录音说唱小韵文。

【教学重难点】

1. 教学重点

(1)能在真实的语境中运用句型"How many … do you have? I have …，How many … can you see? I can see …?"谈论物品数量，并做出相应的回答。

(2)能正确认读和书写字母Tt的大小写形式，并感受它在单词a tiger，a tire中的发音/t/。

2. 教学难点

能在真实的语境中理解，运用句型"How many … do you have? I have …，How many … can you see? I can see …?"谈论物品数量，并做出相应的回答。

【教学过程】

Step 1：*Warming up & leading in*(5′)

1. Sing a song

师生互相问好，并一起表演唱歌曲"Old Macdonald had a farm"。

图 1

2. Review and role play

教师呈现 Lesson 13(见图 2)，Lesson 14(见图 3)对话的主题图，让学生分角色朗读对话。

图 2

图 3

〔设计意图：通过表演歌曲激发学生学习兴趣；通过表演对话的形式，复习原有知识，为本课的学习做铺垫。〕

Step 2：Listen and say（20′）

1. 呈现本课对话情景

教师出示 Guoguo 和 Uncle 在农场的图片，引导学生观察图片，关注图片中的信息，试着回答问题："What animals do they see ?"教师整体播对话。

[设计意图：通过观察图片信息，理解情境，把学生带到故事情景当中。]

2. 对话内容学习

（1）学习对话一

图 4

①教师引导学生观看第一张图片（见图 4），试听 Guoguo 说的话，学生根据所听内容尝试重复听到的句子，并板书句子：How many cows do you have?

②教师引导学生猜测 Uncle 拥有的奶牛数量，引出句型：I have eight cows. 在此引出数词 eight，强调/t/的发音。

③教师请学生将牛的图片贴到黑板上，体验教学。

④听录音跟读模仿对话。

⑤分角色朗读表演对话，体验人物角色。

[设计意图：从试听入手，教学新语言，符合学生的认知规律。通过分角色朗读，增强学生的角色意识。]

（2）延伸情景，拓展对话

Guoguo 继续参观 Uncle 的农场（见图 5），想知道 Uncle 有多少只兔子，引出句型：How many rabbits do you have? 让学生在模拟的情景中理解运用所学语言。

图 5

〔设计意图：充分利用对话部分里的资源，从本课故事情节中，延伸拓展情景，让学生在模拟的情景中运用所学句型进行交流，激发学生学习英语的热情，体会理解句型的功能性。〕

（3）学习对话二

图 6

①教师出示图片 2（见图 6），学生观察理解图片信息，并提出问题 What do they see? 学生回答后，老师再次提问："How many ducks are there? 老师和学生一起数鸭子的过程，教学数字 nine，ten。

②教师出示两个句型"No. 1 How many ducks do you have? No. 2 How many ducks can you see?"，请学生识别选择句型，帮助区分两个句型的功能和意义。

③教师请学生边数鸭子边将图片贴在黑板相应的位置上。

④听录音跟读模仿对话。

⑤分角色表演对话

〔设计意图：通过体验语境，观察图片，识别信息等不同形式，循序渐进的引导学生理解并熟悉对话内容。〕

（4）延续情景，运用语言

①教师介绍情景，示范对话。

图 7

Uncle 继续带着 Guoguo 参观农场（见图 7），教师呈现另一张有其他动物的农场图片，引导学生用 How many… can you see? I can see…?"谈论看到的农场上的动物数量。

②学生小组活动，分角色展示表演。

〔设计意图：充分利用课本资源，从本课故事情节中，延伸拓展情景，让学生运用本课重点句型进行交流，在交流中熟练掌握本课对话结构，培养学生综合运用语言的能力。]

（5）整体回顾课文

Step 3：*Listen，repeat and trace*（10′）

1. 表演歌曲，引出字母

教师播放歌曲 *A is for apple*，师生共同演唱，导入今天要学习的新字母 Tt。

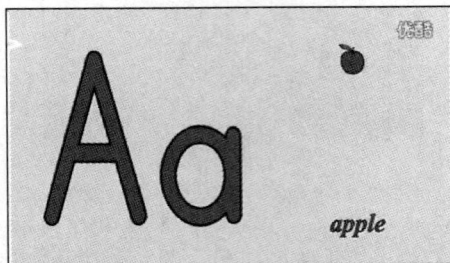

图 8

［设计意图：既是对上一个教学活动后的放松，又可以自然导入今天要学习的新字母 Tt.］

2. 学习字母 Tt 的发音和书写

（1）教师出示字母 Tt 的卡片带读，示范发音/i:/——/ti:/，学生用升降调模仿字母的发音，教师指导学生读准字母。

（2）引导学生用手中的铅笔摆出大写字母 T 的形状，感受字母的形状。

（3）教师播放动画，学生观看课件中 Tt 的书写笔顺及占格。

（4）学生跟着老师书空字母 Tt，强调字母 t 的笔顺。

（5）学生仿照例子在教材 37 页描摹。

［设计意图：通过观察课件，对字母 T 的感官认识；通过书空帮助学生进一步了解字母 Tt 的笔顺；通过描摹学习字母 Tt 的书写。］

3. 通过字母学习单词 a tiger，a tire

（1）学习 a tiger

教师出示句型 T is for _____.（见图 9）引出单词 a tiger。学生根据教师出示的句型，发散思维试着说出以字母 t 开头的单词，教师适时出示 a tiger 的单词卡片并带读/t/，/t/，tiger，强调/t/的发音，并带读 T is for tiger。

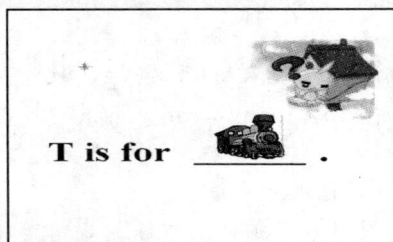

T is for _____.

图 9

（2）学习单词 a tire 教师出示句型 T is for _____ . 引出单词 a tire，分别用升降调带读后，带读/t/，/t/，tire 强调/t/的发音，并带读 T is for tire。

（3）听音跟读单词。

［设计意图：运用韵文句型结构猜测、呈现单词，激发学生的学习兴趣，为之后韵文的学习和输出做铺垫。］

4. Play a guessing game

教师出示今天所学习的被挡住的新单词图片及只露出首字母 t 的单词 tiger，tire，ten，two，tea. 让学生根据字母 Tt 的发音/t/猜测单词。（见图 10）

图 10

［设计意图：通过游戏巩固单词，强化以字母 t 开头的单词发音/t/的概念，寓教于乐。］

***Step* 4：*Let's say*（5′）**

1. 整体呈现韵文

图 11

2. 教师播放韵文完整动画，学生试着理解韵文

教师出示一些图片（见图 12），帮助学生理解 play with the tire 的含义，并带读词组。

playing with a tire

图 12

3. 多种形式朗读韵文

[设计意图：学生有节奏地说唱韵文，在巩固字母及词汇的同时体会韵文的节奏感和韵律美。]

Step 5：Homework

板书设计

【课后反思】

这节课已经是第四单元的第三课时，在前两个课时中已经学习"How many…do you have？How many…can you see？以及数词 one～seven"来谈论物品的数量，所以本课对话教学部分重点放在用引导学生在情景中理解区分这两个询问物品数量的日常用语的不同含义以及学生能够灵活运用这两个功能句型进行提问并作出相应的回答，于是我将 Let's act 环节融入对话学习之中，逐图拓展练习。虽然全班三分之二的学生能够用数词 one～ten 表达物品的数量，但是通过这节课的学习对于 eight，nine，ten 的认读有些同学可能掌握的还不是很好，在以后的学习中还要继续强化。本节课的字母教学内容只有一个字母 Tt，名称音很容易读，相对感受字母 Tt 在单词中的发音可能更难一些，因此在 Guessing game 环节我设计了首字母以 Tt 开头的猜单词活动，让学生在游戏中巩固本节课所学的单词的同时感受字母 T 的发音/t/。Let's say 板块中"playing with a tire"是理解的难点，因此我通过出示图片帮助学生理解这个短语的意义。

但本课在及时有效地评价这方面做得还不够好。课堂上大多是泛泛而评，缺少有针对性的深入评价，因而评价的激励作用不明显，简单的评价无法让学生感到被肯定和有成就感，如何在课堂上做出有发展性教学评价还需要我在实践中不断摸索，形成自己行之有效的风格。

【教学评析】

1. 在同一主题下拓展活动，增加对话教学的整体感和真实感

本课对话教学板块的主题是"on the farm"，在拓展环节，教师设计了有信息差的交际活动。在 Let's act 环节融入对话学习之中，逐图进行拓展，在真实的交流中熟练掌握本课对话结构，帮助他们明确"How many … do you have?""How many … can you see?"这两个句子的不同含义及功能，能够在不同的情景下运用恰当的句型进行问答。

2. 在教学中力求面向全体学生，关注后进学生

在对话教学的操练环节，教师开展了两人一组练习对话的活动，不仅帮助他们树立了角色意识，还能让学生在互助中学习；在字母和单词教学时，教师采用了小老师带读，男女生读，小组比赛读等多种方式学习，提高了课堂的学习密度和时效性。

3. 创设真实情景，培养学生的综合语用能力

英语交际法强调的是语言的意义和应用，本课教学内容"真"实，创设仿"真"场景，教师"真"诚耐心教学，学生"真"实体验英语，教学内容的安排由小到大、由简到繁、逐渐展开。教师用自己生动的充满激情的表情和动作去感染学生，让学生积极地参与到学习中来，变被动学习为主动学习，在仿真的情景中综合运用所学语言进行交流。

教学设计 2

UNIT 5　I HAVE LONG ARMS Lesson 17

【教学背景分析】

1. 教学内容分析

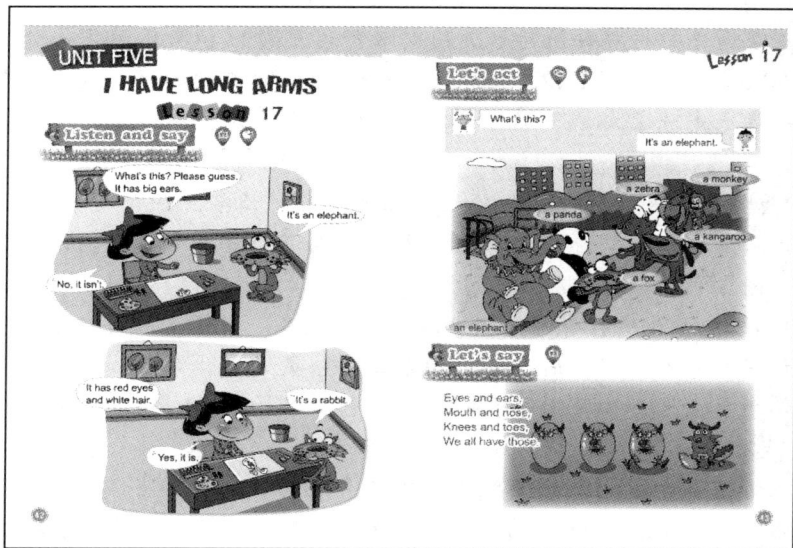

本单元是在复习 Unit 4 "There are many animals.""I like….."等用语的基础上，学习新的交际用语"Is it …?　Yes, it is. /No, it isn't."询问和回答动物

的外貌。学生将会用"I have…."来描述动物或者自己的体貌特征，能够在恰当的语境中使用"Do you have…?""Yes, I do./No, I don't."提问和回答动物或者他人的体貌特征。

本节课的重点是学生能够在熟悉的场景中使用"What's this?""It's a/an…."询问和回答动物的名称，能够根据实际情况在情景中用"It has…."描述动物的外貌。其中，本课中的句型"It's a/an…."为学生已学内容，"What's this?""It has…."为新授内容。

Let's act 板块中的词汇是上一单元学过的内容，重点应为创设恰当的语境，使学生充分练习用"What's this?""It's a/an…."询问和回答动物的名称。

韵文部分的 mouth 一词的发音对于学生来说稍有困难，教师应加以强调，eyes 和 ears 也需要区分和记忆，重点在于通过朗读韵文，感知英语韵律，同时在说韵文的过程中，能及时反应出自己身体的部位。

2. 学生情况分析

二年级的学生活泼好动，大部分对英语有着很强的求知欲，小部分学生需要教师开展丰富多样的活动吸引他们的注意力，保持他们学习的兴趣。学校开设了攀登英语课，对英语教学有着较好的辅助作用，在攀登课上，学生已经理解并试着说"What's this?""It's a/an…."询问和回答物品的名称。教师要把握好这些契机，通过本课中呈现的"猜一猜"这一游戏和织丰富多样的教学活动来让学生充分体验语言实践的成功喜悦和信心，从而优化教学效果。

3. 教学方式和手段

(1)对话教学板块，教师根据本课的对话内容，设置了相关情境，并采用讲授法层层递进的讲解每组对话。同时教师通过对比和展示的方法让学生直观地区分"big"和"small"以及"red"和"white"。此外教师的有效设问，引导学生一步一步地走进课文，了解对话内容。学生通过讨论法和练习法来练习课文对话。

(2)重点词句教学板块，教师继续拓展情境，让学生在情境中运用语言。通过演示法带领学生以游戏活动的方式练习本课的重点句型和词汇。学生以小组合作的方式参与互动游戏。

(3)韵文教学板块，教师根据本课的授课内容，对该板块进行了调整，使之作为该课的导入环节。通过逐步的露出小精灵的身体部位，引起学生的兴趣，让学生更快地融入课堂教学的同时，复习学过的身体部位的英文表达法。

4. 技术准备

本课运用多媒体电脑为学生呈现生动有趣的动画和丰富多彩的图片。此外，教师制作精美的 PPT 课件，让学生更加直观地观看本课的教学内容。

【教学目标】

1. 能在实际情景中用"What's this?"询问这是什么动物，并能用"It's a/

an….."回答出动物的名称。

2. 能用"It has…."描述本课所学动物的身体部位，并进行交流。

3. 能正确理解并尝试着表演小韵文，体会韵文的节奏和韵律感。

4. 能够和同学、朋友猜测和谈论所画的动物并能描述动物的外貌特点。

【教学重难点】

1. 教学重点

(1)学习询问这是什么动物"What's this?"，并能用"It's a/an…."回答出动物的名称。

(2)认读单词 big，red，white，eyes，hair。

2. 教学难点

能用"It has…."描述本课所学动物的身体部位，并进行交流。

【教学过程】

Step 1：*Warming up & leading in*

1. Sing a song：*Head shoulder knees and toes*.（见图 1）

图 1

2. Say a chant.

(1)给学生出示本课 Let's say. 中的小精灵（见图 2），逐步露出小精灵的一部分，让学生说说自己看见了什么，边说边摸摸自己身体相关的部位。

T：Today，I have a new friend. Do you want to know what he looks like? What does he have?

Ss：Eyes and ears.

T：What does he have now?

Ss：Mouth and nose.

T：What does he have then?

Ss：Knees and toes.

(2)整体播放歌谣，学生跟读。

(3)学生跟着影音听唱、表演歌谣。

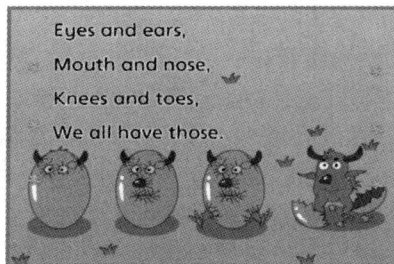

图 2

3. Play a guessing game.

教师再介绍自己的动物朋友(见图3和图4),通过教师的描述,让学生猜一猜是什么动物。

T:I have some animal friends,too. Do you know who they are?

T:It has big ears.

Ss:It's an elephant.

T:Another animal. It's a big animal.

Ss:It's a horse.

T:It has black eyes.

Ss:It's a panda.

图3   图4

[设计意图:活跃课堂气氛,在唤起身体部位单词的同时,教师渗透"What's this?""It has…."和"Yes, it is. /No, it isn't."降低了本课新授知识的难度。]

Step 2:Listen and say(15′)

1. 对话内容学习

(1)处理句型"It has…."

①导入:让学生听无字幕对话,然后回答 Guoguo 在画什么?(见图5)

T:What is Guoguo drawing? An elephant or a rabbit?

 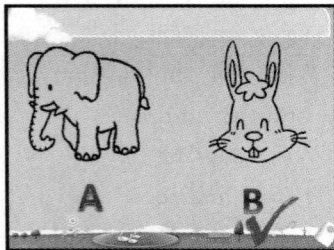

图5   图6

②学习句子"It has big ears."。呈现第一幅主题图,让学生听有文字录

音，然后找出哪句话是描述兔子特点的句子，教师教"It has big ears."（见图6）。学生跟读。然后教师出示兔子和大象的图片（见图7、图8），让学生描述"It has big ears."。

图7

图8

再让学生拿着图片（见图9），两人一组描述一下图上动物的耳朵。

Ss：It has big/small ears.

图9

③学习句子"It has red eyes and white hair."。播放第二幅图录音，让学生找出 Guoguo 描述的兔子的特点，教师出示两只眼睛和皮毛颜色不一样的兔子，然后学生说说 Guoguo 说的是哪一个？（见图10）

图10

学生听音、重复句子：It has red eyes and white hair. 并跟小伙伴互相说说这句话。

然后教师出示几种动物的图片(见图 11—14),教师描述一下动物的眼睛和皮毛的颜色,学生仔细听并判断 Yes/No. 用"Yes,it is.""No,it isn't."回答,同时练习这两个句子用法。

图 11

图 12

图 13

图 14

(2)处理句型"What's this?""It's a/an…."

①教师提出问题:"What is Guoguo drawing?"学生回答,教师再问:"How does Guoguo ask?",播放"What's this?"的录音,让学生试着重复(见图 15)。

图 15

②同法教授"It's a/an….",并板书(见图 16 和 17)。

图 16

图 17

③两人一组进行问答练习。

S1:What's this?

S2:It's a/an….

2. 练习对话、展示

(1)学生听音、跟读对话;看书指读。

(2)师生、男女生等多种形式分角色朗读对话。

(3)学生以小组为单位练习,展示。

Step 3：Let's act（5′）

1. 教师拓展故事

Guoguo 又画了什么动物呢？把本课的动物单词逐一出示在一张幻灯片之中，让学生读一读（见图 18），由于本课的单词已经在之前都学过，所以学生可以直接读出。

图 18

2. 师生做猜谜的游戏

教师和学生玩一个猜一猜的游戏，教师心中想着一种刚才出示过图片的动物，并描述这种动物的特点，让学生试着猜一猜教师想的是哪种动物。这时也练习了本课的句型"What's this?""It's a/an….."。

T：Let's play a guessing game. Can you guess? What's this? It's a big animal. Please guess.

Ss：It's an elephant.

T：No，it isn't. It has small ears.

Ss：It's a panda.

T：No，it isn't. It can run fast.

Ss：It's a zebra.

T：Yes，it is.

3. 学生小组练习

学生两人一组，拿着上面印有小动物的纸，玩猜一猜的游戏，一个学生问"What's this?"，另一个学生猜"It's a/an…."。此环节教师给出三个不同难度的语言支撑，每个小组可以根据自己的水平选择一个对话进行练习，选择不同难度的对话将得到不同的奖励——第一个难度得一颗星，第二个难度得两颗星，第三个难度得三颗星（见图 19）。范本如下：

①A：What's this?

　B：It's a/an….

　A：Yes，it is. /No，it isn't.

②A：What's this? Guess please. It has….

B：It's a/an….

A：Yes，it is. /No，it isn't.

③A：What's this? Guess please. It's a big/small animal.

B：It's a/an….

A：No，it isn't. It has….

B：It's a/an….

A：Yes，it is.

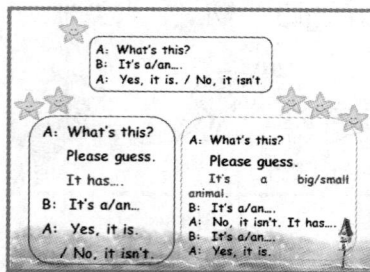

图19

[设计意图：让学生在真实情景中运用所学语言，使语言更生动，体现了语言的实用性。]

4. 小组展示

教师根据学生的展示给予不同的评价和奖励。

Step 4：Reflection and homework. (1′)

教师根据板书总结本节课所学内容并布置作业。

1. Read the dialogue to your parents.

2. Practice reading the rhyme in groups.

板书设计

【课后反思】

通过本节课的学习，学生基本上掌握了本课的重点句型并且能够在实际情景中进行运用，在丰富多彩的教学活动中，学生体验到了学习英语的快乐并进一步提升了英语语言素养，教学效果很好，我认为本课的设计有以下特点：

1. 注重游戏教学，寓教于乐

在课前热身环节，师生共同演唱了一首关于身体器官的歌曲，有助于帮助学生唤起对旧知识的记忆，巩固了身体部位这一类词汇。

在接下来的环节中，我设计了猜谜的游戏。第一个游戏是让学生看图说说小怪物都有什么，然后唱唱歌谣。第二个游戏是让学生猜一猜我描述的是什么小动物朋友，学生既巩固了身体部位名称，又复习了动物类词汇。

在学习"It has big ears."和"It has red eyes and black hair."这两个句子时，我避免了枯燥的带读和跟读，给学生大量的图片信息，让学生通过图片信息描述小动物的特征，或是判断我的描述是否正确。

在后面的单词学习中，由于本课的单词都是学生之前学过的，所以我采取了直接出示，让学生读出的方法。然后师生玩一个猜谜的游戏，让学生猜一猜我描述的是刚才出示的哪一种动物，之后是学生两人一组玩这个游戏。学生在喜闻乐见的游戏中，就进行了"Let's act."的操练，从而避免了枯燥的机械操练，激发了学生说英语的兴趣，培养了学生在真实的语境中运用英语的能力。

2. 整合教材资源，提高教学效率

在热身环节中，我就把本课最后的歌谣以猜谜的形式出示了出来，边引导学生说一说小精灵还长着什么呢？边逐步出示歌谣，既承接了上面的关于身体部位的歌曲，又为接下来我引出 Guoguo 正在画什么做了铺垫。

在处理对话的时候，我也没有直接按照顺序教对话，而是先让学生找出哪句话是描述兔子特征的，然后学习"It has big ears."和"It has red eyes and black hair."这两个句子。而"What's this?""It's a/an…."在攀登英语中已经学习过，并且在平时经常用到，所以在教学环节中没有做过多处理，而是在操练环节中大量体现。

3. 紧扣教学目标，巧妙突破难点

在课前预热环节中，我设计的猜谜游戏中，我不断强化本课的重、难点句型"It has….""What's this?"和"Yes, it is.""No, it isn't."这个过程中虽然学生说的较少，但是听我说的同时也是在认知和学习。

在突破难点"It has…."的过程中，我采取了分层突破，听、说结合的方法。由于"It has big ears."较容易些，所以我采取了借助大量图片，让学生描述的方法进行练习，同时试着说说"It has small ears."而"It has red eyes and black hair."这个句子较难表达，我采取了用"Yes 和 No"的游戏进行操练，我不断地重复这个句型，学生通过听、理解、判断，从而加深了在头脑中的印象。

【教学评析】

1. 注重活动设计，关注意义操练

本节课猜谜游戏贯穿始终，淡化了板块的痕迹，激发了学生的兴趣，注重了语言的应用。如在课前的导入部分，教师就设计了猜的游戏，先是猜歌谣中的小怪物长着什么，接下来猜教师的小动物朋友，最后又互相猜一猜自己心里想的是哪个小动物。这一系列的活动都是根据本课的教学内容的特点，以学生兴趣为出发点，意义操练大于机械操练，学生输出流畅，教学效果很好。

2. 多种感官刺激，帮学生突破难点

教师在处理本课难点"It has …."时，借助了大量的图片信息，结合听、说，通过游戏，多维度地刺激了学生的感官，促使学生正确理解、最终自由使用这一句型。如：在课前预热环节中，教师通过让学生猜动物，不断地强化"It has …."，使学生在游戏中理解这个句子的含义，而不是直接解释。这时，学生虽然没有说，但是不断地听也是一个学习语言必不可少的过程，教师利用让学生在游戏中"听"，为接下来的学习做好了铺垫。在下面的对话学习中，教师为了使学生会说"It has big ears."，通过大量的图片进行操练，从而避免了枯燥的跟读，学生看着不同特点的小动物进行描述，学习效果事半功倍。而在学习"It has red eyes and black hair."时，教师又更多地调动了学生的视觉听觉，让学生看着图片，听着教师的描述，在理解的基础上判断教师的描述是否正确，从而更多地发展了学生的思维。

3. 优化课堂评价，关注学生情感体验

在语言评价方面，教师的评价方式多样且保护学生的自尊心和激励学生进一步学习的欲望。例如：在游戏环节中，学生通过教师的描述猜猜是什么动物，对于猜对了的学生，教师会说："Wonderful!""Good job!"进行肯定，当学生猜错了的时候，教师在说"No, it isn't."的同时，还加了一句"But a good try."，这一评价既是肯定学生的猜测比较接近教师的描述，又没有打击学生继续猜的热情，真正体现了以学生为本的理念。

除了个体评价，教师还进行了小组评价。例如在跟读句子的时候，教师让两个组或者男女生进行比赛，看哪个组读的流利、正确，进行评价、鼓励。在两人一组展示环节中，教师根据小组展示的对话的难度进行分层评价，使各个水平段的学生都有展示和被表扬的机会，使学生增强了自信心，提高了教学效率。

教学设计 3

UNIT 3　WHEN WERE YOU BORN? Lesson 10

【教学背景分析】

1. 教学内容分析

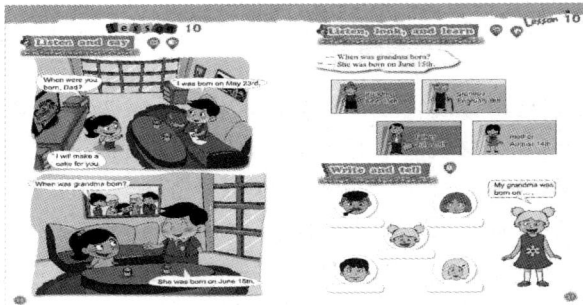

　　本课为北京版小学英语三年级上册第三单元 I was born on May 23rd 的第 10 课。是本单元的二个新授课。本单元谈论的话题是询问他人的生日和年龄。学生在第二单元学习了星期、序数词和日期的表达法上，继续谈论家人和朋友的年龄和生日。话题贴近学生生活。涉及了生日和年龄，如何用"When is your birthday? My birthday is…. When were you born? I was born…. How old are you? I am…."询问家人和朋友的生日和年龄是本单元主要学习内容。

　　从单元整体设计看，三节课主要学习在不同的情境下询问他人生日和年龄。Lesson 9 主要描述在学校谈论 Lingling，Sara 和 Yangyang 三个人的生日。Lesson 10 主要描述 Lingling 放学回家和 Dad 在家谈论 Dad 和 Grandma 的生日。Lesson 11 主要描述 Guoguo 和小男孩之间谈论各自生日及他们的妈妈谈论各自孩子的年龄。Lesson 9 中，学生已经学会用"When is your birthday?""My birthday is…."来询问和表达自己的生日。本节课，是在 Lesson 9 的基础上，继续学习询问生日的另一种表达法"When were you born?""I was born on…."。

　　本课为学习课，一共有三个板块的学习内容。

　　第一板块 Listen and say，共有两幅图片。图一呈现了 Lingling 在客厅看到电视中三口之家正在给爸爸过生日的画面。所以 Lingling 询问爸爸什么候生日。图二延续图一的情景，还是在客厅，Lingling 发现客厅墙上挂着全家福中奶奶的照片，于是询问奶奶生日的情景。学生主要学习"When were you born?"和"When was grandma born?"两种询问生日的表达方式。

　　第二板块 Listen，look and learn 中，出现了四个家庭成员的生日。此版块重点学习词汇 May、June 及序数词 four teenth 和 fifteenth 的认读，会用功能句型 When were you born? I was born… When was … born? She/He was born on…和同伴交流自己和家人的生日。

第三板块 Write and tell 中，呈现了一个家庭成员的全家福，延续第二板块的内容。引导学生练习说说自己及家庭成员的生日。

2. 学生情况分析

本课时的授课对象是三年级上学期的学生，学生已经有了两年多英语的知识储备，大部分学生能够朗读序数词 1—20 及月份从 January 到 December。他们通过第一课时的学习，能够听懂并会用 When is your birthday? It'on…进行交流。

这个年龄的学生模仿欲较强，对英语有较浓的兴趣，喜欢参与课堂活动。所以在学习对话的起初，教师从学生饶有兴趣的歌曲入手，帮助学生活跃课堂气氛，让学生积极参与到活动中来，体验英语学习的乐趣。在两年的英语学习中，他们已经具备了大胆自信，敢开口说英语的好习惯，树立了角色意识，善于表达和模仿。结合学生的特点，教师引导学生在熟练朗读对话的基础上，尝试表演对话，在创设的情境中，引导学生运用所学知识与人交流，达到学以致用的目的。

3. 教学方式与手段

授课过程中，渗透语言渐进性学习策略。

（1）对话教学

先从 Lesson 9 句型 When is your birthday? 入手，引出本课新授知识，When were you born?。由 Lingling 和 Dad 讨论 Dad 的生日为情境主线，学习对话内容。学生对于 were 和 was 的运用和人称代词 I/He/She 运用有难度，因此教师设计了练习题帮助学生在句子中体会 were 和 was 的运用及人称代词的区别。为了呈现对话的整体性，教师延续对话情境，以人机对话的方式呈现 Mother 和 Grandpa 的生日，引导学生用所学句型进行问答，既开拓了学生的视野，又巩固了所学知识。

（2）重点词句教学

词汇 May，June，fourteenth，fifteenth 要求学生能够认读。教师通过引导学生听音，辨音和找找等方式帮助学生理解和认读这些单词。通过榜样示范，师生互动，小组合作方式引导学生运用本课功能句型谈论家庭成员的生日。

（3）学生评价

①朗读对话 1：two stickers

②朗读对话 2：one sticker

③朗读对话 1 和对话 2：three stickers

4. 技术准备

自制 PPT、多媒体课件、人物头像及奖励贴画、电脑

【教学目标】

1. 学生能够用 When was … born? I\ She\ He was born on … 来谈论家庭成员的生日。

2. 学生能够听，说，认读单词 born，序数词 fourteenth、fifteenth 及月份 May、June。

3. 学生能在熟练朗读的基础上尝试表演课文。

4. 通过询问家庭成员的生日，体现关心他人的情感。

【教学重难点】

1. 教学重点

(1)学生能够用 When was \ were … born? I\ She\ He was born on … 来谈论家庭成员的生日。

(2)学生能够听，说，认读单词 born、序数词 fourteenth，fifteenth 及月份 May，June。

(3)学生能在熟练朗读的基础上尝试表演课文。

2. 教学难点

(1)be 动词 was 和 were 在句型中的运用。

(2)单词 born 的正确发音。

【教学过程】

Step 1: Warming up & Leading in (5′)

1. Sing a song

师生问好，并一起演唱歌曲 The months。

[设计意图：根据学生的兴趣特点，选择他们饶有兴趣的歌曲作为导入，活跃课堂气氛，使学生尽快融入课堂教学中来。]

2. Review

欣赏完歌曲后，教师和学生一起复习月份和日期的知识(见图 1)。

T：What's month?

Ss：February February，May May，June June…

T：What's the date?

Ss；May 23rd，May 23rd/June 15th，June 15th/October 26th/October 26th…

图 1

［设计意图：通过复习月份和日期，为本节课学习生日表达做准备。］

3. Free talk

T：October 26th is my birthday. When is your birthday?

T：When were you born?

［设计意图：师生谈话提前渗透"born"的含义，为下一环节对话学习扫清障碍。］

Step 2：Listen and say（27'）

1. 呈现对话情境

（1）教师呈现图片（见图2），并提出问题：Whose birthday are they talking about? 第一遍整体播放无字幕对话，学生能回答出他们在谈论爸爸和奶奶的生日。

图2

（2）教师提出问题：When was Dad born? When was grandma born?

第二遍整体播放对话．让学生打开书圈出 Dad 和 grandma 的生日（见图3），教师核对答案。

图3

［设计意图：通过观察图片信息，理解对话情境，把学生带到情境中来。］

2. 学习对话 1

（1）学习句子 When were you born, Dad? I was born on May 23rd（见图4）.

①Lingling wants to know Dad's birthday，what does she say? 播放 Lingling 的录音两遍。

②寻找答案，板书"When were you born，Dad?"模仿跟读。

③T：When was Dad born?

Ss：May 23rd.

④播放 Lingling 和 Dad 的录音，模仿跟读。呈现板书"I was born on May 23rd."

图 4

(2)操练句型：When were you born，Dad? I was born on May 23rd.（见图 5）

①Make a model

教师示范：I'm Lingling，Who wants to be Dad?

T：When were you born，Dad?

S1：I was born on May 23rd.

②T：Lingling　　Ss：Dad

③T：Dad　　　　Ss：Lingling

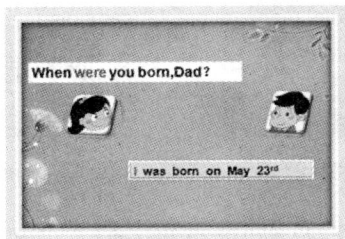

图 5

(3)学习句型：I will make a cake for you.（见图 6）

①Lingling knows Dad was born on May 23rd，what will Lingling do? 播放 Lingling 录音两遍。

②寻找答案，板书：I will make a cake for you.

③呈现做蛋糕图片（见图 7），帮助学生理解"make a cake"。

④跟读模仿。

图 6

图 7

（4）朗读对话 1

①打开书，模仿跟读对话 1。

②分角色跟读对话 1。

Girls：Ling ling　Boys：Dad

[设计意图：从听入手，在多次的语言输入的基础上，通过有效设问引导学生感知理解对话。在学习 make a cake 时，呈现做蛋糕的图片帮助学生理解词义。通过榜样示范，师生互动、生生互动多种形式，引导学生在情境中体验语言，树立角色意识。]

3. 学习对话 2

（1）导入情境

教师呈现图片（见图 8）

Lingling and Dad are talking about grandma's birthday.

图 8

图 9

（2）学习句子 When was grandma born? She was born on June 15th. （见图 9）

①提出问题：What does Lingling say? 播放 Lingling 的录音两遍。

②寻找答案，板书 When was grandma born? 模仿跟读。

③T：When was grandma born?

Ss：June the 15th.

④播放对话 2 录音，呈现板书 She was born on June 15th. 模仿跟读。

（3）朗读对话 2

①打开书，模仿跟读对话 2。

②分角色朗读对话 2。

Group 1-3：Lingling

Group 4-6：Dad

［设计意图：从情境导入对话学习，引导学生通过观察图片，试听语言理解对话内容。在学习对话过程中，通过生生互动、角色体验帮助体验和运用语言。］

4. 整体跟读对话

5. 小组活动和角色体验

教师介绍评价方法：（见图 10）

(1)朗读对话 1：two stickers

(2)朗读对话 2：one sticker

(3)朗读对话 1 和对话 2：three stickers

图 10

［设计意图：分层评价方法，能够使学生积极参与到课堂活动中来；根据自身的需求选择不同任务，增强他们的自信心。让学生在小组活动中体验成功，体验英语学习的乐趣。］

6. 拓展情境，运用语言

(1)情境导入

T：Lingling 看着全家福还想知道 mother 和 grandpa 的生日。Do you know?

Ss：No.

T：I don't know. Let's ask Mr Computer.（见图 11）

图 11

（2）学习句型 mother's birthday：She was born on August 14th.（见图 12）

①T：How can we ask Lingling?

Ss：When was mother born?

Mr Computer：Sorry，I didn't hear. Can you say it again?

②呈现 Lingling 说的话。

③T：When was mother born? 点击 Mr Computer，播放 mother 无字幕录音两遍。

Ss：She was born on August 14th.

④再次播放并呈现 August 14th.

图 12

（3）学习 grandpa's birthday：He was born on February 29th.

①T：How about grandpa? Let's ask Mr Computer

Ss：When was grandpa born?

②呈现 Lingling 说的话。

③T：When was grandpa born? 点击 Mr Computer，播放 grandpa 无字幕录音两遍。

Ss：He was born on February 29th.

④再次播放录音，呈现板书：February 29th.

（4）Work in pairs and role play（见图 13）

①Make a model

教师扮演 Lingling，找学生扮演 Mr Computer

T：When was mother born?

Ss：She was born on August 14th.

T：When was grandpa born?

Ss：He was born on February 29th.

②Work in pairs

S1：Lingling　S2：Mr Computer

③Role play

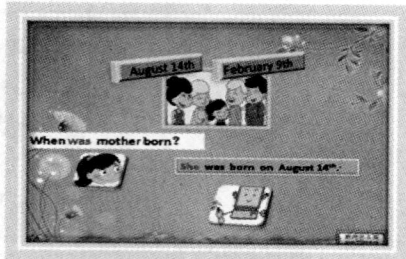

图 13

[设计意图：充分利用课本资源，创造性的使用教材，延续拓展情境。引导学生在情境运用本课所学句型与他人进行交流，在交流中巩固所学知识，培养学生运用语言的能力。采用人机对话的模式，可以调动学生的兴趣，让每个学生都能积极参与到课堂活动中来。]

7. Practice

(1)教师呈现练习题(见图14)，告诉学生答题规则。

(2)学生一起做练习，并核对答案。

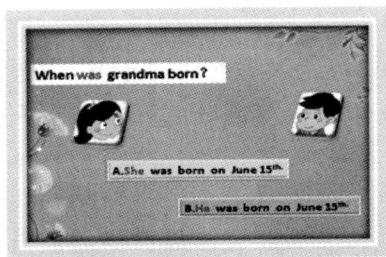

图 14

[设计意图：教师以练习题的形式呈现，帮助学生梳理 Lingling 家庭成员的生日，及时巩固所学知识；同时也让学生体会 be 动词 was 和 were 在句子中的运用，及人称代词 I、she 和 he 的用法。]

Step 3：*Listen，look and learn*(10′)

1. 呈现 Lily 家庭成员照片(见图15)

T：This is Lily. This is Lily's…

Ss：This is Lily's mother. This is…

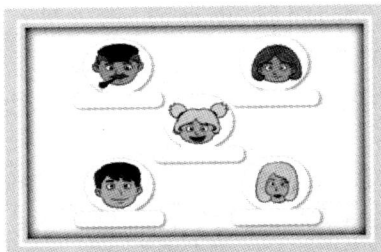

图 15

2. 认识 Lily 及其家庭成员的生日

教师要求学生拿出 Lily 的全家福(见图16)。

备注：课前发给每组学生(两人为一个小组)一张 Lily 及家庭成员的照片和他们相应的生日字条。

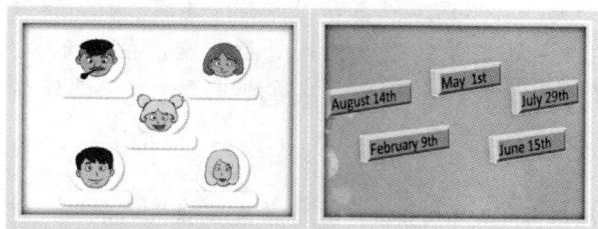

图 16

（1）认识 Lily 的生日

①提出问题：When was Lily born?（见图 17）播放无字幕录音两遍。

②找同学到前面找出 Lily 的生日，其他学生把 Lily 的生日摆在图片下面。

③核对答案。

图 17

（2）同样方法认识 grandma，grandpa，father，mother 的生日。

3. 小组活动

（1）Make a model：ask and answer

教师呈现 Lily 家庭成员照片及生日图片（见图 18）

T：When was Lily born?

S1：She was born on May 1ˢᵗ.

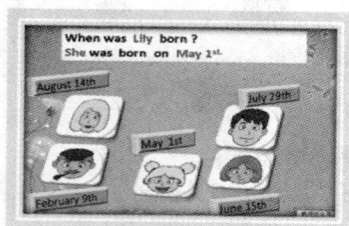

图 18

（2）小组活动及展示（学生可以任意选择一个家庭成员生日问同伴）

S1：When was grandma born?

S2：She was born on June 15th.

[设计意图：教师引导学生通过听音、辨音和找一找 Lily 及家庭成员的生日，以此检测学生对本课重点单元的掌握程度。教师通过榜样示范、小组活动，让学生利用本课所学句型与同伴交流 Lily 和家庭成员的生日，培养学生在情境中运用语言的能力。]

Step 4：*Write and tell*（5′）

教师告诉学生，我们已经认识了 Lingling 和 Lily 家庭成员的生日，你想知道老师家庭成员的生日吗？（课前已经让学生调查好自己家庭成员的生日）

1. 教师介绍自己和家庭成员的生日。

I was born on…. /My mother/My father was born on….

2. 介绍组织学生用所学句型介绍自己和家庭成员的生日。

3. 找同学向大家介绍自己的家庭成员生日。

[设计意图：引导学生用所学句型与人交流，巩固所学知识，培养学生语言运用的能力。]

Step 5：*Homework*

Ask your family and friends of birthday.

[设计意图：将本课知识延伸到课外，让学生了解家人朋友的生日，体会关心家人朋友的情感。]

板书设计

主板书

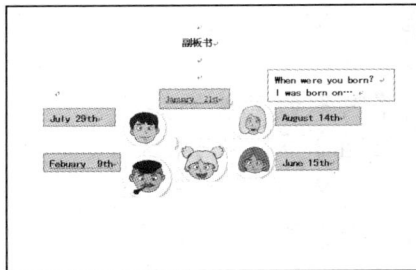

副板书

【教学反思】

我认为本节课的教学设计还是比较合理的，无论从教学目标、重难点定位，各个教学环节还是比较流畅的，但仍然存在一些不足，下面谈几点自己上这节课的反思：

1. 把课堂交给学生

在小组活动中，我应该改变角色，从知识的传授者变学习的组织者，最大限度地把课堂时间和舞台让给学生，充分给学生读书、思考、练习的时间，不能走马观花似的，要真正体现学生的主体作用。因为小组合作学习，可以培养学生自主学习、发现问题的能力，学生也能在合作学习中激发学习兴趣，以学带学，调动学生学习的积极性，增强自信心，提高课堂效果。

2. 文本与图片并重

本节课我在开展教学活动时候，没有及时把所开展的活动文本和图片的形式呈现给学生，做好文本的解读和示范，让学生明确此次活动目标。如果学生没有明确我的指令，会导致小组活动无法开展，所学知识不能及时巩固，课堂秩序也会遭到破坏。只有让学生明确我的指令，才能明确活动目标。当学生明确活动目标后，才能顺利开展小组活动。学生在小组活动中能够体验与他人合作的乐趣。

3. 用好评价机制

有效的评价机制是活跃课堂气氛的有力保障。只有巧妙地运用评价方法，充分调动学生的兴趣，才能提高课堂效果。本节课，我缺乏有效的评价机制，学生的积极性和主动性没有充分被调动起来。导致整个课堂氛围不是很活跃，课堂效果也不是很理想。

今后教学中，我要充分用好评价机制，当学生回答问题后，及时评价学生，一个眼神，一个 good 都会增加学生的信心和勇气，一个 sticker 更能调动学生的积极性。教师的评价对学生来说很重要，如果用得恰到好处，可以提高学生的学习兴趣，提高课堂效果。开展小组活动的时候，做好榜样示范，把活动的目标以文本和图片呈现给学生，让学生明确活动目标。

把课堂交给学生，使学生成为课堂活动的主人。让他们在活动中感知，体验，合作，在活动中体验英语的乐趣，培养学生用英语做事情，达到学以致用的目的。

【教学效果评价】

1. 在本课情境的基础上，延续对话情境，拓宽学生知识面；根据学情适当处理教材，设计教材内容，真正体现为学而教。

2. 学生通过听音、辨音、找一找来帮助学生学习本课重点单词；通过榜样示范、师生互动、生生互动等方式让在活动中感知、体验语言知识。在小组活动中能够用本课所学句型与他人交流。

教学设计 4

UNIT 7　I WANT TO BE A TEACHER　Lesson 23

【教学背景分析】

1. 教学内容分析

本课教学内容是北京版教材三年级下册第七单元第 23 课。本单元的主要话题是职业。本单元的对话中重点交流了个人职业理想、家人的职业情况及为了实现理想需要付出的努力。本课是本单元的起始课。Listen and say 部分

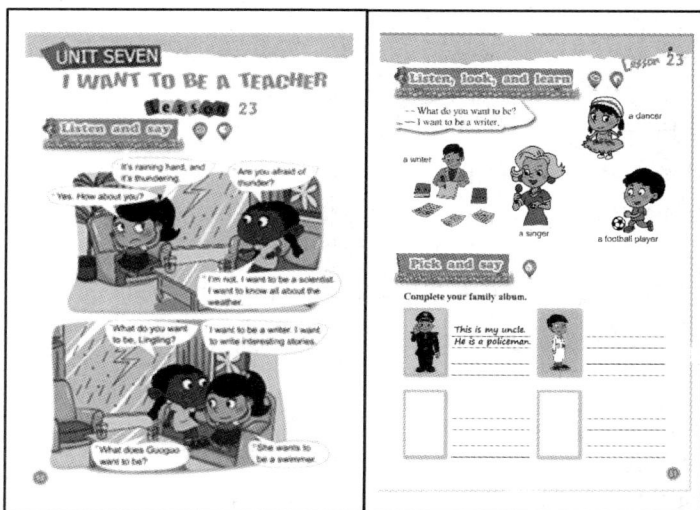

呈现了由两幅图组成的一个连续的情景。雨下得很大，还打着雷，Lingling 说害怕打雷。而 Sara 说她不怕，因为她想当一名科学家，想了解所有有关天气的知识。接下来两个人就自己将来想做什么展开了讨论。Sara 问 Lingling 将来想做什么。Lingling 回答："我想成为一名作家。我想写些有趣的故事。"Sara 又聊起 Guoguo 的理想，Lingling 告诉她，Guoguo 想成为一名游泳运动员。

对话部分旨在帮助学生理解交流职业理想的语句"What do you want to be?""I want to be… .",在对话结尾引出第三人称的句式内容：" What does Guoguo want to be ?"" She wants to be a swimmer. "。Listen，look and learn 板块内容主要是操练问答职业理想的语句："What do you want to be?""I want to be…"，本部分学习的职业词汇都具有相同的构词规律，即在动词结尾加 er 或末尾为字母 e 的动词直接加 r，动词就变为与其相关的职业名词。

2. 学生情况分析

本课所教授的对象是三年级的学生，他们对英语有着浓厚的兴趣。他们具备了大胆、自信、敢开口说英语的好习惯，善于表达并能积极参与英语的学习。基于低中年级学生喜欢游戏，喜欢故事，乐于参与和表演的认知规律和年龄特点。教师将本节课设计了一个谈论梦想的大背景，最后关注谈论学生自己的梦想。

3. 教学方式和手段

(1)通过唱英文歌曲，活跃课堂气氛，自然过渡到对话教学。

(2)通过不断地提问，设计悬念，激发学生学习兴趣，在对话中学习新词，通过动词、名词的对比呈现，让学生寻找规律。

(3)拓展环节分为两部分：第一部分通过教师深情的朗诵与讲解，学生跟读单词，在真实的情境中巩固拓展职业类词汇；第二部分是通过看生动、形象的视频来学习如何介绍自己的家庭成员。

4. 技术准备

多媒体电脑、图片、配套光盘、自制 PPT 课件。

【教学目标】

1. 能够听懂并初步朗读 Listen and say 的对话内容。

2. 能够用"What do you want to be?""I want to be a…."交流自己的职业理想。

3. 能够听懂、会说、认读有关职业的单词：scientist，swimmer，writer，singer，dancer，football player。

4. 能够体会不同职业的意义。

【教学重难点】

1. 教学重点

(1)能够用"What do you want to be?""I want to be a…."交流自己的职业理想。

(2)能够听懂、会说、认读并运用有关职业类的词汇。

2. 教学难点

(1)thundering 单词中 th 的正确读音。

(2)scientist 的朗读与理解。

【教学过程】

Step 1：*Warming up*（3′）

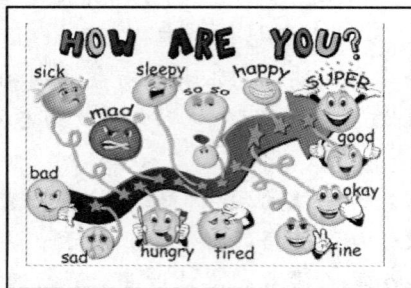

图 1

1. Sing a song：*How are you*？（见图 1）

2. 教师向学生询问："How are you?"。学生用不同方式来回答。

［设计意图：通过预热活动，活跃课堂气氛，把学生带入到英语的课堂，让学生在歌曲中感受到 How are you? 有多种回答，为下面的环节做铺垫。］

Step 2：Listen and say（17′）

1. 学习对话 1

（1）观察图片，了解 Lingling 的感受。

T：Look at the picture. How is Lingling? Is Lingling happy?（见图 2）

图 2

Ss：No. Lingling is afraid or scared.

T：Yes. Lingling is afraid. Look at the screen. The cat is afraid of the dog.（见图 3）She is afraid of the snake.（见图 4）I'm afraid of the snakes，too. Are you afraid of the snakes?

The cat is afraid of **the dog.**

图 3

She is afraid of **the snake.**

图 4

（2）听录音，了解 Lingling 害怕什么？

T：What is Lingling afraid of?

Ss：Listen to the dialogue.（无字幕播放）

Ss：学生试着回答 She is afraid of thunder.

T：What's the weather like today? Listen! What does Lingling say?（教师第二次播放课件）

Ss：It's raining hard and thundering.

（3）听录音，知道 Sara 将来想干什么？

T：Is Sara afraid of thunder?（第三次播放课件）

Ss：No，she isn't.

T：Why? What does Sara say?

Ss：I want to be a scientist. I want to know all about the weather.

（教师出示图片 5，帮助学习理解 scientist.）

图 5

（4）朗读对话

①Listen and repeat。

②分角色朗读。

2. 学习对话 2

（1）听录音，了解 Lingling 和 Guoguo 将来想当什么？

Sara wants to be a scientist. How about Lingling and Guoguo？（播放两遍录音）

（2）通过看图匹配（见图 6），帮助学生理解对话内容及 writer 和 swimmer 的含义。

（3）跟读录音。

（4）分角色朗读。

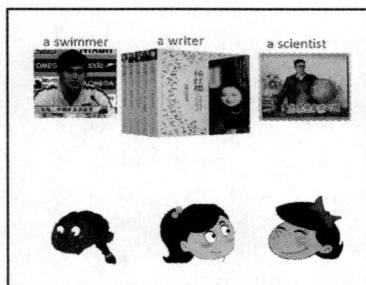

图 6

3. 巩固 Listen and say 对话内容

［设计意图：通过观察、听录音及与老师的对话交流，培养学生听说的能力及观察能力。］

Step 3：Listen，look，and learn（10′）

1. 学习单词

（1）初步感知单词的读音向学生渗透动词与名词之间的关系，帮助学生学会找规律。（见图7和图8）

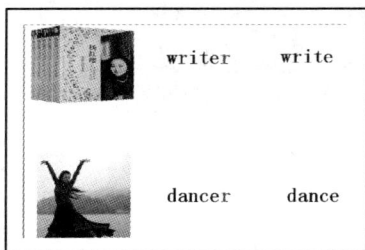

图7

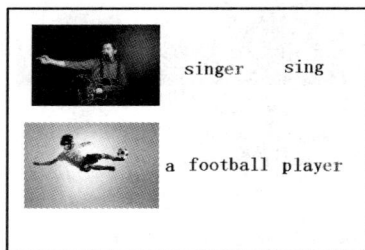

图8

（2）个人说一说自己将来想干什么。

T：Sara wants to be a scientist. Lingling wants to be writer. Guoguo wants to be a swimmer. What do you want to be? A singer，a dancer，a football player，a farmer，a doctor，a teacher or a policeman？（见图9）

图9

2. 在游戏中学习新词

Play a snowball game.

（1）Tell the students how to do it.

（2）Do it in groups.

（3）Show it in class.

［设计意图：四人一组练习"I want to be…."，后面一个人要用句型"You want to be…. I want to be…."把前面人所说的内容表达出来，并加上动作。一组表演时，教师可以选一个小记者问大家："What does he/she want to be?"。检查其他学生是否认真听讲，加上动作，可以帮助学生记忆，增加兴趣，在这个游戏中，学生将学会人称的转换及职业类单词的运用。］

Step 4：Development（10′）

1. Look at some pictures，listen and repeat.（见图 10 和图 11）

图 10

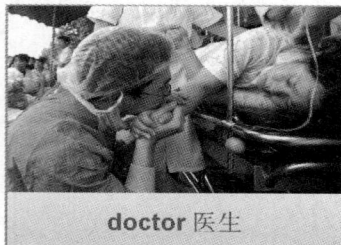

图 11

［设计意图：通过看汶川地震的图片，听教师深情的讲解，学生跟老师一起朗读各种职业类词汇，让学生体会不同职业的重要性。］

2. Watch a video.（About Maggie's family）（见图 12）

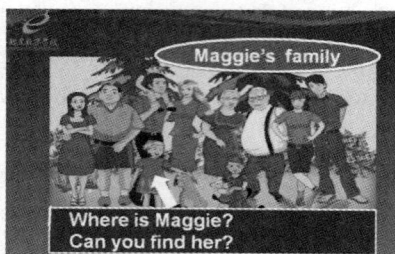

图 12

［设计意图：向学生渗透如何使用今天所学的知识来介绍自己家庭成员所从事的职业。］

Step 5：Homework（1′）

Introduce your family.

板书设计

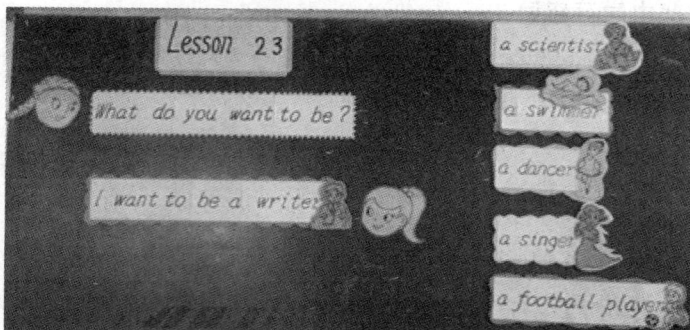

【课后反思】

1. 导入新颖，创新性强

本课中，重点学习的内容与职业和天气有关，然而我开始没有从这两方面的知识点进行导入，而是让大家一起唱《How are you?》的歌曲，学生与我一起表演唱。首先活跃了课堂气氛，在唱的过程中，大家也学到了不少知识，知道了 How are you? 有不同种类的回答，要根据实际情况去回答，不是只有一种答语：Fine. Thank you.

唱完歌，我问孩子们："How are you?"孩子们会有不同的语言表达方式了。接着我很自然的让大家关注到对话中 Lingling 的表情，让学生回答："How is Lingling?""Is Lingling happy?"经过前面的铺垫，孩子们能灵活地做出回答了。

课堂的导入部分从孩子的认知情感出发，这样更能激起学生的学习兴趣，提高孩子们的参与度，在唱歌中学知识，联系实际，运用知识，学有所获。

2. 问题导读，设置悬念

整节课，我设计通过问题导读的方式，抓住对话的兴趣点。通过猜测活动，逐步把情节推向高潮。师生共同构建对话。并在情境中理解学习朗读，体会对话人物的情感。猜测活动既抓住了学生的好奇心，又培养了学生的观察力、想象力和语言的表达能力。使学生在新奇愉悦的氛围中学习语言。

3. 情感教育，感人置身

最感人的环节是在孩子们用英语畅谈完自己想当的职业之后，我把大家带入了另一个场景。我通过自己深情的英文朗诵，加上背景音乐，再加上那些感人的画面，全场所有人，包括听课的老师，瞬间安静了。我说的就是在汶川地震中，默默做出贡献的人，然后老师用英语说："Please remember those dearest people."学生与我一起看着画面，跟着我一起用英语读出了各个职业名称。

看着大家互帮互助的画面，在这种爱的教育下，学生们深深体会到了每个职业的重要性。职业无分贵贱。无论将来会成为什么人，只有现在努力学习才能梦想成真！

【教学评析】

1. 本课的教学观念新颖，设计构思精巧，体现师生互动，教师主导、学生主动的教学观念。在教学中，教师采取"以人为本，以学促教"的教学原则，通过教师有序的引导、生动活泼的启发教学，激发学生积极参与、体验、合作与交流，充分发挥了学生的主体作用。

2. 教师充分利用多媒体的功能，让学生看图片理解 scientist 的意思、教师的配乐朗诵、看视频等，都很好地发挥了多媒体的作用，对于突破文本难点，调动学生学习的积极性和主动性都起到了很好的效果。

3. 教师引导学生通过找读、细读等方式，寻找重要信息，把对话读懂，找出相关问题答案，很好地渗透了学习方法，为学生形成良好的学习策略打下了坚实的基础。

教学设计 5

UNIT 7　WHAT IS NATURE Lesson 24

【教学背景分析】

1. 教学内容分析

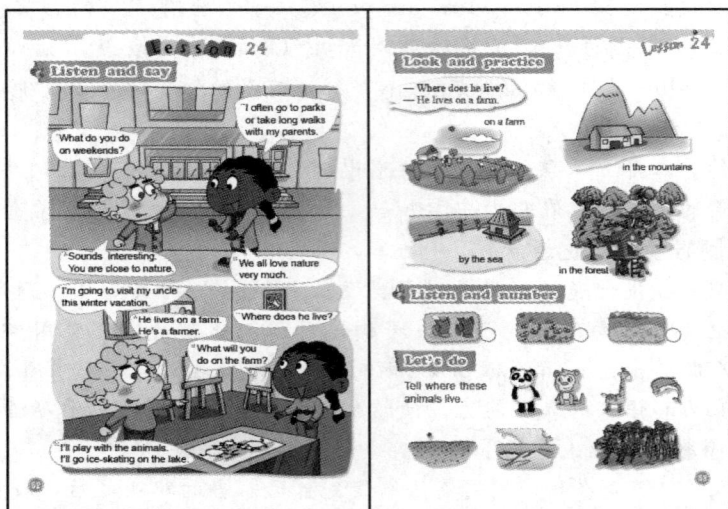

本节课是北京版小学英语四年级上册第 7 单元 Lesson 24，是单元的第二课时。本单元的话题围绕 nature 展开，包括自然界的现象变化和人与自然的关系，共三个新授课和一节复习课。第一课时的话题是谈论天气，主要的功能句型为 How's the weather in…？第二课时的话题为某人居住在某地，主要的功能句型为：Where does he/she live? He/She lives…. 第三课时的话题为人与自然的关系，主要的功能句型为：We can't live without… 三节新授课之间在话题上有一定的联系但在语言功能上联系不大，相对独立。因此，我在设计时减少了对课时衔接的思考，增加了对本课教学内容学生原有认知的考虑。

本节课中，通过谈论假期活动表达了人们对自然界的热爱和亲近之情，通过谈论不同的人和动物的不同居住场所介绍了人与自然的顺应关系。本课话题对学生来讲并不陌生，但所学语言较为生疏，大部分语言表达方式学生均为首次接触。这为教学带来了一定的难度。同时，对话部分的话题内容主题不明显，语言方面陈述句较多，上下句之间相对独立，信息含量多而分散，不容易从整体上把握、提炼核心内容。这为对话信息的提取、对话的整体理解以及教学对话时的问题设计带来了困难。本课重点词句的学习生词量比较多，句式也是第一次出现。尤其是答语 He lives…. 中动词的第三人称变化是学生学习和运用的难点。

2. 学生情况分析

本次授课为异地借班上课，授课对象为朝阳区一所小学四年级的学生共计 40 人。大多数学生来源于打工子弟，但学习英语的热情很高。课堂常规建立规范，学生听讲、积极发言的习惯很好。对本课的话题内容有一定的背景知识和生活经验，如对自然界的认识和感情、假期的户外活动、居住在不同地方的人们的特征、不同动物的居住场所等，这为活动的开展降低了理解难度。但就本课教学内容而言，语言知识的储备相对较少，对话部分只学习过 What do you do? 和 I'm going to visit my uncle this winter vacation. 这两句，词汇部分只学习过 on a farm。其余都是新知，这增加了语言的学习和运用的难度。

3. 教学方式和手段

（1）对话教学

根据上述分析，对话教学时在帮助学生理解上我采取了不同的方式处理两段对话。将对话 1 的主题定位在热爱和亲近自然上，然后采取倒推的方式，处理了对话信息：Sara is close to nature. She loves nature. So she goes to parks and takes long walks. 将对话 2 的内容分为两个部分，采取了分段处理信息的方式，先处理 What is Mike going to do this winter vacation? 之后处理 Where does Mike's uncle live? What does he do? 使信息更加明确，重点更加突出。为了降低理解和提取信息的难度，教师采取了多遍视听、分段视听、呈现对话原句进行答案核对的方式增加语言的输入量，对其中的重难点词句和短语采取了图片选择和中文释义的方式。

（2）重点词句教学

针对重点词句的教学，教师采取了层次推进，各有侧重的策略：以图文并茂的直观形式帮助学生理解词汇的含义；以猜一猜的活动进行了问句的多次输入和答语的初步运用，分散和强化了教学难点；以随机对看到的图片进行讨论的方式引导学生进行交际性的语言表达。最后谈论图画书的活动，不仅将课本内容延展到了真实的生活，还复现了以前学习的内容，发散了学生的思维，使语言表达更加真实。

（3）学生评价

因为是异地授课，所以教师采用评价贯穿始终的方式激发学生参与的积极性并对他们的反应做出正面的评价，使他们体验成功，感受学习的快乐。

4. 技术准备

多媒体电脑、网络下载图片、配套光盘课件、自制 PPT 课件、板书用词句条、自制图画书、奖励贴画等。

【教学目标】

1. 能够听懂并朗读 Listen and say 中的对话内容；能运用"Where does

he/she live? He/She lives…."的交际用语询问和回答某人的居住场所。

2. 能听懂、会说、认读 on a farm，in the forest，on the grassland，by the lake，in the mountains 等短语，并能在实际情景中运用。

3. 能在教师的帮助下完成 Let's do 中的游戏活动。

4. 能体会人的衣食住行与所处的自然环境息息相关，应热爱和保护大自然。

【教学重难点】

1. 教学重点

功能句"Where does he/she live? He/She lives…."以及相应短语的理解与正确运用。

2. 教学难点

(1)词汇 nature，weekends，vacation 以及情景句 Sounds interesting 的理解与正确发音。

(2)功能句 He lives on a farm. 中动词的第三人称单数的变化的正确运用。

【教学过程】

Step 1：*warming up and leading in*（5′）

1. Greetings

T：Good morning, boys and girls. Nice to see you.

Ss：….

2. Talk about *nature*

T：I bring you some beautiful pictures. Do you want to have a look?

Ss：Yes.

T：Let's enjoy it. (教师播放课件见图1—4，学生欣赏)

图1　　　　　　图2　　　　　　图3　　　　　　图4

课件背景音：*There are big lakes in nature. There are many forests in nature. There are high mountains in nature. There are vast grasslands in nature.*

T：Wow! Are they beautiful? (见图5)

Ss：Yes.

T：They are pictures of nature.

(教师教学 nature 并板贴)

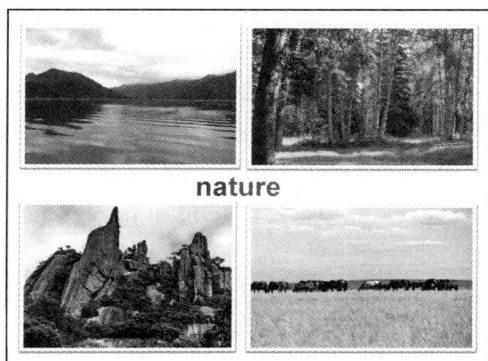

图 5

Ss：… .

T：Do you love nature?

Ss：Yes.

［设计意图：通过视听自制课件的方式，引导学生感受大自然不同的美景，理解并学习词汇 nature；同时，初步感知 mountains，forest，lake，grassland 等词汇的含义与发音，增加词汇的复现量，分散学习难点，降低学习难度。］

3. Talk about *close to nature*

T：I love nature，too. So I'm close to nature on holidays.（教学 close to nature 并板贴）

T：Look!（教师出示自己的生活图片如图 6，并做简单介绍。）

I go boating on the lakes. I climb mountains. I go to the forest and play with a deer. I go to parks and take photos. I go to the grassland and dance there.

图 6

T：Are you close to nature? What do you do on holidays?

Ss：….

T：Sounds interesting.（教学短句：Sounds interesting. 并板贴）

［设计意图：通过出示并谈论教师个人的生活照片，引导学生理解 close to nature 的含义，并为学生谈论自己的生活经历提供范例和语言支持。在谈论学生的假期活动时，教师适时地用 Sounds interesting. 和学生互动，既体现了语言的得体性，又巧妙地让学生理解了本课的难点。］

Step 2：Listen and say（20′）

1. 学习对话 1

（1）情景导入

T：How about our friend Sara?（教师板贴人物 Sara）Is Sara close to nature? Does she love nature? Let's come to the dialogue.（教师呈现第一幅主题图，如图 7。）

T：Look! Who's this?

Ss：He's Mike.

图 7

T：Yes. Sara meets Mike in front of the school building.（教师板贴人物 Mike）

（2）谈论对话信息

①处理信息：Is Sara close to nature? Does she love nature?

T：Is Sara close to nature? Does she love nature? Let's listen to the dialogue and find out the answers.

（学生完整听一遍对话，找到问题的答案）

T：Is Sara close to nature?

Ss：Yes.

T：Good. You are right.

（教师点击主题图，呈现 Mike 说的话。教师引导学生说出 Mike says：You are close to nature. ）

T：Does Sara love nature?

Ss：Yes，she does.

T：Good. You are right.

（教师点击主题图，见图 8，呈现 Sara 说的话。教师引导学生说出 Sara says：Yes，I love nature. ）

图 8

②处理信息：What does Sara do on weekends?

T：What does Sara do on weekends?

（点击课件解释 weekend＝ Saturday and Sunday. 如图 9。之后教师教学 weekends 的发音并板贴。）

图 9

T：Let's watch and listen.

（学生听课件，找到答案）

Ss：Go to parks，take long walks.

（教师呈现并解释 or：Sara doesn't do the two things together. She only does one thing each time. ）

T：Which picture means take long walks?（见图 10）

图 10

Ss：A

T：Do you remember how Mike asks? （教师呈现 Sara 说的话并追问）

S1：What do you do on weekends?

T：Yes. You are right. （点击课件呈现 Mike 说的话）

[设计意图：通过问题聚焦、视听对话、信息谈论等方式理解和学习对话 1。对话的学习体现了先是信息理解，后是语言学习的层次；同时以倒推的方式呈现整个对话，使对话内容逻辑性更强，有助于学生的理解和记忆。]

（3）朗读对话

①听课件录音，逐句练习。

②学生男女生、小组间朗读比赛。

教学资源运用：自制 PPT 课件、教材配套音频、小贴画

教学指导策略：通过跟读原版录音，规范学生的语音语调，培养语感；通过男女生、小组间的朗读比赛，激发学生朗读的积极性，增加朗读的趣味性。

2. 学习对话 2

（1）介绍场景（见图 11）

T：Now Sara and Mike are in the classroom.

（2）对话学习

①Study the sentence：*I am going to visit my uncle this winter vacation.*

T：Is Mike close to nature? What is Mike going to do this winter vacation?

（教师引导学生理解 winter vacation 并板书）

图 11

T：I give you two choices. Let's listen and find out the answer.（见图 12）

图 12

（教师播放课件第一句，学生找到答案）

Ss：Visit his uncle.

T：Yes.（教师板贴图画，见图 13，并教学 visit 的发音）

图 13

（教师点击课件呈现第一句话：I am going to visit my uncle this winter vacation. ）

②Study the sentence：*Where does he live*？*He lives on the farm. He is a farmer.*

T：This is Mike's uncle. Sara wants to know *Where does Mike's uncle live*（居住）？见图 13。

（教师板书呈现问题：Where does he live? 以及回答的句式：He lives….. ）

T：Let's listen.

（学生完整听对话 2 一遍，找到问题的答案）

Ss：He lives on a farm. He is a farmer.

T：Yes.（教师课件呈现正确答案，并将板书完善：He lives on a farm. ）

T：Look. This is a farm. Farm is a place. He is a farmer. Farmer is a person.（学生理解 farm 和 farmer 的含义，见图 14）

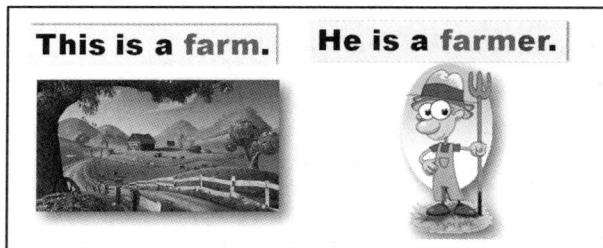

图 14

T：Look. Is this a farm or farmer?（教师逐一出示不同的图让学生判断，见图 15）

图 15

Ss：….

[设计意图：通过问题聚焦、分段视听对话、信息谈论等方式理解和学习对话2。对话的学习体现了先是信息理解，后是语言学习的层次；同时，分段学习对话的方式降低了学生捕捉信息的难度，有利于学生更好地理解和学习对话内容。]

（3）朗读对话2

①听课件录音，逐句练习。

②学生个体朗读和男女生、小组间朗读比赛。

[设计意图：通过跟读原版录音，规范学生的语音语调，形成语感；通过男女生、小组间的朗读比赛，激发学生朗读的积极性，增加朗读的趣味性。]

（4）朗读表演整个对话

①学生整体跟读对话一遍。

②Group work

T：Work in groups. Two are Mike. Two are Sara. If you choose Picture 1 you can get two stickers. If you read Picture 2 you can get one sticker. But if you choose all the pictures to read, you can get three stickers. Let's begin.（见图16）

图16

③Group show

T：Which group wants to show?

[设计意图：打开书跟读整个对话，有助于学生整体把握对话内容、梳理人物关系、厘清说话顺序；学生小组内自行选择所要展示的对话内容，尊重学生的自主权，给不同能力水平的学生提供展示的机会。]

Step 3：*Listen，look，and learn*（10′）

1. 学习词句

（1）呈现并学习短语

T：I know some people love nature，too. They live close to nature.（教师课件呈现人物，见图17。）

图17

T：Let's play a guessing game. Where does he/she live? First let's look at the places.（教师利用课件逐一呈现地点短语，并用自制词卡逐一进行教学，

顺序如图 18—22 所示。)

图 18   图 19   图 20   图 21   图 22

on a farm   in the forest   on the grassland   by the lake   on the mountains

（2）学习并尝试运用词句

T：Can you guess "Where does he/she live?"You can use the sentences.

（教师完善板书：Where does he/she live? He/She lives….）

T：Where does she live? （教师指着第一个人物，引导学生猜测，见图 23）

图 23

S1：She lives on a farm.

T：Do you agree?

Ss：Yes.

T：Let's have a look. （教师点击课件出现答案，见图 24。）Good. You're right.

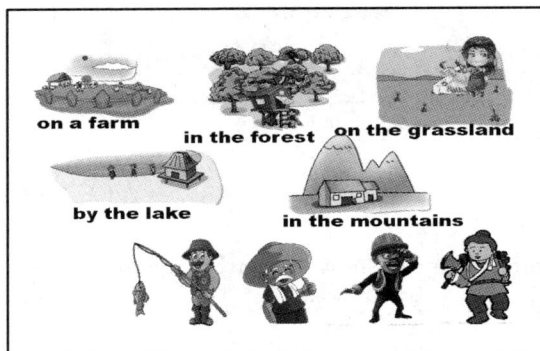

图 24

教师引导学生继续猜测其他四个人物的居住场所，猜完之后的正确答案如图 25 所示：

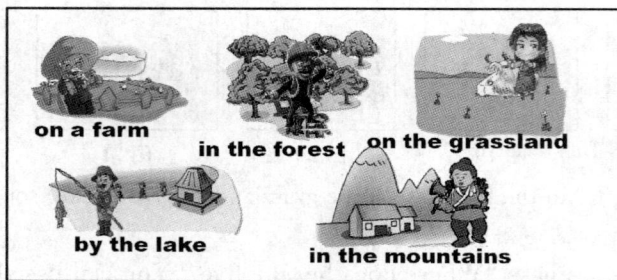

图 25

[设计意图：以猜一猜的游戏活动方式导入词句的学习，有助于激发学生的兴趣，使词句的学习变得更加有意义，交互性更强。同时，具有鲜明特点的人物选择，在语言学习的同时调动了学生的原有生活认知，使语言的工具性和人文性得到很好的统一。]

2. 练习词句

（1）Pair works

T：Now work in pairs. One asks and one answers. You should practice all the pictures because they will change into numbers later. You need to choose a number and describe the picture behind it. （见图 26）

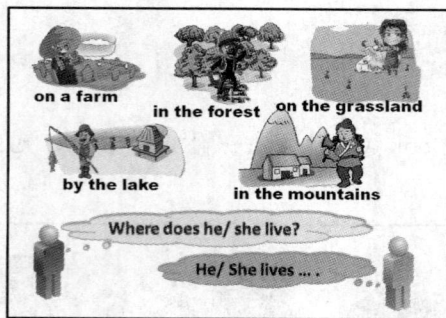

图 26

Ss：….

（2）Pair shows

T：Which pair wants to show? You can choose a number and describe the picture behind it. （见图 27、28）

图 27

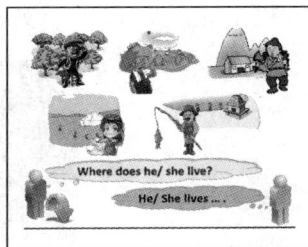
图 28

T：This group please.

S1：Number 3.

（教师点击数字 3，呈现数字后面的图片。见图 27、28 所示，数字 3 对应的图片是樵夫）

S1：Where does he live?

S2：He lives in the mountains.

T：Very good. Two stickers for you. Next pair.

［设计意图：通过两人一组谈论图片的活动，引导学生练习使用本课的重点交际用语；通过随机选择数字并谈论数字背后的图片的设计，不仅使学生有意识的练习谈论所有的图片，增加语言实践量，同时增加了活动的挑战性，刺激了学生参与的热情。］

Step 4：**Talk about my picture books**（5′）

T：People love nature and animals love nature，too. They live in the nature.（课件呈现动物，见图 29）

图 29

T：Where do they live? I make a picture book. Let's guess and read it.
（教师呈现图画书，见图 30）

图 30

T：What animal is it?（见图 31）

图 31

Ss：Cow.

T：Yes. Where does the cow live in my picture book? Can you guess?

Ss：….

T：Let's have a look.（见图 32）

图 32

T：Yes. The cow lives on a farm. Good.

T：Next page. What animal is it?（见图 33）

图 33

Ss：Duck.

T：Yes. Where does the duck live in my picture book? Can you guess?

Ss：….

T：Let's have a look.（见图 34）

图 34

T：Yes. The duck lives by the lake. Good.

...

T：Do you like it? You can make your own picture books.

［设计意图：通过自制图画书，引导学生猜测书中的动物及所居住所，促使学生在相对真实的语境中运用所学语言进行交际；同时，发散学生思维，鼓励学生联系自己的生活经历谈论一种动物可能生存的多个场所，引导学生用语言表达真实的想法。］

Step 5：Homework

1. Read the dialogue correctly and fluently.

2. Make a picture book named "*Where do they live?*"

板书设计

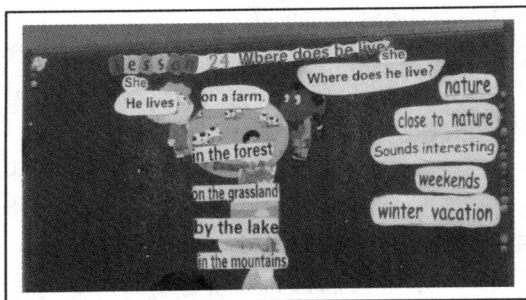

【课后反思】

本课为北京版小学英语四年级上册第七单元第24课。教学内容较难，新知识点较多，实施起来有一定的难度。但实际授课效果还是比较理想的，学生能够积极参与课堂互动，很好地实现了本课时的教学目标。反思这节课的教学设计，我觉得以下几个特点保障了课堂实施的效果：

1. 情景创设有主线，话题谈论有重点

本节课，我创设了一个大的整体语言情景，以"love nature, close to nature"为主线，将各教学板块有机的融合到一起。而热爱自然、亲近自然的主人公也从教师到学生再到故事中的人物 Mike 和 Sara，之后回到现实中的其他人，最后落到动物身上。围绕这一情景主线，谈论的话题从假期活动顺利过渡到人类和动物的不同居住场所。巧妙设计使整节课浑然融为一体，情景贯穿始终，关注了语言的理解和恰当运用。

2. 重点讲解有层次，难点破解有方法

本课重点词句的学习体现了一定的层次性。首先，我以完成游戏的任务驱动式导入词汇的学习，如 on a farm, in the forest 等；之后，鼓励学生运用重点句型的答语部分，如 He/She lives…. 结合重点词汇，猜测并回答我的问题，找出所给人物的居住地；然后，我提供语言支持，引导学生小组内练习谈论每幅图片并进行展示，使重点句型的问答都得到练习和应用；最后，我以自己制作的图画书为谈论的话题，引导学生运用已学的重点词句进行真实的交流。整个过程层层递进，水到渠成，学生学得轻松愉悦。

本课的对话教学内容比较难，谈论的信息相对较散。为了降低教学难度，我在导入环节帮助学生理解了部分生词的基础上，采取了倒推式的方法教学对话1。先由 Is Sara close to nature? Does Sara love nature? 两个问题引入，处理对话的后两句信息；之后在得到 Sara loves nature. She is close to nature 的基础上，询问学生：What does Sara do on weekends? 由此处理对话的前两句信息：Sara goes to parks or takes long walks on weekends. 这种方式，不仅使话题得到了很好的切入，而且分散了教学难点，进行了逐一的突破。

对话2虽然只有三句话，但却谈论了两个方面的信息，一个是关于 Mike 寒假要做的事情，一个是谈论 Mike 的叔叔居住的地方和职业。为了突出重点，帮助学生更好的理解，我将对话2分为两段来处理，先是通过问题的引领 What is Mike going to do this winter vacation? 理解了 winter vacation 的含义，并处理了 Visit his uncle 的信息；之后通过问题的追问 Where does he live? What does he do? 初步理解学习了本课的重点句型以及核心词汇 farm 的含义。

3. 评价设计有实效，活动参与有热情

本节课，我采取了奖励个人贴画的评价方式，并规定在整节课结束时贴画得数最多的前6名学生会得到教师的礼物。这种评价方式看似简单，却起到了一两拨千斤的作用，取得了较大的实效性。它的价值体现在三个方面：

(1)以个体评价促学生的主动参与。只要积极发言，就会得到贴画奖励，而且每个人都有可能成为最后获得礼物的六分之一。这是本节课课堂评价在实施中传递出来的信息。而且贴画得数没有限制，只是相对而言得数较多。同时，最终的礼物是什么学生并不知道，增加了评价活动的神秘性和期待值。这种方式很好地刺激了学生参与的热情，激发了内驱力。

(2)以个体评价促学生的合作共赢。本节课中除去某些环节的个体交流互动之外，更多的是 pair/group 活动和展示，如对话学习中的男女生、组间的朗读比赛，对话表演中的小组分角色朗读，词句教学中的 pair show 等。这种团体的展示，最终的受益者也是团体中的个体，集体表现的越好，个人得到的贴画就越多。所以学生都为了团体的良好表现努力贡献自己的力量，达到了个体与团体的共赢。

(3)以个体评价彰显学生的个性。本节课的学习过程中，我会有一些个体交流活动，如回答针对对话提出的问题，结合实际介绍自己的假期活动，猜测图中人物或动物的居住地等等。这些活动，给善于思考，能够积极组织语言表达思想的学生以个体展示交流的机会，使他们彰显自我、体验成功。

当然，本节课在实施的过程中也存在着些许不足，如由于时间的关系，个体展示交流的人数有限，有些学生得到的机会相对较少等。

【教学评析】

本设计的最大特点是基于学情分析的有效设计，做到了面向全体学生，尊重个体差异。体现在以下两个方面：

1. 教学设计更加符合学生的认知实际

本节课的教学内容比较难，而且对话内容比较分散，不好提炼谈论主题。基于这种情况，教师对本课进行了精心的设计，采取了分散难点，层层推进，个个突破的方式。如将 nature、close to nature 和 Sounds Interesting! 的理解和初步教学放在了导入环节，采取了直观图片加中文释义的方式，从情感和语言方面进行了唤起和交流；之后在对话教学中，分别采取了倒推式、分段式的处理方式，设置了不同的问题，在问题的引领下既处理了信息，又理解了语言，而且难点的分散降低了学习的难度；在词句教学中，通过猜一猜的活动，引领学生先是开展了词汇学习，接着是答语的用中学，然后是问句和答语的操练展示，体现了循序渐进的教学理念。

2. 评价活动有效地促进了学生的热情参与

本节课教师实行了奖励贴画的评价制度。并在不同环节开展了不同的评价活动。如在新知理解和教授环节，采取了问题引领式，鼓励学生回答问题，突出个体评价。在新知操练环节，开展男女生、组间的朗读比赛，pair show 等，突出集体评价；在小组分角色朗读对话环节依据学生选择的任务不同给予不同个数的贴画，突出差异性评价。这些评价活动既照顾到了全体学生，又尊重了学生的个体差异，调动了学生参与的热情。

第二章　基于文本分析的同课异构教学设计

同课异构，顾名思义是同一教学内容，不同的构思设计。这种设计的不同来源于教师对教学理念的领悟和落实程度，来源于教师对教材的整体理解和把握，来源于学生的实际认知水平和知识积累程度以及能力水平。

"同课异构"在对教材的把握和教学方法的设计上强调"同中求异、异中求同"，让我们清楚地看到不同的教师对同一教材内容的不同处理，不同的教学策略所产生的不同教学效果，并由此打开了教师的教学思路，彰显了教师的教学个性，是继承和批判的统一。真正地体现了资源共享，优势互补。

在我们区的日常教研中，经常会开展一些同课异构活动。这些活动通常在新老教师、教学风格迥异教师、不同学生群体中进行。通过同课异构活动，打开教师教学视野，阐明教学有法、教无定法的理念，追求百花齐放、百家争鸣的实践课堂，优化教学思路，促进教师行动研究，保留教师教学风格，提高课堂教学实效性。以下就是我们同课异构的一些案例设计：

案例 1
UNIT 2　WHAT'S FOR BREAKFAST? Lesson 7

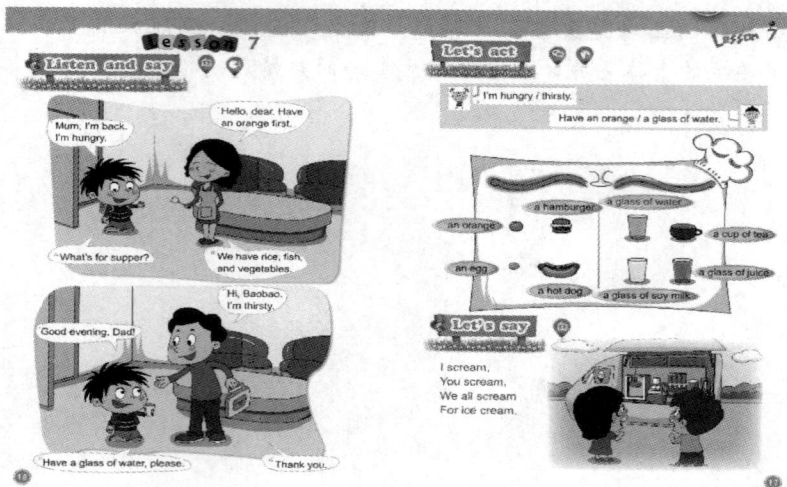

【教学设计 1-1】

【教学背景分析】

1. 教学内容分析

本节课是北京版小学英语二年级下册第二单元 What's for breakfast? 的第 7 课。是本单元的第三个新授课。本单元的主要话题是饮食。是在第一单元学习了时间表达及几点钟该做什么的基础上谈论一日三餐。内容与学生日常生活关系紧密。话题涉及一日三餐吃什么，如何用英语点餐，以及如何表达饥饿或口渴。并能用"Have…，please."表达让对方吃些什么。从单元整体设计考虑，大家不难发现，Lesson 5 主要表述的是早餐，Lesson 6 主要是午餐，本课 Lesson 7 主要是晚餐。对话情景一的内容是：放学后 Baobao 回到家，饥肠辘辘的他问妈妈晚饭吃什么，妈妈告诉他有米饭、鱼和蔬菜，并让他先吃个橙子。情景二：不久，爸爸也回家了。爸爸口渴，Baobao 递给他一杯水。词汇方面出现了 an egg，an orange，a hot dog，a hamburger，a glass of water，a glass of juice，a glass of soy milk，a cup of tea 等。在教学中可以呈现食物直观图片。歌谣部分为一首有趣的小韵文。文中内容读起来简单朗朗上口，通过语气的变化喊一喊体会韵文表达的兴奋心情。

2. 学生情况分析

本课所教授的对象是二年级的学生，他们对英语有着浓厚的兴趣。他们具备了大胆、自信、敢开口说英语的好习惯，善于表达并能积极参与英语的学习。基于低年级学生喜欢游戏，喜欢故事，乐于参与和表演的认知规律和年龄特点。教师设计了转盘游戏，游戏主要是在趣味中练习本课的功能句型。使学生在玩中学，乐中学。在设计的过程中，在知道了 Baobao 的晚餐之后，带领学生去 Yangyang 和 Lingling 家去看一看他们的晚餐，延伸了故事的情景。在了解 Yangyang 和 Lingling 的过程中自然而然的学习了 let's act 中的词汇，做到了词不离句。

3. 教学方式和手段

利用英文歌曲，活跃课堂气氛，为本节课的学习做好铺垫，通过复习食物类单词，激活学生的已知。通过帮助学生回忆和复习 Baobao 的早午餐，很自然的过渡到了本课的教学内容。学校放学了，孩子们该回家了，是该吃晚餐的时间了。使学生在较真实的情景中，理解并尝试运用本课的功能句型。转盘游戏通过信息差，调动学生参与的积极性与主动性，巩固操练所学的句型。谈论 Yangyang，Lingling 的晚餐，使故事情节更加完整，也很符合学生好奇心比较强的特点。

4. 技术准备

自制 PPT、多媒体课件、故事人物及奖励贴画、电脑以及实物。

【教学目标】

1. 能够听懂并朗读 listen and say 中的对话内容；能运用"I'm hungry/thirsty."表达自己饥饿或者口渴，并能用"Have an orange/a glass of water."表达让对方吃某种事物或喝某种饮料。

2. 能听懂、认读单词 hungry，thirsty，supper，vegetables，以及词组 a glass of water，a glass of juice，a glass of soy milk，a cup of tea，an orange，an egg，a hamburger 和 a hot dog 等。

3. 能跟录音说唱小韵文。

【教学重难点】

1. 教学重点

(1)能够用"I'm hungry/thirsty."表达自己饥饿或者口渴。

(2)并能用"Have an orange/a glass of water."表达让对方吃某种食物或喝某种饮料。

2. 教学难点

(1)词汇 thirsty 和 vegetables 的正确发音。

(2)a glass of 和 a cup of 的正确运用。

【教学过程】

Step1：Warming up and leading in（3′）

Activity 1：Enjoy a song：*Fun food video.*（见图1）

T：Let's enjoy a song.

学生带着动作一起欣赏歌曲，或哼唱歌曲。

[设计意图：活跃课堂气氛，激发学生兴趣。]

Activity 2：**Talk about food**

利用食物卡片复习食物类单词。（见图2）

图1

图2

T：So much food in the song. I'll show you some pictures about food and drink. I show you read OK?

[设计意图：借助图片，复习以前所学的知识，并为后面的学习做好铺垫。]

Step 2：*Listen and say*（15′）

Activity 1：学习对话 1

（1）情景导入

①出示图 3 提问：Who is he?

图 3

②出示图 4 提问：What time is it?

T：It's six thirty. It's time for breakfast. What does Baobao have for breakfast?

图 4

出示 Lesson 5 课文图片（见图 5），帮助学生回忆 Baobao 的早餐。呈现 Baobao 的早餐。（见图 6）

图 5

图 6

③再次出示时间提问：

T：What time is it?

Ss：It's twelve o'clock.

T：It's time for lunch. What does Baobao have for lunch?

出示 Lesson 6 课文图片（见图 7），帮助学生回忆 Baobao 的午餐。呈现图 8 Baobao 的午餐。

图 7

图 8

④出示图片 9 提问：

T：Baobao has an egg，milk and bread for breakfast. He has rice and fish for lunch. What about supper？What's for supper？出示图片 9。

图 9

出示 supper 单词卡片，带读。板贴卡片，补充完整课题 Lesson 7 What's for supper?

[设计意图：复习 Baobao 的早午餐，帮助学生对知识有一个系统的梳理，创设一个大的主题，完善故事情节。]

（2）出示图 10 创设情境

T：What time is it？School is over. They are hungry. They will go home.

[设计意图：完善故事情节，激活学生的已有知识，抓住单元故事主线。]

图 10

图 11

（3）教师呈现主题图 1（见图 11）

T：Look，Baobao is back . He is talking with his mother.（板贴人物 Baobao 和 Mum。）

①谈论对话信息

播放对话 1 完整无文字课件。

T：Is Baobao hungry? Let's listen to the dialogue and find out the an-swers.（放无字幕课件学生完整听一遍对话，找到问题答案。）板贴 hungry，肢体语言讲解意思及带读。

②学习 Baoabao 的语句 Mum，I'm back. I'm hungry.

T：Is Baobao hungry? 再听 Baobao 的语句。让学生尝试重复。

Ss：Yes. 出示 Baobao 的句子：Mum，I'm back. I'm hungry. 教师板书 I'm hungry.

③处理晚餐信息。

T：Guess，what is mum doing? Ss：Cooking.

T：Is supper OK? What does Mum say? 播放 Mum 的语句。

Ss：No. 出示 Mum 的句子：Hello，dear. Have an orange first. 在妈妈头像旁板书 Have an orange.（见图 12）

T：What's for supper? 播放 Mum 的语句寻找答案。

Ss：Rice，fish，and vegetables. 出示妈妈的句子 We have rice，fish，and vegetables . 以及图片帮助学生理解。（见图 13）

图 12　　　　　　　　图 13

［设计意图：问题引领，理解对话一的内容。］

（3）朗读对话

①听课文录音，逐句跟读练习。

②分角色朗读对话。

［设计意图：逐句跟读，尝试朗读对话内容。］

Activity 2：学习对话 2

（1）情景导入

出示图片 14 教师提问：

T：What time is it? Ss：It's 5：30.

T：It's time for supper.

T：Look! Who is back?

先出示遮挡爸爸的图片，再出示有爸爸的图片。板贴 Baobao 和 Dad 的头像。

图片 14

[设计意图：通过不断地询问时间，巩固了学生在第一单元所学的知识。同时通过时间的变化，让学生感受更加真实的情景。]

（2）对话学习

①T：It's 5：30 in the evening. What does Baobao say to his Dad? 学生先猜一猜，接着播放 Baobao 的语句，学生先听，然后再出示 Baobao 语言文字（Good evening, Dad），学生尝试朗读。（见图 15）

图 15

②T：Is Dad hungry? 出示图片 16，播放对话 2 完整无文字课件，学生寻找答案。

T：Is Dad hungry? 再次播放爸爸的语言，学生尝试回答 thirsty，出示词卡 thirsty，带读并板贴在黑板上。然后出示语言文字 Hi, Baobao. I'm thirsty.（见图 17），最后出示问题的答案（见图 18）。在爸爸头像旁板书"I'm thirsty."。

图 16

图 17

图 18

③T：What does Baobao say to his Dad?

先听再出示 Baobao 的语句，Have a glass of water, please. 验证答案。（见图 19）在 Baobao 的头像旁板书"Have a glass of water."并带读句子。

[设计意图：通过问题引领，帮助学生理解对话内容。]

Activity 3：朗读对话

①听课文录音，逐句跟读练习。

图 19

②分角色朗读对话。

[设计意图：跟录音朗读，内化对话内容，纠正单词发音。]

Activity 4：朗读表演整个对话

①学生整体跟读对话一遍。

T：Let's listen and repeat the whole dialogue together.

②讲解任务要求。四人一组，分层选择朗读对话。

Task 1：选择第一幅图。Task 2：选择第二幅图。Task 3：选择两幅图。两个人扮演 Baobao，另外两个人扮演妈妈或者是爸爸。

[设计意图：整体跟读课文，帮助学生回忆和理解整个对话内容，自主选择朗读内容，尊重学生差异，让更多的学生有展示的机会。]

Step 3：*Play a game*（10′）

出示转盘，教师说 I'm hungry. You can say have… 学生可以利用转盘中所给的词组来回答，然后转盘转起，看看哪一位学生 Bingo 了。（见图 20，21）

图 20

图 21

Activity 1：出示图片 20 谈论 I'm hungry

T：Look，there is so much food on the turn table. What are they?

带着学生先说一说转盘上有什么食物，在谈到本课出现的食物 an egg，an orange，a hamburger，a hot dog 时，出示图片带读，然后板贴在 hungry 的下面。

T：If I say I'm hungry，you can say have an orange，have an….

Ss：….

转动转盘看一看指针落在哪个食物上，刚才说这个食物的同学就 bingo 了。

Activity 2：出示图片 21 谈论 I'm thirsty

T：Look，there is so much drink on the turn table. What are they?

带着学生先说一说转盘上有什么食物，在谈到本课出现的饮料，a glass of water，a glass of soy milk，a glass of juice，a cup of tea 时，出示图片带读，然后板贴在 thirsty 的下面。

T：If I say I'm thirsty，you can say have a glass of water，have….

Ss：…

转动转盘看一看指针落在哪个饮料上，刚才说这个饮料的同学就bingo了。

[设计意图：在游戏中巩固本课的功能句型，使课堂更加有趣，发散学生的思维，使学生在玩中学，学中玩。分类板贴单词让学生对单词的类别有个初步的认识。]

Step 4：*Listen，look and learn* (8′)
Activity 1：总结 Baobao 的晚餐。（见图22）

图 22

Activity 2：谈论 Lingling 的晚餐。（见图23）
①先观察一下桌子上有什么食物。
②学生两人一组完成对话。
③小组展示。

图 23

[设计意图：总结 Baobao 的晚餐是为了引出另外两个好朋友的晚餐，使故事情节更加具有完整性。在情境中操练功能句型。]

Activity 3：谈论 Yangyang 的晚餐。（出示图24）
①出示图片，先观察一下桌子上有什么食物。
②学生小组合作完成 Yangyang 和 Mum 的对话。
③小组展示。

图 24

　　[设计意图：在谈论 Baobao 和 Lingling 晚餐的基础上，给学生更多的自主空间，学生自主选择 hungry，thirsty 来完成对话。并验证学生是否能做出相应的回答。]

　　Activity 4：总结 Boabao，Yangyang 和 Lingling 的晚餐（出示图 25）

图 25

　　T：Baobao has rice，fish，vegetables and an orange for supper. Lingling has mantou and vegetables for supper. Yangyang has baozi and vegetables for supper. They all have vegetables. Vegetables are good for us. We should eat more every day.

　　[设计意图：总结 Baobao，Lingling 和 Yangyang 三个人的晚餐，告诉学生蔬菜对我们很重要，我们每天要多食用蔬菜。]

　　Step 5：Let's say.（3′）

　　Activity 1：观察图片

图 26

T：What are they looking at? 出示大冰激凌图片。

Activity 2：图 26 呈现歌谣内容，教师朗读

播放歌谣，学生欣赏并尝试跟说。

Step 6：Summary(1′)

T：Today we know Baobao，Lingling and Yangyang's supper. We know if I say I'm hungry，you can say have an orange，have an egg⋯. If I say I'm thirsty you can say have a glass of water，have a glass of juice⋯.

Step 7：Homework

Read the dialogue again.

板书设计

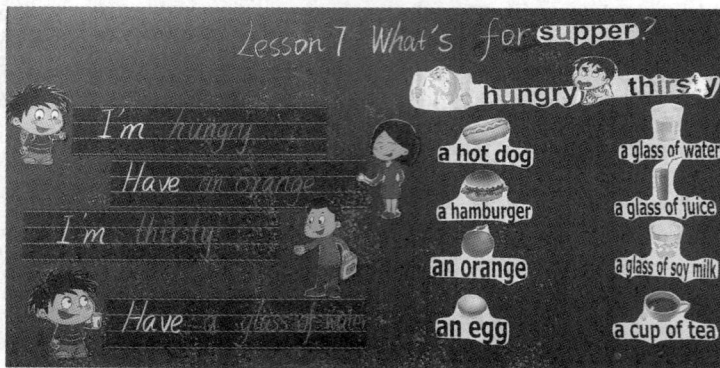

【课后反思】

本课是北京版小学二年级下册第二单元第七课的对话与词汇教学，在整个教学设计过程中，我始终把握的重点就是：从学生的学习需要出发，培养学生的兴趣和能力，创设多种形式的活动让学生真正参与到学习过程中。

本课的成功之处：

1. 注重兴趣激发，吸引学生主动参与

在本课的教学过程中，从教学活动设计角度，我注重激发学生的兴趣，发挥学生的主体性。在教学活动的具体实施过程中，我关注学生的发展，使他们积极参与到教学过程中。所以无论是静态抑或动态的活动，都卷入了学生积极思维的参与，他们能够在真实任务的驱动下，在我的不断引导下完成各个环节的教学任务。在 warm up 环节我设计了听歌曲的活动。歌曲中不仅再现了旧知识，而且活跃了课堂氛围，有效地激发了学生的兴趣，调动了学生的积极性。

2. 注重朗读指导，鼓励学生全员参与

《小学英语新课程标准》明确指出："读"是任何语言教学中任何阶段都需包含的一个重要环节，小学阶段对英语学科"读"的教学须给予更多的关注。

首先，上课伊始，为了激活学生已知的食物词汇，我设计了 PPT 出示食物单词，学生朗读的环节。PPT 中展示学生以前所学的食物图片，光彩夺目的图片对于学生的视觉是个冲击，一下子抓住了学生的眼球。学习较差的学生也能参与到活动中来。

在学习完每个对话之后，我都设计了师生分角色、生生分角色朗读的活动。这样比较胆怯的学生，缺乏自信的学生也能主动地参与到朗读当中来。

通过跟读对话帮助学生内化新知，从而使学生可以更进一步理解句子的含义。通过跟读课文模仿规范的语音语调，使学生学到准确的发音，体会语言所表达的思想情感，从而加深对语言材料的理解。

3. 尝试小组合作，发挥学生自主能力

本课引导学生进行了初步的小组合作学习，旨在促进学生整体参与和伙伴间的互帮互学，体现学生的自主学习。同时尊重学生的个性差异，提高学习效率。如在学习完两段对话之后，我给学生布置三个朗读任务，Task 1 四人一组分角色朗读第一幅图，Task 2 四人一组分角色朗读第二幅图，Task 3 四人一组分角色朗读第一幅图和第二幅图。让不同层次的学生都有所收获，有展示的机会。并最终以小组的形式进行展示。

【课后评析】

1. 充分利用单元故事情景，巧妙融合新知教学

在本节课中，教师充分利用单元故事的整个情景，在引导学生明确了"谈论 Baobao 一日三餐"的主情景下，又模拟创设了多个情景，如：谈论 Baobao 的小伙伴 Yangyang 和 Lingling 的晚餐，使整节课情节完整，主题明确，任务清晰，有利于学生在相对真实的语境中接触、体验和理解真实语言，并在此基础上学习和运用语言。

2. 创造性地使用教材，整合各板块内容

Let's act 板块呈现的是本课的主要功能句型 I'm hungry/thirsty. Have an orange/a glass of water. 以及本课词汇 an orange，an egg，a hamburger，a hot dog，a glass of water，a glass of juice，a glass of soy milk，a cup of tea。看似是个替换的活动，教师把这些内容整合在一起。设计了一个转盘的游戏，转盘上呈现食物类和饮料类的单词，出示主要功能句型，教师说 I'm hungry. 同学可以选择转盘上的内容来回答。学生在游戏中主动地学习。让枯燥的替换活动变得立体和鲜活起来。在后面的完成 Lingling 和 Yangyang 晚餐的对话中，又再一次复现了这些单词，学生再一次在情境中巩固了本课的主要功能句型及词汇。

3. 新旧知识融合，关注学生的语言积累，促学生综合语言运用能力的形成

教师整堂课以时间贯穿，每出示一次时间，都会介绍这个时间是该做什么的时候了，自然的复现了第一单元的知识。在本节课的复习导入环节，教师通过再现 Baobao 的早餐和午餐，既帮助学生回顾了旧知识，又为本课的新知识做了铺垫。教师并没有直接让学生说出 Baobao 的早午餐吃什么，而是呈现了 Lesson 5 与 Lesson 6 的相应图片，直接输出可能不太顺畅，把学生带到相应的情境中，让学生在情境中感受 Baobao 的早午餐，降低了难度，增强了学生的自信心。

【教学设计 2-2】

【教学背景分析】

1. 教学内容分析

本课为北京版小学英语二年级下册 Unit 2 Lesson 7，本单元的功能话题为"饮食"和一日三餐。本单元共有四课时内容，其中 Lesson 5－7 为新授内容，Lesson 8 为复习课内容。Lesson 5 主要表述的是早餐；Lesson 6 主要是午餐；本课 Lesson 7 主要是晚餐。第七课位于本单元的第三课时，它是在结合前两课所学知识的基础上进一步的学习，主要是对话学习和学习表达自己渴和饿的状态，并能对他人有这种状态时给出自己的建议。其中课文中的句型：I'm hungry. I'm thirsty. What's for supper? 在二年级上册的攀登英语教材中已经出现过，学生并不陌生，本课出现的单词也大多在前两课和以前的课本中学过。通过对教学内容分析，教师把本课教学的重点设定为理解和正确朗读 Listen and say 中的对话内容。把这节课的难点设定为在实际情景中正确运用"I'm hungry. I'm thirsty. Have…"进行交际。教师在设计本课时，首先抓住对话的兴趣点，调动学生听、看对话的积极性。然后充分考虑到教学应该体现学生的年龄特点，采用了不同形式的操练活动，还进行了分组分角色表演对话，增强学生的角色意识。教师设计了操练单词、句型的游戏活动来激发学生学习兴趣。并在学生学习过程中及时进行评价，帮助他们建立学习的成就感和自信心。

本课时主要包括 Listen and say，Let's act 和 Let's say 三个教学板块。其中 Listen and say 板块是对话内容的学习，Let's act 板块是课文中重点句型的核心结构并提供了可以替换的单词。Let's say 板块是一个小韵文。第一部分 Listen and say 的情景主要为：放学后 Baobao 回到家说饿了，询问妈妈晚上吃什么，随后爸爸回到家说渴了，Baobao 给爸爸倒了一杯水。主要语言为："I'm hungry. \ Have an orange first. I'm thirsty. \ Have a glass of water, please."第二部分 Let's act 的内容充分利用本课的对话有效资源，给学生提供了更多的词汇，帮助学生操练对话。第三部分 Let's say 的内容是一首小韵文，学生能学习朗读表演小韵文，感知英语韵律。

2．学生情况分析

1)知识储备

(1)在前两课时，学生已经学习了一些关于食物和饮料的单词。

(2)学生参加了攀登英语的学习。

(3)在之前的学习中学生已经学习过 I'm hungry. \ I'm thirsty. 的句型。

2)学生特点

(1)二年级的小学生活泼好动，爱唱爱跳且乐于表现自己；对新鲜事物易感兴趣，具有丰富的想象力，愿意通过自己的感觉、喜好、体验来进行积极的学习，求知欲和参与意识强。

(2)他们喜欢同伴之间交流。

(3)他们喜欢表演。

3．教学方式与手段

利用视听对话、角色体验、游戏操练和多媒体辅助教学，呈现并学习本课新知；利用课件、板书、实物和卡片并结合游戏互动，融机械操练和意义操练为一体，深化认知；采取表演的任务活动并鼓励小组合作的拓展学习方式，使学生在任务中使用语言。

4．技术准备

自制多媒体课件、教学卡片、本课人物头饰，电脑配套动画、水杯、茶杯、橘子、奖励用的小贴画。

【教学目标】

1．能够理解和正确朗读 Listen and say 中的对话内容。

2．能够在实际情景中运用"I'm hungry. I'm thirsty. Have…"进行交际。

3．能够听懂、会说、认读单词：a glass of water \ juice \ soy milk，a cup of tea，an egg，an orange，a hamburger，a hot dog。

4．能够正确理解并尝试着朗读小韵文，体会韵文的节奏和韵律感。

5．能够通过学习，体会关心家人的情感。

【教学重难点】

1．教学重点

理解和正确朗读 Listen and say 中的对话内容。

2．教学难点

在实际情景中正确运用"I'm hungry. I'm thirsty. Have…."进行交际。

【教学过程】

***Step 1：Warming up*(1′)**

图 1

1. 师生之间互相问好。

2. 预热活动：师生一起做动作演唱一首有关食物的英文歌曲(见图1)。

[设计意图：通过歌曲演唱活跃课堂气氛，使学生尽快融入课堂教学中来。]

***Step 2：Review*(2′)**

教师请学生说出知道的食物和饮料的单词：Boys and girls. Can you say some words about food and drink? 教师根据学生所说，板贴这些单词。

[设计意图：头脑风暴，请学生说出知道的食物和饮料的名称，并板贴，目的是让学生发散思维，复习单词，也是为了后续活动方便学生使用。]

***Step 3：Listen and say*(22′)**

1. 导入故事

(1)教师课件出示Baobao头像提问：Who's he? 引导学生回答：He is our friend Baobao.

(2)教师课件出示5、6课课文图片(见图2、3)，分别提问：Do you remember what Baobao has for breakfast/ lunch?

图 2

图 3

(3)学生边回答，教师边在黑板上的单词卡片边上打钩。

(4)教师接着提问并请学生猜一猜：Can you guess what Baobao has for supper?

（5）教师出示本课课题：Let's continue Lesson 7. What's for supper? And then will know the answer.

［设计意图：通过回忆 5、6 课中 Baobao 吃的早午饭的内容，自然地导入到晚饭，引入对话。］

2. 学习 picture 1

（1）教师出示课件图片（见图 4）：Look, its six o'clock in the afternoon. Baobao gets home. 教师板贴 Baobao 头像。

图 4

（2）教师出示图一并提问（见图 5）：Who is at home? 引导学生回答 Baobao's mum is at home. 教师板贴 Mum 头像。

（3）教师播放课件动画，提问：It's time for supper. What's for supper?

学生整体视听对话，之后回答：We have rice fish and vegetables. 教师在此教学生词 vegetables，出示蔬菜单词卡片 Look, they are vegetables，帮助学生理解词义，并带读单词。

图 5

（4）教学 I'm hungry.

①教师播放课件动画，学生第二遍整体视听对话：It's time for supper. Is Baobao hungry? 学生观看视频后回答：Yes, he is.

②教师提问：What does Baobao say? 播放 Baobao 无字幕的说话录音。

③教师请同学来重复。

④教师再次播放录音，核对学生重复的。

⑤教师出示句子条，带读句子并板贴。

（5）教学 Have an orange first.

①教师对学生说：Baobao is hungry. But supper is not ready. What does his mother say? 之后播放 Mum 无字幕的说话录音，学生听录音。

②教师请同学来重复。

③教师再次播放录音，核对学生重复的。

④教师出示句子条，直接中文释义 first，并带读单词，之后拿着实物橘子带读句子并板贴。

〔设计意图：从视听入手，教学新句型，在教学中尽可能让学生跟着录音进行模仿，再请学生重复，重复之后听录音核对后再进行模仿，符合学生学习新语言的认知规律。〕

（6）分角色表演句型 I'm hungry. Have an orange first.

①示范表演：教师拿 Mum 头饰，对学生说：I'm Mum. Who wants to be Baobao? 请一名同学和教师一起拿头饰和橘子进行表演。

②全班分为男女生两大组进行表演。

〔设计意图：拿实物引导学生，伴随动作来分角色表演，增强学生的角色意识，巩固对话，帮助学生内化所学语言。〕

（7）全班整体跟读图一。

（8）学生分角色朗读图一。

3. 学习 picture 2

（1）导入图二（见图6）：教师播放课件门铃声音：Listen! Who's coming? 同时出示图二，引导学生看图回答：Dad comes back. 教师板贴 Dad 头像。

图6

（2）教师播放图二动画，提问：Dad comes back. Dad works very hard. He comes back so late. Maybe he is hungry. Let's watch the cartoon. And then tell me. Is Baobao's dad hungry? 学生观看动画后回答：No. He is thirsty.

（3）教学 I'm thirsty.

①教师对学生说：Dad is thirsty. What does dad say? Let's listen. 教师播放 Dad 无字幕的说话录音。

②教师请同学来重复。

③教师再次播放录音，核对学生重复的。

④教师出示句子条，带读句子并板贴。

（4）教学 Have a glass of water, please.

①教师提问学生：Dad is thirsty. What will Baobao do? 教师板贴 Baobao 头像，学生回答：倒水。

②教师接着对学生说：Baobao is a good boy! What does Baobao say? 之后播放 Baobao 无字幕的说话录音。

③教师请同学来重复。

④再次播放录音，核对学生重复的。

⑤教学 a glass of water.

A：教学 a glass：教师对学生说：A glass of water，a glass what's meaning? 请学生猜一猜单词含义，之后教师出示杯子，告诉学生：Look，this is a glass. 教师拿着杯子带读。

B：教学 water：教师继续拿出水杯提问：What's in it? 引导学生回答 Water.

C：教学 a glass of water.：教师把水倒入杯子里，对学生说：Look carefully. This is a glass of water. 教师带动作，拿水杯带读 a glass of water。

⑥教师拿句子条带读：Have a glass of water，please.

(5)分角色表演句型：I'm thirsty. Have a glass of water，please.

①示范表演：教师拿 Baobao 头饰，对学生说：I'm Baobao. Who wants to be Dad? 请一名同学和教师一起拿头饰和水杯进行表演。

②全班分为男女生两大组进行表演。

(6)全班整体跟读图二 。

(7)学生分角色朗读图二。

[设计意图：操练课文的形式多样，分为整体跟读、男女生跟读、小组读、个人读，并且进行组与组之间的比赛，激发学生学习兴趣，吸引学生注意力。]

教师引导学生关心自己的家人：Baobao is a good boy! We can do this like Baobao. Try your best!

[设计意图：渗透德育教育，使学生懂得关心家人。]

4. 学生打开书整体跟读课文

5. 学生分角色朗读，表演课文

①教师把学生三人分为一组：Three students are in a group. One is Baobao, one is Mum and the other is Dad.

②介绍奖励方式：教师课件出示分角色朗读表演课文的方式(见图7)：If you can read picture one or picture two. You will get one sticker. And if you can read the whole dialogue. You will get two. If you can act the dialogue. You will get three.

图 7

[设计意图：整体操练课文，给不同层次学生展示的机会。]

Step 4：*Let's act*. (10′)

1. 教学本课生词

a glass of water，juice，soy milk，a cup of tea，a hot dog，an egg，an orange，a hamburger

①教学 a glass of water \ juice \ soy milk：教师对学生说：When we are thirsty，we can have a glass of water. 学生跟读，教师把单词卡片板贴。教师接着说：We also can have…教师出示果汁图请学生试着读出 a glass of juice。教学 a glass of soy milk 的方法同上。

②教学 a cup of tea：教师拿出一个茶杯提问：Is it a glass? 学生观察并回答：No. It's a cup. 教师接着提问：What's in it? 学生回答：tea. 之后教师带读 a cup of tea. 并板贴单词卡片。

③教学 a hot dog，an orange，an egg，a hamburger：教师对学生说：When we are hungry，we also can have an orange…（由于 an egg，a hamburger 学生都已经学过，所以在复习环节如果学生说出来了，在此环节就再带领学生读一读，引导学生注意单词前面用 a 还是 an.）

2. 单词操练游戏：Supper Mario

①教师 PPT 出示课件（见图 8、图 9），边示范边向学生介绍游戏：Let's play a game：Super Mario. If Mario says：I'm hungry. What will you say? Choose one. If you are right，Mario will move up a step. If you say it quickly and correctly，you will get stickers. 学生听和看教师利用课件介绍游戏。

图 8   图 9

②教师请一名同学站在前面，帮助教师给反应快又正确的学生小贴画，对学生说：Who can help me? Give the stickers to the students?

③全班分为两大组进行游戏。

[设计意图：利用超级玛丽游戏，进行机械操练本课的八个单词和句型，激发学生学习兴趣。学生首先要听懂玛丽是渴了还是饿了，然后看金币上的食物和饮料单词，进行选择后再说出句子。]

3. Pair work

①教师请一名学生和教师一起进行示范：Mario is full. But I feel hungry

now. If I say：I'm hungry. What will you say？ Please come to the front，you can choose some food for me.

②学生两人一小组活动：Now let's work in pairs. You are A，I'm B. Let's make a dialogue.

③请几组同学到黑板前，拿着单词卡片作对话。

［设计意图：小组创编对话，使学生真实交际，在交际中加深对新语言的理解。］

Step 5：***Let's say.***（3′）

1. 导入歌谣：教师出示小韵文图片（见图 10），引导学生观察图片：Boys and girls, Look at the children. Their eyes are big, their mouth are big, too. What happened？ Let's listen to the rhyme.

图 10

2. 视听小韵文后教师提问：What happened？ What do they see？ 并课件出示冰激凌图片，引导学生回答：They see ice cream. 教师解释 scream 含义：Yes，they scream for ice cream. scream means 尖叫。

3. 教师第二遍播放歌谣，学生跟读，引导学生做动作。

4. 教师和学生一起跟着课件做动作说歌谣。

Step 6：***Sum-up***（1′）

教师板书总结教学内容

Step 7：***Homework***（1′）

Draw some pictures about food and drink，then write their names.

板书设计

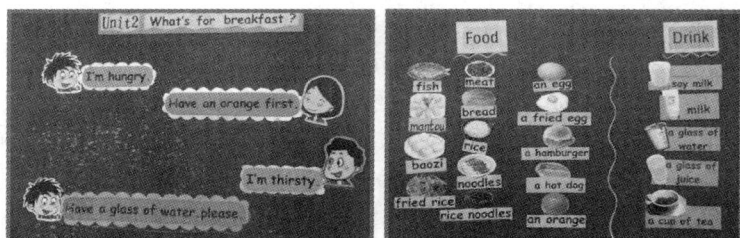

【课后反思】

通过本节课的学习，学生基本掌握了所学内容，在学习的过程中，学生充分体验到了英语学习的乐趣，取得了较好的效果，本设计有以下成功之处：

1. 注重模仿表演，强化体验

在本节课中我给学生尽可能多地提供感受语言的机会。在教学重难点句型时，我拿着实物和人物卡片，进行教学，并请学生与老师、学生与学生之间带有情感、伴随动作来分角色参与表演，帮助学生理解和运用语言，并安排了分角色跟读课文，小组分角色朗读课文，师生分角色朗读课文等，帮学生树立角色意识，内化所学。通过这些输入方式，使学生逐步养成认真观察、仔细聆听、积极思索等学习语言的良好习惯，进而能促进语言运用能力的提高。

2. 多种活动方式设计，激发学生学习兴趣

在课堂上运用肢体语言能调动学生的多种感官，提高教学的效率，能充分调动学生的学习积极性，提高学习兴趣。例如，在学习 I'm hungry. /I'm thirsty. 时，我利用形象的肢体语言来解释，带领学生操练，表演，帮助学生形成鲜明、准确的认知印象，加强了对句型的理解和记忆；在使用英文组织教学时，我利用肢体语言帮助学生理解，例如讲述 Super Mario 游戏规则时：If you are right, Mario will move up a step. 我用手势做出向上的动作，使学生明白这句话的意思；在教学歌谣时，我在采用课件出示图片的同时，加入手势帮助学生理解 scream，并给歌谣加入动作带读，学生做着动作跟读，不仅帮助学生理解，也提高了学生学习的积极性。

在分小组分角色操练课文时，我使用了分层次奖励的措施，学生可以选择课文中其中一幅图来读，也可以整幅图，加入动作表演课文，并分别设定不同奖项，这样照顾到了不同层次水平的学生，增加了学生的学习兴趣。

在 Let's act 环节我设计了 Super Mario 的游戏，机械操练单词和句型。此环节课件动画效果制作的精美逼真，和平时玩的超级玛丽游戏非常像，游戏活动一开始便吸引了孩子们的眼球，学生首先要听懂玛丽是渴了还是饿了，然后看金币上的食物和饮料单词，进行选择后再说出句子。我把全班分成两大组来进行，并请学习成绩较好的同学帮助我进行评价，发小贴画以示奖励，这个环节达到了操练的目的，学生的学习兴趣也很高。

3. 精美的板书和课件，给学生视觉冲击，促主动学习

本节课中我使用自制课文中重点句型条和人物头像，直观生动的呈现故事情节，帮助学生理解故事内容，吸引学生注意力；还自制了精美食物图片和单词卡，使学生能够在我创设的比较真实的环境下学习语言，运用语言；通过自制 PPT 课件，学生能够声情并茂的深度理解所学内容，能准确理解课文中生词含义，并能利用课件游戏操练生词和句型。

本节课的教学还有一些尚待改进的地方。如：在今后的教学中还要注意到在朗读课文，角色扮演的环节，应该给学生更多的展示机会。

【教学评析】

本节课授课教师通过开展丰富多彩的语言学习活动，激发了学生的学习兴趣，通过在教学时注重语言的意义及在恰当情景中的运用，力求让学生达到交流运用语言的目的。具体来说，本节课有以下几个特点：

1. 调动学生多种感官，吸引学生注意力

夸美纽斯曾说："一切都是从感官开始的。"没有感官的参与就没有学习。授课教师在教学当中注重调动学生多种感官，吸引学生注意力，促其主动学习。如：播放视频动画，使用多媒体课件、游戏，刺激学生的听觉、视觉，如：加入门铃声音，吸引学生注意力和激发学生兴趣；设计超级玛丽游戏，操练重点句型和单词等。授课教师把学习内容转化为可视、可听、形象、动感的内容。同时使用的表情和语气传递信息，并做动作，拿实物演示，如：在教学 a glass of water \ a cup of tea 时，教师分别拿了水杯和茶杯来帮助学生理解词义，使学生的注意力始终跟着教师，从而达到了很好的教学效果。

2. 丰富多样的教学活动，引导学生积极参与

《英语课程标准》中指出："英语课程一定要根据儿童的身心特点来改革课堂教学模式，让孩子在玩中学，在乐中学。"为此授课教师设计了丰富多彩的教学活动：如在复习环节，教师请学生说出知道的食物和饮料的单词，这个活动不仅复习了单词还充分调动了学生的思维；在课文学习环节采取了男女生、小组间比赛朗读句子，在操练课文时小组分角色朗读表演课文，在词汇、句型操练环节开展了 Super Mario 的游戏，学生在活动中进入了紧张兴奋的状态，集中注意力，在愉快的过程中获得了新知，参与度很高。在拓展环节，进行了小组创编对话的活动，请学生两人一组创编对话，在展示对话时拿走板书上的卡片，使学生真实交际，在交际中加深对新语言的理解。

案例 2
UNIT 3　I LIKE APPLE JUICE BEST Lesson 10

【教学设计 2-1】

【教学背景分析】

1. 教学内容分析

本课为北京版小学英语三年级上册第三单元 Lesson 10。本单元的功能话题是 Food and drinks，谈论最喜欢的饮食。单元共 8 页四课时内容每课 2 页。Lesson 9—11 为新授课，Lesson 12 为复习课，本课为单元第二课时，共涉及四个教学板块。

Listen and say 为本课重点教学板块。以图文并茂的对话形式呈现主课文，学习日常用语。情景为 Lingling 到同学 Guoguo 家里做客，两人互相询问对方最喜欢的食物，发现两人爱好相同，都喜欢吃饺子。Guoguo 邀请 Lingling 留下来一起吃饺子，Lingling 欣然同意并主动提出了帮助正在厨房做饺子的 Guoguo 的爸爸。两幅图呈现的是一个连续的语言情景。其中第一幅图主要涉及了本课主要功能句型"What's your favourite food?""It's…."，语言知识相对简单，在授课过程中教师可引导学生结合生活实际适当谈论。第二幅图主要呈现的是情景语言，语言知识较难，在授课过程中教师应注意引导学生正确理解情景词汇 stay, I'd love to。

Listen, look and learn 为本课另一重点教学板块。复现并聚焦 Listen and say 主课文中的核心结构（What's your favourite food? It's….），并围绕主话题学习新词汇（*jiaozi*, noodles, fried fish, meatballs）。在语言交流过程中尝试使用新词汇，将词汇与句型融会贯通。

Ask and find 板块部分呈现了一个表格调查任务，其目的为练习、巩固新语言，在活动中尝试运用语言进行表达和交流。在授课过程中教师应结合实际设置情境，鼓励学生运用"What's your favourite food?""It's…."进行真实交流。

2. 学生情况分析

本课授课对象为三年级学生，对学习英语有强烈的好奇心和浓厚的兴趣，模仿能力强，记忆力好，有用英语进行交流的欲望，并勇于参与各种适合他们的有趣教学活动。

学生已有两年英语学习经验，一年级学习了 rice, noodles, French fries, hamburger, sandwich, milk, juice, ice cream 等词汇，本单元 Lesson 9 学习了 biscuits, sweet potatoes, chocolates, pancake 食物词汇。能够用 Do you like…? I like…. I don't like…. 就自己的喜好进行简单的交流。本册书 Unit one 中学生学习了 Spring is my favourite season，并能够用 My favourite…is…. 对自己最喜欢的事物进行简单介绍。这些均为更好地学习本课提供了语言基础。本课所谈论的 What's your favourite food? 是学生感兴趣的话题，教师通过设计多角度、多层次的语言活动，逐步引导学生联系生活实际进行交流。

3. 教学方式与教学手段说明

通过复习 Lesson 9 对话内容，激活已知并快速进入本课主题；以时间为主线，随着时间的不断推进逐步展开本课各个环节的学习，帮助学生在完整语境中学习新语言；通过视听对话、分角色朗读、小组展示等多形式教学活动，帮助学生正确理解、掌握本课对话和功能句型；通过呈现图片，帮助学生直观、正确理解语言，并借助出示不同形式图片帮助学生巩固新词学习；顺延对话情景，借助猜一猜的活动，帮助学生在猜测 Guoguo 朋友们最喜欢的食物同时将词汇和句型有效整合；借助装点自己的餐盘，介绍自己喜欢的食物，将所学语言与实际生活相结合。

4. 教学技术准备

多媒体、电脑、自制 PPT 课件、自制板贴图片、配套光盘、纸盘子、评价贴纸

【教学目标】

1. 能够听懂并正确朗读 Listen and say 对话内容。

2. 能够运用"What's your favourite food?""It's…."询问对方最喜欢的食物并做出回答。

3. 能够听懂、会说、认读 noodles，*jiaozi*，fried fish，meatballs 等饮食话题的词汇。

4. 能在语言交际活动中，引导孩子关注对家人、朋友的了解，知道做客的基本礼仪。

【教学重难点】

1. 教学重点

(1)能够运用"What's your favourite food?""It's…."询问对方最喜欢的食物并做出回答。

(2)能够认读并运用饮食话题的词汇。

2. 教学难点

(1)能够通过理解、朗读 Listen and say 对话内容，知道做客的基本礼仪。

(2)能够正确理解、会说情景词汇 like…best，stay，I'd love to.。

【教学过程】

Step 1：*Warming up & Review*(3′)

1. Warming up

Enjoy a song：*Talking flashcard—food* 播放歌曲视频(见图 1)，学生听看歌曲并尝试跟读单词。

[设计意图：通过跟唱歌曲帮助学生快速进入英语学习状态，引出本课学习主题，学生初步感知。]

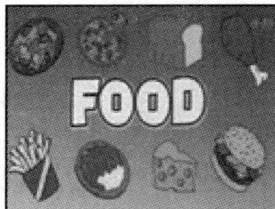

图 1

2. Review

(1)PPT 呈现 Lesson 9 Listen and say(见图2)，学生齐读复习 Lesson 9 对话内容。

T：This is Yangyang's home. Look，Yangyang is back.

Do you remember unit 3 Lesson 9? Let's try to read the story together.

图 2

Lesson 9 Listen and say 文本内容：

Yangyang：Mum，I'm back.

Mum：Hi，honey. How is school today?

Yangyang：Wonderful. May I have some chocolates?

Mum：Sorry，you can't. Do you want any bananas before dinner?

Yangyang：No，thank you.

Mum：Do you want the sweet potatoes then?

Yangyang：Yes，please.

(2)PPT 呈现 Lesson 9 课文中学习的食物图片，师生谈论(见图3)。

T：At last Yangyang wants to eat sweet potatoes first. Do you like sweet potatoes? Do you like biscuits? Do you like chocolates?

图 3

[设计意图：通过复习并简单交流上一课学习内容，进一步呈现本课主题，并在复习过程中激活学生已有知识储备，帮助学生建立单元话题的意识。]

Step 2：Listen and say

1. 复现单词，感知新词 fried 与核心句型(4′)

(1)延续谈论 Lesson 9 出现的食物，学生自由谈论说出已知食物词汇。

T：Let's try to talk more about the food.

What else do you know?

(Ss：Noodle，pizza，hamburger….)

(2)呈现教师准备的食物图片，学生看图说出单词，初步理解并学习 fried（见图4）。

图 4

主要单词：

pizza，sandwich，hamburger，hot dog，bread，*baozi*，*mantou*，*jiaozi*，rice，noodles，**fried** fish，**fried** rice，**fried** noodles，**fried** chicken

---

(3)谈论图片猜测教师最喜欢的食物，学习核心句型"It's….",呈现 like …best。(见图5)

T：Here's so much food. What is my favourite food? It's…. Please guess.

Ss：It's (pizza，noodles，jiaozi…)

T：Look，I **like** *jiaozi* **best**. *Jiaozi* is my favourite food.

(4)简单交流谈论学生自己喜欢的食物，渗透核心句型"What's your favourite food?""It's…．"。

T：I really want to know something about your favourite food.

图 5

What's your favourite food?

Ss：It's….

[设计意图：运用学生已知句型 Do you like…? 为导入谈论本课 favourite food 话题，并在师生互相交流谈论各自喜欢的食物过程中渗透学习本课功能句型，将语言知识与生活实际相结合，调动学生学习兴趣。]

2. 学习主题图一内容(8′)

(1)板书出示本课课题，明示今日学习内容。

T：Today we're going to learn Unit 3 Lesson 10.

板书内容：

Unit 3 Lesson 10

（2）出示钟表和主题图一，明确对话起点时间、人物以及所谈论的主要话题。

T：It's five o'clock. Guoguo and Lingling are at home.（板贴人物，见图6。）What are they talking about?（给出选择 clothes，food，shapes，见图7）

图6

图7

（3）无字幕播放课件，验证答案，出示本课子课题。

T：Lingling and Guoguo are talking about food. Today，let's talk about my favourite food.

板书内容：My favourite food.

（4）逐句呈现，听学对话 **What's your favourite food，Lingling**？ **It's** *jiaozi.* **I like** *jiazi* **best.** 。

T：What's Lingling's favourite food? Do you remember? Let's listen.

板书内容：

What's your favourite food?

It's *jiaozi.* I like *jiaozi* best.

（5）再次出示图片（见图8），师生交流，结合评价激励学生运用 fried。

T：Can you say more about your favourite food?

教师引导学生丰富自己语言，运用 **It's**…**. I like**…**best.** 进行师生交流。

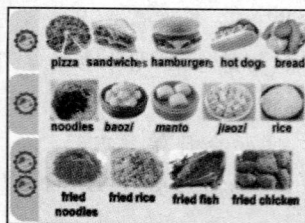

图8

（6）逐句呈现，听学 How about you? It's my favourite，too. 。

（7）巩固操练图一对话内容。

①播放录音，全班跟读对话。

②播放录音，Group work 分角色朗读对话。

> 图一对话文本内容：
> Guoguo：What's your favourite food，Lingling?
> Lingling：It's jiaozi. I like jiaozi best. How about you?
> Guoguo：It's my favourite，too!

［设计意图：通过明确主题、视听对话、角色扮演等多形式学习对话，正确理解文本内容。教师引导学生结合实际谈论自己喜欢的食物，并随着所用语言的不断延伸与丰富学生真正体验核心句型在真实语境中的运用，感受用英语交流的乐趣。借助评价调动学生运用语言进行实际交流，并强化本课新知的学习。]

3. 学习主题图二内容(6′)

（1）再次出示钟表，导入情景，明确对话推进的时间（见图9）。

T：Look at the clock. It's 5:30 now. Guess，who's at home?

图9

PPT 出示人物。T：Look，Dad is at home now. This is Guoguo's dad.

（2）观察图片，学习 kitchen。

①明确 Dad 所在位置，呈现单词 kitchen。T：Where is Guoguo's dad? （见图10）

②出示生活中不同的 kitchen 图片（见图11），加深单词学习。

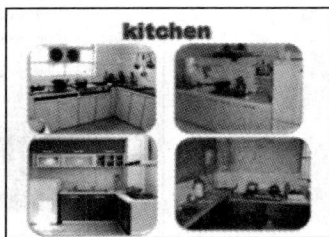

图10　　　　　　　　　**图11**

（3）观察图片，学习 Guoguo 邀请 Lingling。

①设置情境，感知短语 making *jiaozi*。

T：Look carefully，what's dad making？（He's making *jiaozi*）Oh，it's dinner time. Guoguo wants Lingling to have *jiaozi* together. Let's listen how to invite Lingling.

②逐句呈现，听学 Please stay and let's have *jiaozi* together. Great! I'd love to. 教师关注学生重点词句的正确发音（见图 12）。如：stay，Let's，I'd love to.

图 12

（4）观察图片，学习 Lingling 的提议。

①谈论图片，情感准备并渗透情感态度。

T：Look，Guoguo's dad is making *jiaozi* in the kitchen. Who makes *jiaozi* at your home？

（Ss：My dad. /My mum. ）

T：Is making *jiaozi* very easy？ Will you help your dad/mum at home？ Let's listen what Lingling will do.

②逐句呈现，听学 My dad is making *jiaozi* in the kitchen. Let's go and help him.

4. 巩固 Listen and say 完整对话内容，小组朗读展示（见图 12）（5′）

（1）打开书，听录音全班跟读对话内容。

（2）第一次 Pair work，明确角色，小组内练习对话。

（3）第二次 Pair work，小组展示对话，师生评价。

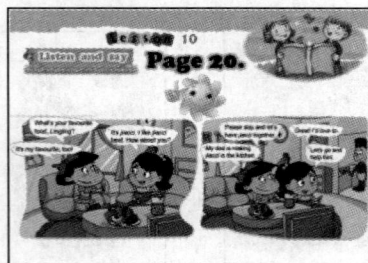

图 12

［设计意图：通过观察图片背景信息，预测对话内容，理解、学习情境语言。并在语言交际活动中，引导孩子关注对家人、朋友的了解，知道做客的基本礼仪。］

Step 3：*Listen，look and learn*（8′）

1. 第三次出示钟表，情景导入（见图 13）

T：It's six o'clock. It's dinner. Guess，what's for dinner?

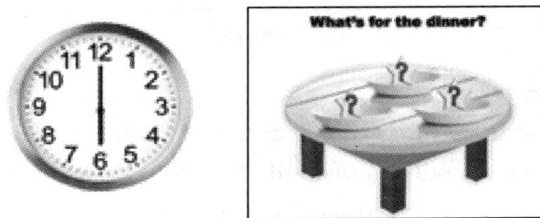

图 13

2. 学生猜测 Guoguo 的晚餐，板贴并板书，学习 noodles（见图 14）

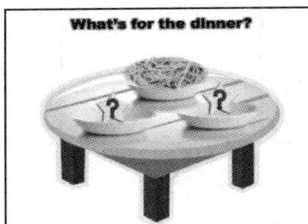

图 14

3. 学习单词 fried fish

(1)继续猜测，呈现图片 fried fish，学习方法同 noodles。

T：Do you know what's in this dish?

Ss：….

T：Look，it's fried fish.（板贴 fried fish 并板书单词。）

(2)理解 fried，出示生活中的不同图片强化学习 fried fish(见图 15)。

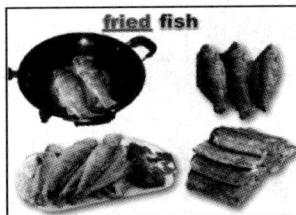

图 15

(3)TPR 验证学习情况，教师评价(见图 16)。

T：Look，here'rs two kinds of fish. Which is fried fish? You can show me.

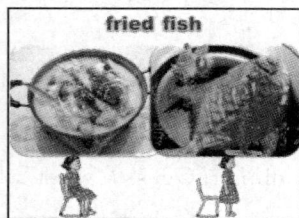

图 16

4. 学习单词 meat balls.

(1)猜测最后盘中的食物，呈现图片 meat balls(见图 17)。

T：They have noodles and fired fish. What about this dish? 学生猜测，教师出示 meat balls。（板贴 fried fish 并板书单词。）

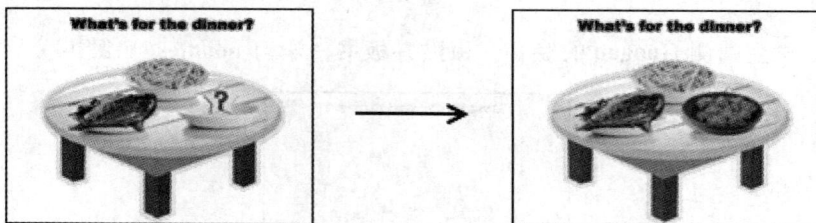

图 17

(2)学习 meatballs，出示生活中的不同图片强化学习 meatballs(见图 18)。

(3)TPR 验证学习情况，教师评价(见图 19)。

T：Look，here's two kinds of fish. Which is meatballs? You can show me.

图 18

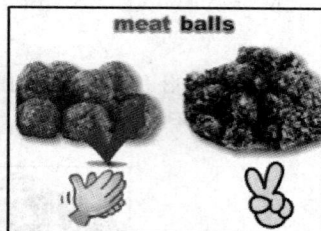

图 19

[设计意图：运用图片把抽象的语言用直观具体的形象体现出来，使学生如临其境，更好地接受和掌握所学内容。讲授新词之后教师设计简单的 TPT 活动验证学生学习情况，并活跃课堂学习气氛。]

5. Playtime，巩固单词(见图 20)

活动内容：谈论 Guoguo 朋友们最喜欢的食物。

活动形式：师生互动活动，看图猜词。

活动目的：运用核心句型巩固食物类单词。

操作方式：（1）出示人物。_____ is coming.

（2）出示食物图片，学生看图说出单词。

（3）看图猜词。What's his/her favourite food? It's _____ .

（4）出示答案，奖励评价。

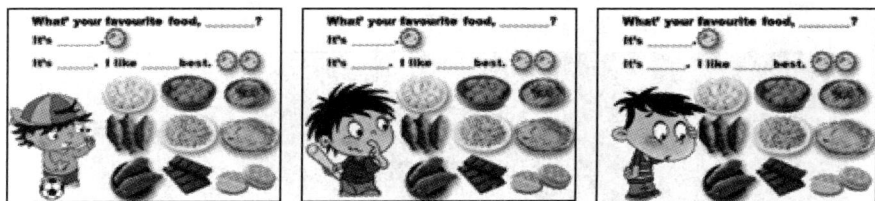

图 20

Step 4：*Ask and find*（6′）

（1）第一次 Group work（见图 21）。

拿出课前准备好的信封与纸盘，打开里边的食物类图片，小组互助看图说出单词。

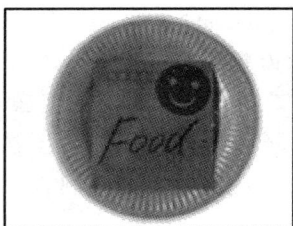

图 21

食物图片内容：

jiaozi，meatballs，noodles，fried fish，fired rice，pancake，sweet pota-toes，chocolates，biscuits

（2）教师明示单词。

T：Do you know all the food? Let's say them together.

（3）第二次 Group work，小组交流，询问同伴喜欢的食物，并将最喜欢的食物图片贴在自己的纸盘内。

（4）第三次 Group work，小组教室前展示。

（5）进一步完善纸盘（见图 22）。

教师范例：在粘贴食物图片的纸盘上写出自己喜

图 22

的食物。并用本节课所得奖励贴纸进行盘边装饰。

[设计意图：通过游戏，激发学生学习的主动性和积极性。引导学生去运用所学的词语和句子进行交流。通过在盘子里放入自己最喜欢食物的图片，设置较为真实的语言情景，将所学语言生活化。]

Step 5：Homework

(1)听读 Listen and say 对话内容。

(2)了解家人和朋友最喜欢吃的食物。

板书设计

【课后反思】

本课在设计与实施中，主要体现了以下几个方面的特点：

1. 整合板块内容，整体设置情境

良好的教学情境能充分调动学生学习的主动性和积极性，启发学生思维、开发学生智力。借助情景在教学的过程中，学生很容易受到情景的感染而产生表现自己的欲望。我应适时刺激学生的表现欲，使学生在良好的语言环境中锻炼自己的语言交际能力。

2. 优化评价方式，以争促学

我对学生的评价是影响学生个性成长的重要因素。课堂上我对学生的评价不仅表现为一些鉴定性的语言式的评价，更多的应是我的一种手势、一个眼神、一种默许、一种认可、一种赞同、一个微笑，等等，以此给学生以激励和赞许，激发学生强烈的学习欲望，保持旺盛的学习精神，提高自我发展的信心。

3. 以活动为主，突出"课堂活动化，活动交际化"

"采用活动途径，倡导体验参与"是小学英语教学的基本理念。活动教学作为一种教学形式，它是以活动促学生学习发展，让学生在轻松的环境中养成良好的语言学习习惯。这种学习活动要以学生的兴趣和需求为基础，使学生通过自主活动进行学习，从而习得知识。

【教学评析】

本课教师将 Listen and say 板块与 Listen，look and say 板块巧妙整合，并延续情景对 Ask and find 板块内容进行有效设计。通过播放歌曲复习旧知导入情景；借助不断呈现真实食物图片强化情景；通过课文角色表演展示情景；设计游戏活动将所学语言真实化。整节课以时间的不断变化推进情境，呈现新内容，引导学生在情境中自然地实现语言的感知、理解、内化、运用。

同时本节课教师注重评价的多元化和多样性，主要采取了口头激励性评价、个体评价和群体评价三种形式。教师在实施过程中做到了根据不同层次的活动对学生的课堂表现、学生参加活动与任务的难易程度进行评价。

本课教师主要创设各种游戏活动，如：猜一猜，看图猜测 Guoguo 朋友最喜欢的食物；做一做，通过根据要求做动作验证是否理解新语言。活跃课堂气氛增加学生课堂学习的参与度。同时在开展各种课堂活动过程中，教师注意与学生的交流，不断引导学生根据自己的实际情况进行回答和谈论。

【教学设计 2-2】

【教学背景分析】

1. 教学内容分析

本课为北京版小学英语三年级下册第三单元的 Lesson 10。本单元共有四课时内容，其中 Lesson 9—11 为新授课，Lesson 12 为复习课。在 Lesson 9 中的对话部分学生学习提出建议询问他人是否想要什么东西及回答"Do you want…?""Yes，please/No，thanks."，在 Lesson 10 中学生学习询问对方最喜欢的食物是什么及回答"What's your favourite…?""It's….."，在 Lesson 11 中学生学习提出自己的需要"May I have…，please?""Sure."由于 Lesson 9 和 Lesson 11 都在谈论他人和自己的需要，所以把 Lesson 11 放在 Lesson 10 前教授，本课时 Lesson 10 是在前两课时的基础上谈论最喜欢的食物，进行深入交流。

本课时主要包括 Listen and say、Listen，look，and learn 和 Ask and find 三个教学板块。其中 Listen and say 板块是对话内容的学习，Listen，look，and learn 和 Ask and find 是词汇、句型的学习。第一部分 Listen and say 的情景分为两个主题图，第一幅图是 Lingling 到 Guoguo 家里做客，互相询问彼此最喜欢的食物，主要语言为："What's your favourite…?""It's…."；第二幅图是 Guoguo 挽留 Lingling 一起吃饺子，Lingling 欣然同意，并建议一起去厨房帮忙。第二部分的内容是利用主要功能句型在模拟情景中尝试运用新的语言进行交际活动，体验语言的真实运用，整体认读单词 jiaozi，noodles，fried fish，meat balls。

2. 学生情况分析

本课所教授的对象是三年级的学生。他们对英语学习有浓厚的兴趣，表演欲望强烈，乐于表现自己。由于本学期新更换北京版教材，学生在北师大版和北京版的衔接上有一定的信息差，但在北师大版一年级下册和二年级下册都学习过食物类词汇，并会用"I like…."表达自己的喜好。在本册的第一单元，学生学习了 favourite，大部分学生能够认读，并能听懂"What's your favourite food?"所以本课重点是让学生能够在实际情境中应用"What's your favourite food?"三年级的学生活泼好动，教师设计了有趣的猜谜活动，使学生积极参与到教学活动中来，培养学生的语言表达能力。

3. 教学方式和手段

1. 通过认读气球上的食物单词，活跃课堂气氛，为本节课的学习做好铺垫。

2. 通过询问学生最喜欢的食物，猜测果果和玲玲最喜欢的食物，自然导入本课的新内容。再通过谈论图片、视听对话、分角色朗读、扮演等多种有效的教学活动，让学生在真实的情景中，理解并尝试运用本课的主要功能句型。

3. 最后通过设计有趣的猜谜活动，巩固操练所学的单词。通过实际交流，询问自己好朋友最喜欢的食物、饮料、季节，巩固操练所学句型。

4. 技术准备

多媒体电脑、图片、配套光盘、自制 PPT 课件、头饰、奖励贴

【教学目标】

1. 能用"What's your favourite food?""It's…."询问他人最喜欢的食物并做出应答，并能读课文。

2. 能听懂、会说、认读有关食物的词汇：*jiaozi*，noodles，fried fish，meatballs。

3. 能通过语言学习活动了解周围的亲人和朋友等喜欢的食物，体会关心他人的感情。

【教学重难点】

1. 教学重点

(1)能在实际情境中运用"What's your favourite food?""It's…."等进行语言交际。

(2)能听懂、会说、认读有关食物的词汇。

2. 教学难点

个别句子的理解和朗读："Please stay and let's have *jiaozi* together. My dad is making *jiaozi* in the kitchen."

【教学过程】

Step 1：**Warming up**（2′）

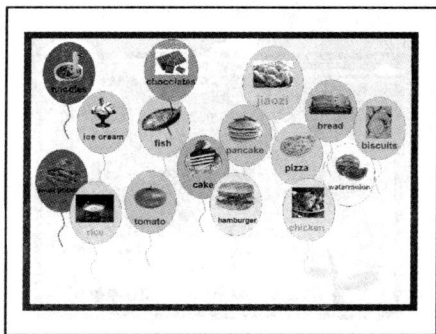

图 1

1. Brain Storm（见图 1）

教师用幻灯片出示学过的食物类词汇，学生认读食物类词汇。

2. Free Talk

T：What's your favourite food?　　Ss：pizza，rice…

教师出示第一幅主题图，提问：Who are they?

T：What is their favourite food?　　Ss：*jiaozi.*

［设计意图：以头脑风暴快速复现的方式复习食物类词汇，让学生从放松的课间活动进入紧张的学习状态，调动学生的积极性。学生初步感知"What's _____ favourite food?"，通过询问玲玲和果果最爱的食物自然过渡到对话教学。］

Step 2：**Listen and say**（17′）

1. 学习对话 1

T：Let's listen to the dialogue.

（1）What is their favourite food? 学生根据录音答出 *jiaozi*。

T：Yes. Lingling says："It's *jiaozi*. I like *jiaozi* best."

My favourite food is *jiaozi* . It means I like *jiaozi* best.（见图 2）

Guoguo says："It's my favourite，too."（见图 3）

图 2

图 3

（2）Watch and repeat 分角色朗读。

2. 学习对话 2

（1）T：What time is it？　Ss：It's dinner time.（见图 4）

图 4

T：Who's making dinner?

Ss：Guoguo's dad.

T：What's Guoguo's dinner?　Listen to the tape.（见图 5）

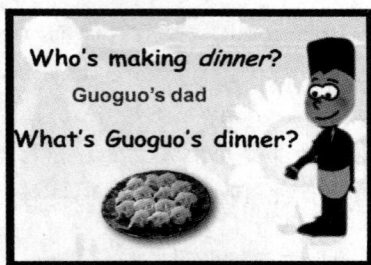

图 5

（2）视听图二前两句，提问：What are they talking? 幻灯片出示选择提示。（见图 6）

图 6

①听学 Please stay and let's have *jiaozi* together. 教师提示：stay means 留下来。

②听学 Great I'd love to. 教师简单解释：I'd love to means I want to stay. 我愿意。

③Let's act

(3)视听对话 2 后两句，T：OK，let's listen. 听听她们又说什么了？幻灯片出示选择提示。（见图 7）

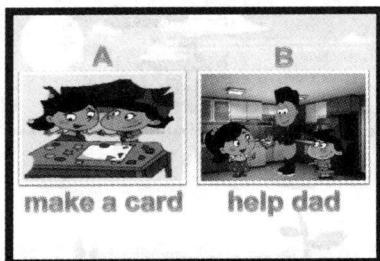

图 7

①听学 My dad is making *jiaozi* in the kitchen. 出示图片理解 making *jiaozi*，kitchen。（见图 8）

图 8

②T：玲玲建议帮忙做完饭，she says：Let's go and help him.（见图 9、图 10）

图 9

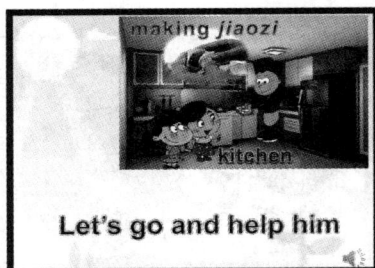

图 10

③Let's listen and repeat.

（4）Watch and repeat（见图 11）

图 11

（5）Role play

［设计意图：加强语言的输入，以听带说，理解重点句型再整体理解对话。有利于培养学生整体接受听觉信息的习惯。通过观察图片、听学对话，教师循序提问，引导学生理解图中文本信息，突破教学难点。］

Step 3：*Listen，look，and learn*（10′）

Can you guess?

What's _____ 's favourite food?

It's _____ .（见图 12—图 15）

图 12

图 13

图 14

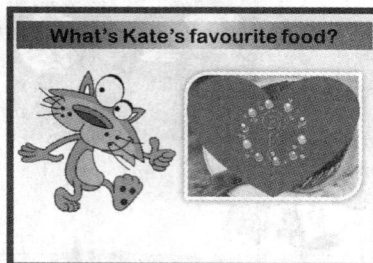

图 15

（1）学习 meat balls：教师出示动画图片 meat，balls 合并为 meat balls。（见图 16、图 17）

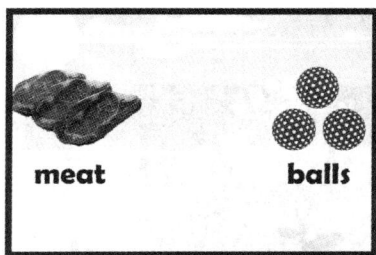

图 16

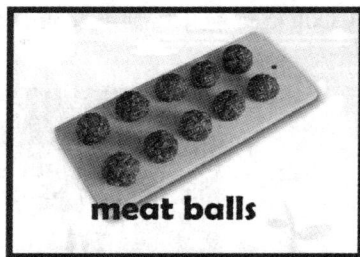

图 17

（2）学习 fried fish。出示动画图片 fried，fish 合并为 fried fish。（见图 18、图 19）

图 18

图 19

［设计意图：通过轻松有趣的动画和猜谜游戏，巩固对话"What's your favourite food?""It's _____ ."并学习新词。］

Step 4：**Practice**（10′）

T：What's your favourite…?

Ss：It's…. （见图 20）

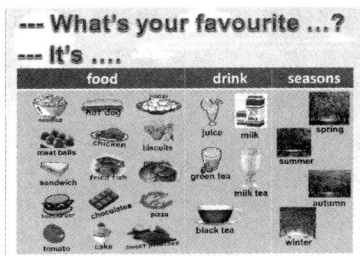

图 20

［设计意图：通过询问好朋友最喜欢的食物、饮料、季节，巩固拓展练习 What's your favourite food ?］

Step 5：***Homework***（1′）

（1）听课文录音并朗读课文

（2）用英语和你的朋友交流你们喜欢的食物

板书设计

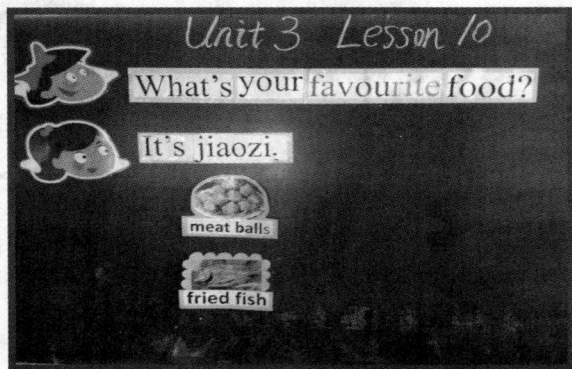

【课后反思】

本课在设计与实施中，最主要的特点是关注每一个学生，促进学生全面发展。

由于所授班级学生的认知水平存在一定差距，但每个学生又渴望学到知识表现自己。考虑到既要照顾知识水平比较弱的学生，又要让知识水平较强的学生得到发展，我在本节课的环节设计上，采用了以下几种方法：

1. 热身环节。气球上配有食物类的图片和英文，学生在认读图片的同时也可以关注英文表达。当气球停下来时，有语音播放，印证学生们是否读准确了。这样的设计是为了唤起学生的旧知，使不同层次的学生都得到锻炼。

2. 对话学习环节。通过图片和动画帮助学生理解比较抽象的词汇。在对话练习时，让学生根据自己的实际情况，可以选择展示第一幅对话，也可以展示第二幅对话，或者可以两幅图都展示。让每个学生都有表现自己的机会。

3. 实际应用环节。除了本课学习的食物类词汇，还拓展了饮料和季节类词汇，让不同层次的学生都有可以表达和交流词汇，让学生在真实情景中，运用功能句型，真实交流彼此喜好。

当然，本节课在实施的过程中也存在着些许不足，比如本课注重功能句型操练的同时，灵活有趣的活动较少，受功能句型的局限，使得师生与生生之间的真实互动交流还不够充分。

【教学评析】

本教学设计有以下三个特点：

1. 创造性地使用教材，打破了以往按照教材顺序撰写教学设计的常规，而是根据学生认知水平，将第一段对话内容弱处理，重点处理第二段对话内容。由于第二段对话内容主要表达两个语用功能，教师很明显地先处理 Guoguo 挽留 Lingling 一起吃饺子，然后处理 Guoguo 的爸爸在厨房包饺子，Lingling 建议去帮忙。让学生更容易理解这段比较抽象的对话内容。

2. 加强了学习策略指导，在呈现抽象句型时，通过图片和动画相结合的方法，帮助学生理解。在单词学习环节，通过动画，帮助学生理解 fried，然后是鱼进入油锅，引导学生自己说出 fried fish，不仅降低了学生的学习困难，又加深了学习记忆。

3. 注重激发学生的学习兴趣，通过 Brain Storming 和 Guessing game 等游戏活动操练单词，调动学生的积极性，主动参与到英语学习中。通过与好朋友交流彼此最喜欢，在此环节教师不仅提供了语言支持功能句型和食物类词汇，还拓展了饮料类和季节词汇让学生在交流时候更真实自在。

第三章　基于文本分析的单元整体课时设计

　　顺义区现行使用的北京版教材，单元特征明显。每个单元均围绕一个核心的话题展开，虽然各课时所聚焦的句型和词汇不同，但所表达的功能均与单元话题有关。从单元整体看：聚焦核心内容，课时各有侧重；课时之间联系紧密，教学内容层层推进。以一年级上册第一单元为例，请看单元新授课时之间内在联系的示意图：

　　正是因为单元课时之间的联系紧密，所以在进行单元备课的时候，我们力求做到：立足单元分析，整体把握单元核心内容，明确课时之间的联系，进行整体布局，夯实每个课时设计。

　　在日常教研活动中，我们会开展单元整体备课和研究课展示活动。这些活动，有的是针对一个单元连续两个新授课时的研究，有的是针对一个单元连续三个新授课时的研究。旨在通过这些研究，树立教师的整体意识，在实施课时设计时不是孤立进行，而是站在单元的高度，建构学生的知识体系，弥补学生知识的不足，找准学生认知的生长点。请看以下案例：

案例 1
单元内第一、二课时设计

　　下面这两个教学设计是一年级下册第六单元 I'm sorry I'm late. 中的 Lesson 21 和 Lesson 22，本单元的话题以询问谁缺席或者迟到的交际用语为主，重点是学生能够正确使用表示劝阻的祈使句以及简单句表达请求及歉意；复习 26 个英文字母以及相应的字母是 Aa-Zz 开头的单词。本单元前三课(Lesson 21—23)通过 Listen and say 环节呈现了新的句型。又通过 Listen，repeat，and trace 板块分阶段地复现了 26 个英文字母和相关单词，第四课是整本书句型、单词和字母的总复习。其中 Lesson 21 是这个单元的第一课时，设计中教师注重让学生在学习过程中进行角色体验，并及时奖励学生，在复习字母时让学生用肢体动作表示不同的字母，激发学生的学习积极性。Lesson 22 是这个单元的第二课时，教师在教学时利用视听对话、角色体验、游戏操练等形式呈现并学习本课新知，并结合游戏互动，深化认知，还采取了小组表演的任务活动，使学生在任务中使用语言。

【第一课时教学设计】
UNIT 6　I'M SORRY I'M LATE Lesson 21
【教学背景分析】
1. 教学内容分析

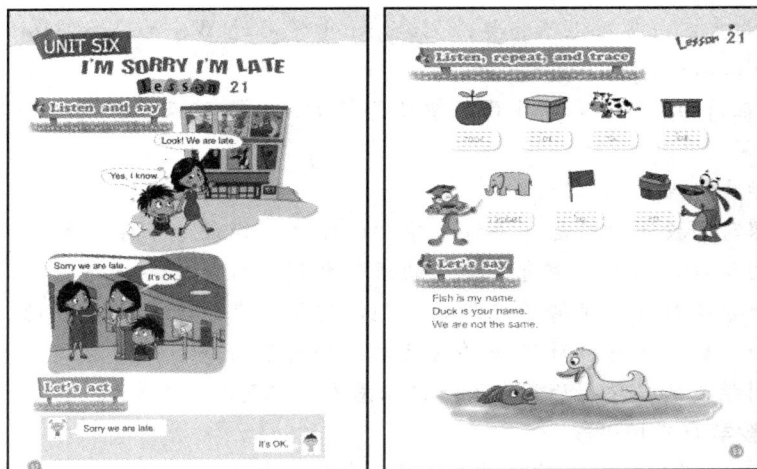

图 1

本节课为一年级下册第六单元第一课时 Lesson 20 的教学内容(见图 1)。本单元的主题是询问谁缺席或者迟到，重点是学生能够正确使用表示劝阻的祈使句和简单句来表达请求及歉意。复习巩固 26 个字母的书写和发音以及整体认读学过的单词。本课时包括 Listen and say、Let's act、Listen，repeat，and trace 和 Let's say 四个板块。

Listen and say 部分讲述了妈妈带 Baobao 去看电影，因为迟到了向检票员道歉的故事。这个部分的主要功能句型是 Sorry we are late. It's OK. 在一年级上学期攀登英语 unit 13 的日常对话中，学生已经学了 We are late。但是过了一学期可能已经遗忘，需要激活学生的记忆。单词 sorry 在平时的生活中也经常能接触到，学生比较熟悉。因此这课内容学习起来相对容易。

Let's act 部分的主要内容是角色扮演和在一定的情景中综合运用对话。

Point and say 部分要复习字母 Aa-Gg，复习词汇 apple、box、cow、desk、elephant、flag、gift。字母 Aa-Gg 已经在本册教材 1—5 课学习过，词汇 apple、cow、desk、elephant、flag、gift 也已经在本册教材 1—5 课学习过，词汇 box 在一年级上学期 22 课学习过。这部分重点在于复习这些字母和词汇，同时查漏补缺。重点复习字母 Gg 的发音、小写字母 b 与 d 的书写和小写字母 f 的占格。

Let's say 部分的小韵文，复现了字母、单词和句型。该韵文中的词汇 fish 在一年级上学期 15 单元中学习过，duck 在本册教材第 2 课学习过。该韵文中的句型是介绍自己和他人的名字 ...is my/your name. 而一年级上学期第一单元也已经学习了介绍自己的名字 My name is....

2. 学生情况分析

1)知识储备

(1)学生在一年级上攀登英语 Unit 13 中学习过 We are late. Unit 15 中学习了 My name is....

(2)在前面的课中，学生已经学习了字母 Aa-Gg 以及相应的首字母是 Aa-Gg 的单词。

2)学生特点

本课时的授课对象是一年级下学期的学生。经过一个学期常规英语和攀登英语的学习，学生已经有了一定的语言积累，听说能力相对较强，善于合作。同时学生对英语保持着浓厚的兴趣，但是一年级学生活泼好动，有效注意时间短，因此教师设计了多样的活动，如角色扮演、猜词游戏、找朋友游戏等吸引学生的兴趣，让学生不断把注意力集中到课堂中来。

3. 教学方式和手段

(1)对话教学：首先教师通过复习一年级上攀登英语 Unit 13 日常对话来帮助学生回忆 We are late. 为学习新课做准备。接着出示主题图一，并把图中隐藏的信息挖掘出来，把主题图一中 Baobao 手里的电影票和妈妈的手表放大，通过谈论电影票和手表上的时间让学生了解他们看电影迟到了，解释了单词 late。接着教师设计了 Maomao 和 Guoguo 看电影迟到了的情景，帮助学生更好地理解 late。先解决了教学难点，再整体学习对话。

(2)重点词句教学：首先让学生通过戴头饰分角色表演故事内化语言理解，进行语言输出。接着设计了拓展情景，两个学生上课迟到了，他们及时表达了歉意。在相对真实并贴近学生生活实际的情景中，操练语言，进行语言的应用。

(3)韵文教学：首先通过整体视听，了解韵文大意，提炼出主要内容，让学生说出两个名字。接着学习韵文，让学生整体跟读、小组内练习说唱韵文，展示韵文。在掌握韵文后，教师改编韵文，用自己和同学的名字进行替换，调动学生的积极性，同时也加深其对韵文的记忆和理解。

4. 技术准备

自制 PPT 课件、字母卡片、单词卡片、课件、头饰、小贴画

【教学目标】

1. 能听懂、整体认读 Listen and say 部分对话内容。

2. 能在情景中运用 Sorry we are late. It's OK. 句型。

3. 能整体认读单词 apple、box、cow、desk、elephant、flag、gift，能正确书写字母 Aa-Gg。

4. 能理解并模仿语音语调熟练朗读小韵文。

5. 能够关注自己的行为，出现问题如迟到，要及时道歉。

【教学重难点】

1. 教学重点

(1) 学习表示做某事晚了的用语 We are late. 迟到了表示歉意和谅解的交际用语 Sorry we are late. It's OK.

(2) 复习单词 apple、box、cow、desk、elephant、flag、gift。

(3) 复习字母 Aa-Gg。

2. 教学难点

理解、运用 Sorry we are late，表示对迟到的歉意。

【教学过程】

Step 1：*Warming up and leading in*（2′）

复习一年级上学期攀登英语 Unit 13 日常对话。教师第一遍播放视频，学生观看。教师第二遍播放视频，学生分角色朗读。

［设计意图：复习与本课对话内容有关的知识，帮助学生回忆旧知识，为新知识的学习做准备。］

Step 2：*Listen and say*（14′）

1. 谈论主题图，预测故事

教师出示主题图一，引导学生观察图片。教师提前把主题图一中 Baobao 手里的电影票放大，写清楚电影播放的时间。同时教师把妈妈的手表放大，让学生能够看清楚时间。教师提问：Who are they? /Where are they going? /What time is it? /What time does the movie start? 电影什么时候开始。引导学生根据图片回答：Baobao and Mum. /电影院。/3：00. /2：50. 接着教师引导学生观察 Baobao 和妈妈的表情，很着急，为什么会着急，发生什么事了？让学生带着问题看课件。

［设计意图：谈论主题图，把图中隐藏的内容挖掘出来，放大了电影票和手表上的时间，让学生了解他们要去看电影，但是迟到了。］

2. 整体视听，理解故事大意

教师播放完整对话一遍，提问：What happened? 引导学生说：We are late. 接着教师创设情景，Maomao 和 Guoguo 昨天去看电影了，电影 5:00 开始，但是他们到电影院的时候已经 5:05 了，他们会说什么? 帮助学生理解 late。

［设计意图：设计了 Maomao 和 Guoguo 去看电影迟到的场景，帮助学生更好地理解单词 late。］

3. 学习对话

(1)学习对话一

图 2

①教师出示主题图一(见图 2)，示意学生要学习对话一。教师播放对话一的课件一遍，学生听对话回答问题。

T：What does Mum say?

S：Look! We are late.

T：How does Baobao say?

S：Yes，I know.

②教师播放对话一的课件两遍，第一遍学生跟读对话，注意发音准确。第二遍学生指读，模仿语气，体会人物语言。

(2)学习对话二

图 3

①教师出示主题图二(见图 3)，引导学生观察图片。教师提问：Who is she? /Where are Baobao and Mum? 学生回答：电影院检票员。/在电影院检票处。

②教师播放对话二的课件一遍，学生整体视听。教师提问，学生回答问题。

T：Baobao and Mum are late. What do they do? How does Mum say?

S：Sorry we are late.

T：Is the conductor angry?

S：No.

T：What does the conductor say?

S：It's OK.

③播放对话二的课件，第一遍全班跟读。第二遍全班分角色朗读，男同学饰妈妈，女同学饰检票员。

[设计意图：逐图学习，先视听后验证答案。]

4. 操练对话

(1)整体视听，集体跟读。

(2)全班分角色朗读和配音。

(3)四人一组，小组内分角色朗读对话。

[设计意图：学生通过跟读模仿、角色朗读和配音等活动，整体回顾故事，完善语音语调。并通过角色扮演内化理解语言，在故事情景中进行初步的语言输出。]

Step 3：**Let's act**（4′）

1. 分角色表演本课故事

(1)师生示范：出示故事主题图，教师头戴 Mum 头饰，请一个学生扮演 Baobao，请一个学生扮演 the conductor，表演对话。

(2)分组练习：学生三人一组练习对话。

(3)小组展示：请两组同学表演，学生评价。

2. 拓展情景

(1)一人饰演老师 T，其他两人饰演学生 S1 和 S2，开始上课了，但是 S1 和 S2 迟到了……

①教师及两位同学示范。

②三人一组，小组练习。

③小组展示。

S1/S2：May I come in?

T：Come in，please.

S1/S2：Sorry we are late.

T：It's OK.

(2)教师提问：S1 和 S2 迟到了，迟到了好吗？你想对 S1 和 S2 说什么？

[设计意图：渗透德育教育，做事情要守时，如果迟到了要表示歉意。]

Step 4：**Listen，repeat，and trace**（15′）

1. 复习字母 Aa-Gg

(1)复习字母 Aa-Gg 的发音，重点复习字母 Gg 的发音

①教师请一位同学上来抽一张字母卡片，用肢体语言表示这个字母，其余同学猜，猜中后教师将字母随意贴在黑板上。

②教师指黑板上的字母，学生读。教师把字母 Gg 放在最后读，读完后出示字母卡片 Jj，学生认读。接着教师把字母 Gg 和 Jj 的卡片拿在手里，藏到身后，随机拿出一张卡片，让学生快速读，每次读得最快最准确的同学得到一个小贴画。

③教师请一位同学上黑板前将字母卡片按顺序贴好，全班同学一起读字母 Aa-Gg。接着教师将字母表呈现在 PPT 上，用强调的标示表示出 Aa-Gg 在字母表中的位置（见图 4）。

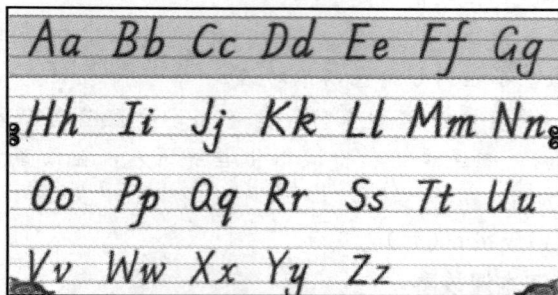

图 4

[设计意图：通过做动作猜字母来复习字母，既能激起学生的兴趣，又能让学生更好地记忆字母。小游戏猜字母 Gg 和 Jj，让学生再一次区分这两个字母。]

(2)字母的书写，重点复习小写字母 b 与 d 的区别和小写字母 f 的占格

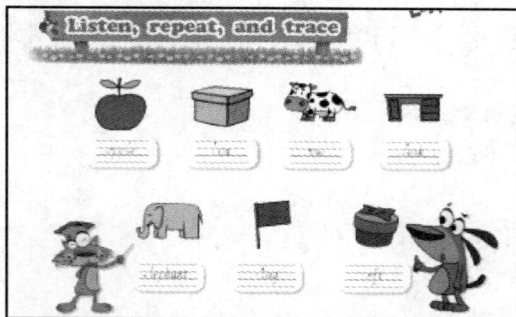

图 5

①教师让学生打开书观察单词(见图5),引导学生发现单词的首字母是小写。

②教师播放课件,师生一起书空字母。接着请7位同学分别到黑板上书写这七个字母,写在四线三格里。

③教师强调小写字母 b 和 d 的笔顺,让学生熟记左拳朝上 bbb,右拳朝上 ddd 的口诀。教师示范小写 f 的书写,让学生牢记小写字母 f 的占格。

④全班在书上描写字母 Aa-Gg,教师巡视,及时反馈问题。

[设计意图:用口诀的方式让学生记忆小写字母 b 和 d 的区别,同时再一次强调小写字母 f 的占格。]

2. 复习单词

(1)猜词游戏引入:教师给出首字母,让学生猜单词。教师说:The first letter is A. What word is it? 学生猜测。猜对后教师将这个单词的图片和单词贴在黑板上,如 A-apple(见图6),全班读。

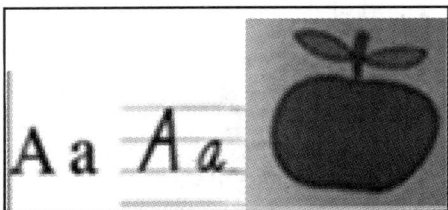

图 6

(2)练习活动:教师指着黑板上的字母和对应的单词,说:A is for apple. 请其他同学说:B is for box. C is for…

(3)游戏巩固:找朋友

每位学生手里有一张单词图片和一张单词卡片(无图),当老师说 apple,请手拿 apple 图片的学生和单词的学生站起来,互相找到对方击掌,最快的一组给予奖励。同桌、前后桌同学可以交换卡片,多玩几次。

[设计意图:游戏巩固单词,在玩中学。]

Step 5:Let's say(4′)

1. 整体呈现韵文

图 7

（1）教师呈现主题图（见图7），示意学生要学习韵文。教师播放视频，学生观看。接着请学生说出视频中的两个名字。

（2）教师用边说边指图的方式帮助学生理解 we，用做手势的方式帮助学生理解 not the same。

2. 学习韵文

（1）配合手势跟读韵文，模仿语音语调。

（2）两人一组，面对面，配合手势互相说唱韵文。

3. 表演韵文

请两组同学上前表演韵文。

4. 改编韵文

（1）教师举例，将自己的英文名和一个同学的英文名替换韵文中的名字，进行改编。＿＿＿＿＿＿ is my name. ＿＿＿＿＿＿ is your name. We are not the same.

（2）请学生自己改编，练习。

（3）学生展示。

［设计意图：用替换自己的名字来改编韵文，更利于学生理解和记忆。］

Step 6：*Homework*（1′）

（1）Read the dialogue to your parents.

（2）Practice the words.

板书设计

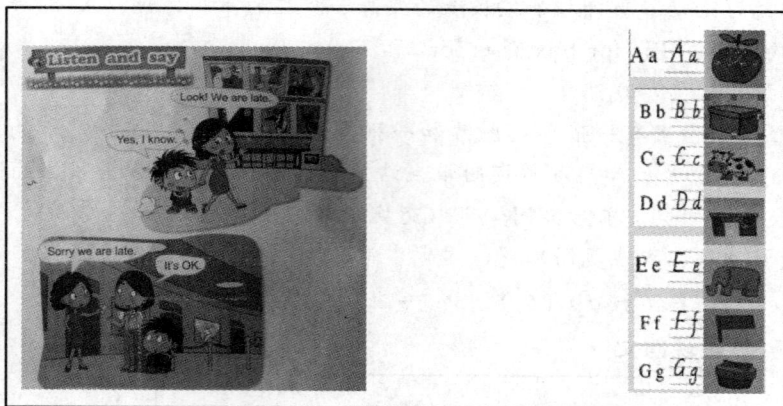

【课后反思】

1. 设计多样的活动

在教学过程中，我根据一年级学生的特点，为学生设计了多样的活动调动学生的积极性。在 Listen and say 环节，让学生通过观看动画、跟读模仿、角色扮演等活动理解对话、认读对话。在 Let's act 环节，我设计了一个拓展情景，开始上课了，但是有两个学生迟到了，在相对真实的语境中让学生角色扮演来练习语言。这个情景跟学生的生活实际很贴近，更能激起学生表达自己的意愿。在 Listen，repeat，and trace 环节，通过找朋友游戏、猜词游戏等有趣的活动，激发学生的兴趣，在玩中学，既复习了本课内容，又让学生在活动中掌握语言知识、形成语言技能，发展语言能力。

2. 小组合作学习

在整节课中，我采用小组合作的方式来练习语言。在 Listen and say 的对话操练环节，让学生四人一组，在小组内分角色朗读课文；在 Let's act 的情景拓展环节，让学生三人组练习对话；在 Let's say 的韵文操练环节，让学生两人一组练习说唱和改编韵文。根据任务的需要来确定小组的人数，让学生学会与不同的伙伴合作。小组合作学习既给相对好的学生发挥的平台，帮助别人，又照顾到了相对差的学生，体现了尊重学生的个体差异。同时也增强了学生的整体参与意识和伙伴间互帮互学的意识，体现了学生的自主学习。

【教学评析】

1. 充分开发课程资源

以学生生活经验和兴趣为出发点，充分开发课程资源，设计不同的活动。如在 Let's act 环节，教师创设了学生上课迟到的情景。让学生置身于逼真的问题情境中，体验英语学习和实际生活的联系，品尝到用所学知识表述生活现象以及解决实际问题的乐趣。又如在 Listen，repeat and trace 环节，设计符合学生年龄特点的游戏，趣味性和知识性兼具，让学生在玩耍中学习知识。

2. 让学生真正成为课堂的主人

这是新课标的重要特点，也是素质教育的要求。通过听课我发现教师的教学理念发生了转变，树立了"以学生为主体"的教学理念。把整个课堂还给了学生，注重学生能力的培养，注重主体参与。教学中互动模式多样，多采用小组合作学习的模式，如在对话操练环节，让学生在小组内分角色朗读课文，或者创造一个相对真实的语境，让学生操练对话，激起了学生对英语学习的兴趣，营造了宽松、民主、和谐的教与学的氛围，让学生真正成为课堂的主人。

【第二课时教学设计】
UNIT 6　I'M SORRY I'M LATE Lesson 22
【教学背景分析】

1. 教学内容分析

本课为北京版小学英语一年级下册 Unit 6 Lesson 22（见图 1），本单元的主题是学会简单的表达歉意，复习 26 个英文字母以及相应的字母是 Aa-Zz 开头的单词。本课时是这个单元的第二课时，重点学习某人缺席或迟到的交际

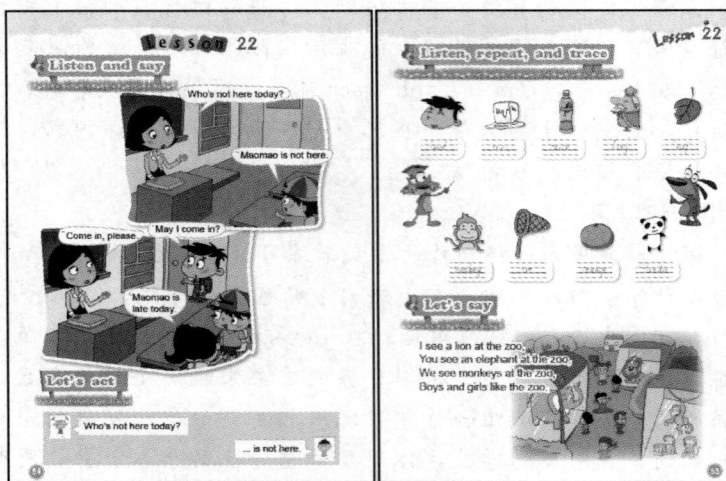

图 1

用语，复习字母 Hh-Pp 以及相应的字母是 Hh-Pp 开头的单词。

　　本课教学内容由 Listen and say、Let's act、Listen，repeat and trace 和 Let's say 四几个板块组成。Listen and say 以对话的形式呈现主课文，引出重点句型。描述了 Maomao 上课迟到的场景，主要句型结构是：Who's not here today? Xx is not here. May I come in? Come in please. Xx is late today. 在攀登英语中学生已经学过 May I come in? Come in please. Today 和 late 也在以前的课时学习过，因此本课的对话教学部分应重点放在学习 Who's not here. Xx is not here. 这也是 Let's act 中出示的句型。Let's act 是复现主课文的重点句型，教学时可以分角色扮演运用句型。Listen，repeat and trace 这个板块是复习字母 Hh-Pp 以及相应的字母是 Hh-Pp 开头的单词，是接着上一课复习字母及单词，教师根据学生以前掌握的情况查漏补缺，再次强调元音字母 Ii，Oo 的发音以及强调小写字母 i，j 要注意笔顺，后写点。Let's say. 是歌谣部分，主要是通过小韵文的朗读进一步渗透与单词相关联的重点语音。在这首歌谣中没有生词。

　　2. 学生情况分析

　　1）知识储备

　　（1）在第一课时，学生已经学习了一些关于迟到，表达歉意的句子。

　　（2）学生参加了攀登英语的学习。

　　（3）在之前的学习中学生已经学习过字母 Hh-Pp 以及相应的字母是 Hh-Pp 开头的单词。

　　2）学生特点

　　（1）一年级的小学生活泼好动，爱唱爱跳且乐于表现自己；对新鲜事物易感兴趣，具有丰富的想象力，愿意通过自己的感觉、喜好、体验来进行积极的学习，求知欲和参与意识强。

（2）学生喜欢同伴之间交流。

（3）学生喜欢表演。

3. 教学方式与手段

利用视听对话、角色体验、游戏操练多媒体辅助教学，呈现并学习本课新知；利用课件、板书和卡片并结合游戏互动，融机械操练和意义操练为一体，深化认知；采取表演的任务活动并鼓励小组合作的拓展学习方式，使学生在任务中使用语言。

4. 技术准备

自制多媒体课件、教学卡片、本课人物头饰、电脑配套动画等。

【教学目标】

1. 学生能够通过视听对话、角色体验、游戏操练等活动，听懂、会说 Listen and say 中的对话内容。

2. 学生能够通过模拟交际的活动，在实际情景中用"Who's not here today? …is not here."来交际。

3. 学生能够通过唱英文字母歌、描写单词首字母、给单词排序、拍单词游戏等方式，熟练掌握本课复习的9个字母与单词的认读。

4. 学生能够通过谈论图片内容、视听、跟读小韵文等方式，正确理解并朗读小韵文，体会韵文的节奏和韵律感。

5. 学生能够通过表演对话、师生谈论等方式，懂得做事情应该守时。

【教学重难点】

1. 教学重点

（1）在创设的情景中运用 Who's not here today? …is not here. 来交际。

（2）复习字母 Hh-Pp 以及相应的字母是 Hh-Pp 开头的单词。

2. 教学难点

能够理解，运用 Who's not here today? …is not here. 表示某人缺席或迟到。

【教学过程】

Step 1：***Review***(3′)

1. 教师引导学生回忆上节课内容：Yesterday was Sunday，Maomao and his mother went to the movie theater. What happened? Please read it.

2. 教师课件依次出示21课 Listen and say 中的图片（见图2、图3），请学生分组分角色朗读：Let's read the dialogue together. Group one is Maomao's mother. Group two is Maomao. Group three is the ticket collector.

图 2

图 3

3. 教师请学生戴头饰来前面分角色表演对话：Who can act the dialogue?

［设计意图：通过表演对话的形式，复习原有认知，自然过渡到本课情景，为本课的知识做铺垫。］

Step 2：Listen and say (15′)

1. 呈现本课对话情景，整体感知对话

教师出示本课无字幕的对话图一（见图 4），引导学生观察图片：Today is Monday. Boys and girls are at school. Look：Who are they? Where are they? Are they in the zoo \ in the classroom…What will they say? 学生回答教师问题：Miss Wang \ Yangyang. They are in the classroom.

教师根据学生回答板贴人物头像。如果学生不会用英文回答，也可以中文回答。

图 4

［设计意图：引导学生回答，让学生发散思维，想一想图中人物都说了些什么，充分调动已知语言，把学生带到故事情景当中。教师提问时给出选项，学生容易理解问题的意思，降低问题难度。］

2. 对话内容学习

（1）学习对话一

①教师播放课件动画，学生整体视听对话。

②教师提问学生：What does Miss Wang(Yangyang)say? 播放 Miss Wang(Yangyang)无字幕的说话录音。

③教师请同学来重复。

④教师再次播放录音，核对学生重复的。

[设计意图：从视听入手，教学新句型，在教学中尽可能让学生跟着录音进行模仿，再让学生重复，重复之后听录音核对后再进行模仿，符合学生学习新语言的认知规律。]

⑤解释 Who's not here? Xx is not here.

教师请全班同学捂上眼睛，之后请一名同学悄悄地走到教室外面。对学生说：Who's not here today? "not here" means "不在这里"。学生环顾教室，说出不在教室的同学名字 Xx。教师补充完整：Xx is not here. 教师板贴句子条出示新句型。

⑥学生听录音模仿跟读。

⑦操练句子。

A：教师戴头饰和全体学生一起分角色朗读：Now I'm Miss Wang，You are Yangyang. Let's read the dialogue.

B：教师让全班学生分角色朗读对话：Group one，two，three is Miss Wang，Group four，five six is Yangyang.

C：教师请学生分小组分角色扮演：Now let's read the dialogue in groups. If you do well，you will get starts，OK?

[设计意图：学习对话内容，树立角色意识。]

(2)学习对话二

图 5

①教师出示无字幕图片提问(见图 5)：Who opens the door? Lingling 突然看到 Maomao 后说了什么？What does Miss Wang/Maomao say? 教师课件

播放 Miss Wang/Maomao/Lingling 的对话视频。学生看视频回答教师问题：Maomao…

②教师请同学来重复。

③教师再次播放录音，核对学生重复的。

④学生听录音模仿跟读，教师板贴句子条。

⑤操练句子。

A：教师戴头饰和全体学生一起分角色朗读：Now I'm Miss Wang, Boys are Maomao, girls are Lingling. Let's read the dialogue.

B：全班学生分角色朗读对话：Group one and group two is Miss Wang, Group three and group four is Maomao. Group five and six is Lingling.

C：学生分小组分角色扮演：T：Now let's read the dialogue in groups. If you do well, you will get starts, OK?

⑥教师进行德育教育，提问学生：毛毛迟到时是什么表情？他做事情总是迟到，好不好？你想对毛毛说什么？

[设计意图：渗透德育教育，使学生懂得做事情应该守时。]

3. 句型操练游戏

(1)教师创设情景：It's time for PE class. 课件出示人物 Maomao, Lingling, Guoguo, Yangyang, Baobao 在操场上的图片(见图6)。提问：Who are they?

学生回答：Maomao, Lingling, Guoguo, Yangyang, Baobao. 教师继续说：Boys and girls are very naughty. Let's find out who is not here.

图6   图7   图8

(2)教师操作课件盖住这几个人物(见图7)，出示问题：Who's not here? Let's read it together. 教师继续操作，课件出示少了一个人物的图片(见图8)学生回答：Xx is not here.

[设计意图：在情景中机械操练重点句型，激发学生学习兴趣。]

Step 3：*Let's act*(5′)

(1)教师和两名学生一起，戴着头饰示范表演本课对话。

(2)教师请2—3组学生戴着头饰到前面表演。

(3)开展 Group work. 学生进行对话表演。

（4）拓展情景

①教师课件出示动画片《大耳朵图图》中的人物图片（见图 9）提问：Look! Who are they? 学生回答：健康哥哥、壮壮、大耳朵图图、小美。

②示范表演对话：教师提问学生：健康哥哥带着图图和小朋友们做游戏，发现王子没来，What are they talking about? Let's act 环节教师请几个同学和教师一起戴头饰扮演这几个人物，给全班学生做示范。学生可以使用本课和上一课的语言，Who's not here? Wang Zi is not here. I'm sorry, I'm late. May I come in? Come in, please. 等进行表演。

［设计意图：教师表演、示范，给学生语言支撑。］

③教师请学生分组表演。

④教师请学生到前面戴头饰展示。

图 9

［设计意图：充分地操练，模拟交际情景，在交际中加深对新语言的理解，拓展情景，激发学生学习兴趣，使学生可以更好地运用语言。］

Step 4：Listen，repeat，and trace（15′）

1. 歌曲导入

师生看视频，并一起表演唱英文字母歌。

［设计意图：演唱英文歌曲能够激发学生学习兴趣，帮助学生复习字母。因为本单元主要是独特的通过复习单词，描写单词首字母来复习 26 个英文字母，所以唱字母歌曲对于学生复习字母是有帮助的。］

2. 复习字母的认读

（1）导入字母及单词：教师用课件出示本课 Kate 和 Lala 的图片，并对学生说：Look，Kate and Lala are reading letters and words. Let's learn them with Kate and Lala.

（2）读字母比赛：教师任意出示 Hh-Pp 的大小写字母卡片，全班学生分为两大组进行读字母比赛，教师在此强调读字母时的升降调变化。

（3）强调元音字母 Ii、Oo 的发音：教师出示字母卡片请学生朗读时，有意多次重复呈现元音字母 Ii、Oo，分组比赛读之后从各组找出一个同学来比赛读，引导学生关注这两个字母的发音，教师此时观察学生口型，并强调发音。

3. 描写单词首字母

（1）教师请学生打开书第 55 页，观察书上单词（见图 10），引导学生发现规律，说出单词首字母是按照字母顺序来排列的。

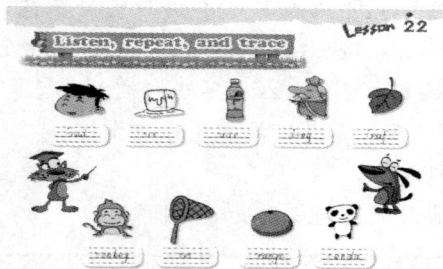

图 10

（2）教师请学生描写首字母，利用投影展示部分学生描写的字母，师生一起评价，提出优点与不足。把字母放在单词中进行描写，让学生体会字母是在单词中的，单词是由字母组成的，加深学生对字母的理解。

（3）强调 j、i 书写时的笔顺：教师请学生来前面通过投影演示书写字母 j、i，其他同学看投影，判断书写笔顺的对错。教师此时强调出字母 j、i 的笔顺，两个字母都是后写点。

［设计意图：把字母放在单词中进行描写，让学生体会字母是在单词中的，单词是由字母组成的。加深学生对字母的理解。］

4. 给单词卡片排序和拍单词游戏

（1）教师出示本课 9 张单词卡片，把单词卡片贴到黑板上，提问：Can you read these words? 请学生读出这些单词，并引导学生注意首字母的发音，必要时教师带读一下，然后请学生按照首字母的顺序来前面给单词排序：Please order these words.

（2）教师把全班学生按男女生分为两组，每轮游戏时各出一名代表，上前面拍单词。

（3）教师请一名学生手中也拿一套单词卡片，面向大家依次出示单词卡片。

（4）座位上的同学一齐读出单词，前面的两位同学听到单词后迅速拍到所听单词。

（5）拍得快的同学和纪律好的组都可以为本组加上一颗"心"，教师做评委。

［设计意图：巩固单词，激发学生学习兴趣。］

Step 5：Let's say（5'）

1. 整体呈现韵文

教师出示本课 Let's say 中动物园的图片提问（见图 11）：What can you see in the picture? 学生观察图片，回答出图片上的动物：I can see an elephant，a lion and three monkeys.

图 11

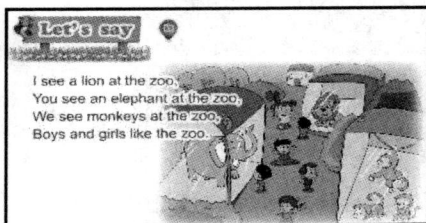

图 12

2. 整体视听韵文（见图 12）

教师播放课件，请学生整体视听韵文，视听前教师提出问题：How many animals can you see in the rhyme? Where are they? 学生视听后回答出：I can see an elephant，a lion and three monkeys. They are at the zoo.

3. 多种形式朗读韵文

(1)教师带动作读韵文，学生整体跟读韵文，注意模仿语音语调。

(2)分小组跟读韵文，其他组给予评价。

(3)学生在小组内有节奏感地读韵文，并展示。

(4)请学生用原来学过的动物单词替换韵文中的单词，读一读。

(5)教师请学生用已经学过的动物单词替换歌谣中的动物如：

I see a（panda）at the zoo.

You see a（fox）at the zoo.

We see（tigers）at the zoo.

Boys and girls like the zoo.

[设计意图：复习巩固单词，体会韵文的节奏和韵律感，通过小韵文的朗读进一步渗透与单词相关联的重点语音。]

Step 6：Reflection and homework（1'）

教师根据板书总结本节课所学内容并布置作业。

Please read the dialogue and the words to your parents.

板书设计

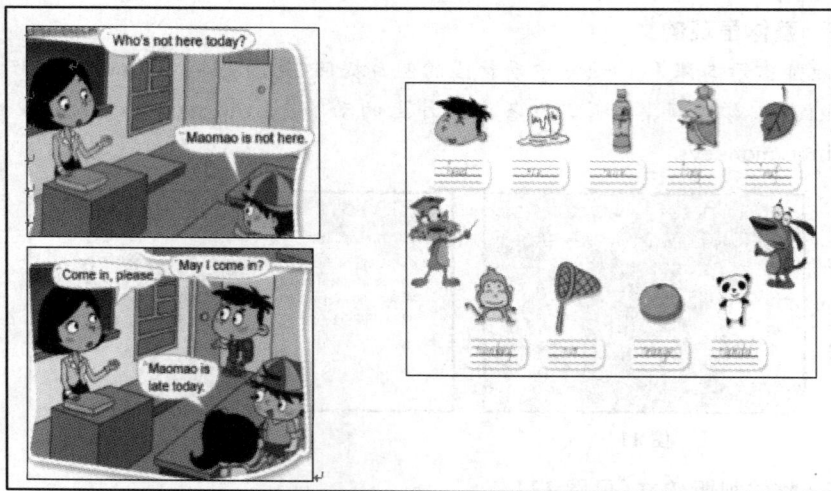

【课后反思】

1. 注重模仿表演，强化体验

在本节课教学重难点句型时，我请学生戴着头饰带有情感、伴随动作来分角色表演，帮学生树立角色意识，这样有助于学生语言的内化，进而能促进语言运用能力的提高。

2. 多种活动，激发学生学习兴趣

在教学时，我抓住学生兴趣点，帮助学生理解和学习新知，如：在教学对话时，为了帮助学生理解新句型，设计"Who's not here?"的环节，我请全班同学捂上眼睛，之后请一名同学悄悄地走到教室外面后，提问：Who's not here today? 并解释"not here" means "不在这里"。学生对这个环节注意力非常集中，当他们睁开眼睛，看到班里少了一位同学，他们能立刻找出是谁，我此时恰到好处的解释新句型含义，这个环节使学生充分理解了句意，并激发了学生学习的兴趣。在复习单词的环节，我设计了男女生比赛拍单词的小游戏来操练单词，并予以奖励，让学生体会到了学习的快乐。

3. 创设情景、拓展情景

我在解释重点句型、复习、导入新知、机械操练句型时分别创设了情景，几句导入语使得教学内容连在一起，在情境中感知理解语言，增强了故事性和连贯性。在 Let's act 环节我利用学生喜爱的动画片《大耳朵图图》中的人物拓展了情景，使学生真实交际，在交际中加深对新语言的理解。

【教学评析】

1. 增强模仿体验，创设教学情景

本节课，授课教师能从学生认知水平和兴趣点出发，给学生模仿体验和表演的机会，为学生创设情景，激发学生学习兴趣，如：在教学 Let's say 时，利用学生集体跟读，小组间分角色读，小组成员分角色表演动画片中的人物等多种方式，充分地操练，模拟交际情景，在交际中加深对新语言的理解，激发学生学习兴趣，使学生可以更好地运用语言。在 Let's act 环节操练本课重点句型时，教师课件出示动画片《大耳朵图图》中的人物图片：健康哥哥、壮壮、大耳朵图图、小美并对学生说：健康哥哥带着图图和小朋友们做游戏，发现王子没来，What are they talking about? 教师请学生分别扮演他们感兴趣的动画片中的人物来操练句型，学生能够在情景中快乐的体验学习知识。

2. 利用多种活动形式，突破教学难点

授课教师在教学新句型时，能够从视听入手，尽可能让学生跟着录音进行模仿，再让学生重复，重复之后听录音核对后再进行模仿，这样符合学生学习新语言的认知规律。在复习字母时，教师能够注意突破教学难点，请学生把字母放在单词中进行描写，让学生体会字母是在单词中的，单词是由字母组成的，加深学生对字母的理解，并且教师根据学生以前掌握的情况查漏补缺，再次通过各种教学活动，强调了元音字母 Ii，Oo 的发音以及强调小写字母 i，j 的笔顺。

案例 2
单元内第二、三课时设计

本案例的教学内容为北京版小学英语一年级上册第四单元第二、三课时。单元的话题是介绍自己的朋友和问候新朋友，功能句型为"This is ….""Nice to meet you.""Nice to meet you，too."这一内容在生活中运用广泛。通过前三个单元的学习，学生已经初步学会在不同的场景，用英语"Hello!""Hi!"与熟悉的人相互打招呼、问候。通过本单元的学习，学生能够知道如何友好地介绍自己的朋友，如何得体地与新朋友打招呼、问候。本单元共有 4 课时，3 节新授课，1 节复习课。在新授课中围绕介绍自己的朋友和问候新朋友这一话题，不同课时创设的对话场景不同，分别为带朋友到家里和家人认识，带朋友到公园或河边结识新的朋友等。本单元对话中出现的主要人物 Lala 和 Kate，也是本套教材的主要人物。学生在前面三个单元中见过，但没有正式以人物角色学习过。第 13 课先是介绍 Laia 给 Guoguo 认识，第 14 课 Lala 和 Kate 认识，第 15 课 Lala 和 Kate 的朋友 Lily 认识。本单元所学的语言相对集中，场景创设贴合学生生活和年龄特点。

【第二课时教学设计】
UNIT 4　NICE TO MEET YOU Lesson 14
【教学背景分析】
1. 教学内容分析

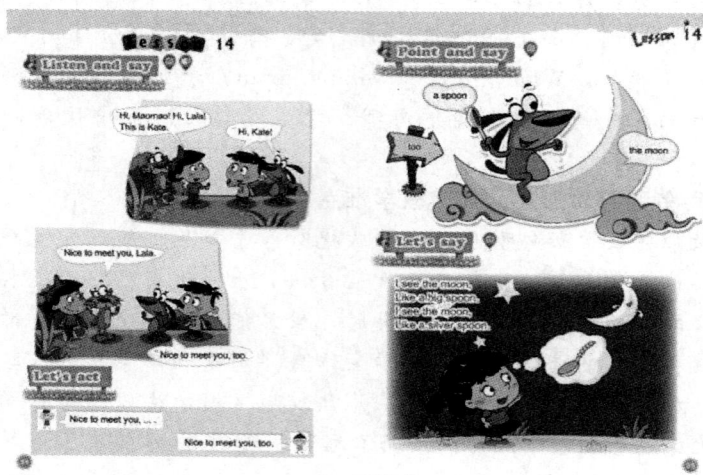

2. 本课时分析

本课为单元中的第二课时，第一课时学习了介绍别人和打招呼的句子"This is … Hello！Hi！"本课时继续学习"This is … ." "Nice to meet you." "Nice to meet you，too."使打招呼的语言更加丰富，学生的表达更加恰当。

本课为学习课，一共有 4 个板块的内容：

Listen and say 为对话学习板块，创设的情景为 Guoguo 带着 Kate，Maomao 带着 Lala 在公园遇见的场景，通过介绍 Kate 和 Lala 认识来学习句型"This is … ." "Nice to meet you." "Nice to meet you，too."

Let's act 为句型操练板块，重点练习"Nice to meet you. Nice to meet you，too"互相问候的语言。

Point and say 为语音和词汇学习板块。主要学习三个单词 too，a spoon，the moon 以及感知三个单词的共同音/u:/。

Let's play 为韵文学习板块，通过小韵文的朗读进一步渗透与新单词相关联的重点语音/u:/。

根据本单元"整体教学"的设计思路，呈现本课新知之前设计了 Role play 的活动，引导学生复习前一课时学过的知识，从情景及语言上进行了课时间的巧妙衔接和过渡，减轻了本课第一幅图的教学负担。在 Listen and say 环节，鉴于用"This is … ."介绍自己的朋友在本单元第一课时中已经学过，学生理解没有问题，本课时在教学时把重点放在 This is 的准确发音和正确运用上。并通过开展"向别人介绍同桌、向老师介绍同学"等活动，引导学生在真实的语境中运用本课新知：Nice to meet you. Nice to meet you，too.

在 Point and say 和 Let's play 环节中，通过形象记忆帮助学生理解和识记单词，通过动作帮助学生体会/u:/的发音。由于本课的小韵文比较难，我开展了多种形式说歌谣的活动，使学生在愉快的体验中能够朗读表演小韵文，感知英语韵律。

3. 学生情况分析

本课所教授的对象是一年级的学生，低年级学生活泼好动，求知欲强，教师可以通过组织丰富多样的教学活动来让学生充分体验语言，感受成功的喜悦。学生参加攀登英语的学习，听说能力相对较强，善于合作。开展一些小游戏激励学生，激发学生的学习兴趣。

4. 教学方式和手段

(1)通过 Role play 的活动，复习上一节课的对话内容，为本节课的对话学习做好了衔接。

(2)在 Listen and say 环节，教师给学生创造了语言情景，让学生把本课的介绍新朋友和互相问候的句型 This is…. Nice to meet you. Nice to meet you，too. 在真实情景中进行了有效的运用。

(3)在 Point and say 和 Let's play 环节中，通过形象记忆帮助学生理解词意，利用游戏活动帮助学生识记单词。

(4)在教学中，采用奖励 sticker 的评价方式，激发学生学习英语的兴趣。

【教学目标】

1. 能听懂、会说"Listen and say"中的对话内容。

2. 能在实际情景中用"This is…."来介绍他人，并能用"Nice to meet you (too)!"得体地与人打招呼、问候。

3. 能听懂、会说、认读单词：too, the moon, a spoon 并能在学习单词的过程中感受字母组合 oo 的发音。

4. 能正确理解并尝试着表演小韵文，体会韵文的节奏和韵律感。

【教学重难点】

1. 教学重点

(1)能听懂、会说"Listen and say"中的对话内容，并能在创设的情景中用"This is…."介绍他人，并用"Nice to meet you(too)."得体地与人打招呼、问候。

(2)能听懂、会说、认读单词：too、the moon 和 a spoon 并能在学习单词的过程中感受字母组合 oo 的发音。

2. 教学难点

能够理解并准确有节奏地朗读小韵文。

【教学过程】

***Step* 1：*Warming up ＆ leading in*（6′）

1. Free talk

T：How are you today?

S：I'm fine，and you?

T：I'm fine，too.

2. Sing a song

师生一起唱歌曲 *How are you?* 教师边唱边到座位上跟学生打招呼。

3. Review the dialogues

教师依次在 PPT 上播放前面学过的对话的主题图，让学生以小组为单位分角色朗读对话。（见图 1）

图 1

［设计意图：通过歌曲演唱活跃课堂气氛，使学生尽快融入课堂教学中来；通过 Role play 的活动，引导学生复习前一课时学过的语言，顺利过渡到新知的学习。］

***Step* 2：*Listen and say*（15′）

图 2

1. Introduce characters（见图 2）

T：教师出示图片问学生：Who are they?（Present Kate and Guoguo）

S：Kate and Guoguo.

T：Good. Who are they?（Present Maomao and Lala）

S：Maomao and Lala.

T：They meet in the park. Does Maomao and Lala know Guoguo?

S：Yes.

T：Does Maomao and Lala know Kate?

S：No.

2. 学习对话1

（1）预测对话

教师出示图片，提出问题，学生猜测对话。（见图3）

图3

T：What will Guoguo say?

S：….

T：What will Maomao and Lala say?

S：….

（2）学习句子：Hi，Maomao! Hi! Lala! This is Kate. Hi，Kate!

引导学生在听的基础上关注Guoguo说了什么，学生根据所听内容尝试重复听到的句子。教师播放课件，验证学生说得是否正确，并适时板书句子：Hi，Maomao! Hi! Lala! This is Kate.

用同样方法学习"Hi，Kate!"

（3）分角色朗读对话，体验人物角色

教师与学生；男生与女生。表演对话。教师扮演Guoguo拿着Kate的头像介绍：This is Kate. 学生跟Kate打招呼。请学生到前面来扮演Guoguo介绍Kate。（见图4）

图4

［设计意图：在"公园"的情景下，引导学生运用已有知识预测对话；激活原有认知，尝试语言运用；在几次听的过程中，启发学生的思维，提高学生听辨能力；在对话学习的过程中树立角色意识，使学生更好地理解和运用语言。］

3. 学习对话 2

（1）学生观察图片，预测对话（见图 5）

图 5

教师引导学生理解：两个人第一次见面，认识以后很高兴，他们会说些什么呢？学生预测他们的对话内容。

（2）学习对话：Nice to meet you, Lala. Nice to meet you, too.

教师引导学生听录音，学生重复所听到的句子。进行确认，并板书呈现句子"Nice to meet you！""Nice to meet you（too）！"学生练习朗读。（见图 6）

Nice to meet you, Lala.

图 6

（3）角色体验

教师跟一个学生握手说：Nice to meet you（too）！学生互相握手体验角色。

［设计意图：在理解对话的过程中，教师配以握手的动作，引导学生体会语言的功能；通过教师与全体学生、教师与单个学生、学生与学生之间的对

话练习，体会人物角色，增强语言实践量。]

4.练习 Nice to meet you.

游戏：A bee!

学生看课件中变换的人物，如果看到的是一只蜜蜂，学生抱头。如果看到是一个朋友，就用 Nice to meet you 与人物用所学句型打招呼。

5.读对话 2

(1)学生听音、跟读对话：第一遍看大屏幕读

(2)第二遍看书指读

(3)教师请一组学生到前面示范：分角色表演对话

6.表演对话

(1)小组示范对话

(2)小组活动

(3)小组展示，表演对话

[设计意图：通过 A bee! 游戏练习新句型 Nice to meet you. 游戏化的操练方式激发了学生参与的积极性，和教材中的朋友问候的游戏方式使语言操练更有意义；通过多种方式听读、跟读、朗读和分角色读对话，帮助学生理解内化语言，形成语感。]

Step 3：*Let's act.*(5′)

(1)请学生把同桌介绍给全班认识。

(2)教师给学生们示范：把班上的一个学生介绍给现场的老师：This is…. 然后学生与现场的老师互动。

(3)学生把自己的同桌介绍给在场的老师。

[设计意图：教师巧妙地利用在场听课的教师这一教学资源，开展学生间、师生间的介绍和问候活动，不仅使语言得以真实的运用，更增加了与人互动交流的体验，培养了学生与人交往的能力、增添了一些礼仪常识。]

Step 4：*Point and say*(7′)

1.拓展故事，引出单词

(1)Lala 今天很高兴，晚上他做了一个梦，梦里有一个大大的月亮。教师用课件出示月亮并带读单词 the moon。

(2)教师用课件演示月亮从满月变成月牙的过程，边演示，学生边跟课件读单词。并最终定格在弯弯的月亮(见图 7)，教师提问：What does the moon look like?

(3)教师继续情景描述：Lala 觉得月亮像小船，就坐到了月亮上：What's in Lala's hand? Oh, a spoon. 学生跟课件读 a spoon，教师出示一个银色的

图 7

勺子说：a silver spoon. 学生跟读。（见图8）

图 8

（4）学生试着读单词 too。

[设计意图：在故事中出示单词，自然有趣，激发了学生的求知欲和学习的愿望；在单词之间建立了联系，有利于学生记忆。]

2. 通过游戏巩固单词

游戏：Big turnip

游戏规则：选一组学生站在前面，面向全班，每个人手里拿一张单词卡，坐在座位上的学生读大屏幕上面的单词，例如：too down，手里拿着 too 的学生就蹲下，动作慢或者错误的被淘汰，又快又正确的学生获胜。（见图9）

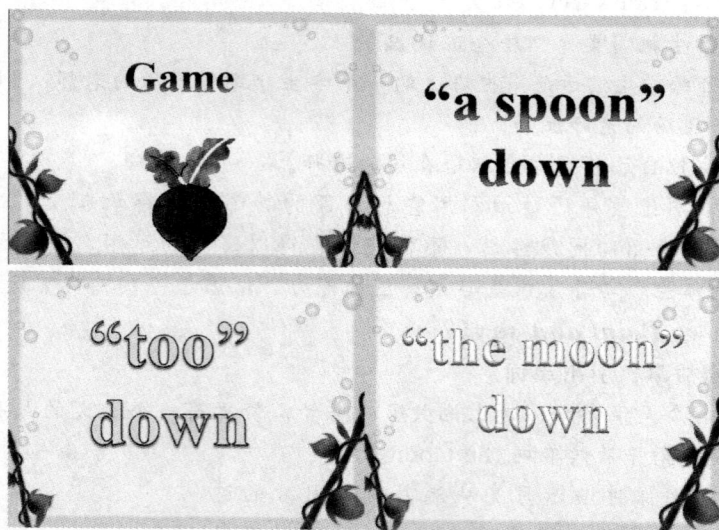

图 9

[设计意图：将三个单词放在一个情景中教学，有利于建立词义间的意义关联，帮助学生理解词义；通过多种形式朗读，体会字母组合 oo 的发音；通过游戏巩固单词，既寓教于乐，又从听、说、读多种角度训练学生的语言技能，促进综合语言发展。]

Step 5：Let's say(6′)

1. 导入、呈现歌谣

教师出示课件提出问题(见图10)

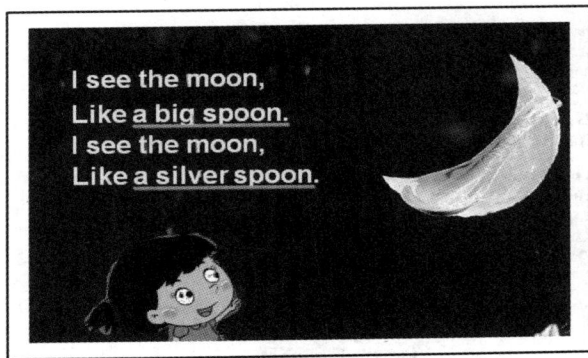

图 10

T：Lala 走了，小姑娘来了。小姑娘觉得月亮像什么呢？Listen.

S：Like a spoon.

T：Yes. 是什么样的勺子呢？Let's listen to it again.

S：A silver spoon.

T：Yes. 银色的勺子。(Show the sentence)

S：A big spoon.

T：Yes. A big spoon. (Do the action and show the sentence)

(Read the sentence "Like a big spoon. Like a silver spoon")

2. 多种形式朗读韵文

(1)整体跟读韵文，注意模仿语音语调。

(2)教师出示不同的节奏，让学生试着读一读。

(3)学生选择自己喜欢的一种节奏，说一说韵文。

3. Show the rhyme

(1)小组活动：有节奏感读韵文。

(2)小组展示表演韵文。

(让每组学生选择一个节奏展示，教师按照慢、中、快给学生不同的奖励。)

[设计意图：通过问题设计，引导学生关注韵文内容，理解韵文含义；通过多种形式跟读、朗读、变节奏演唱韵文，降低韵文难度，体会韵文节奏和韵律，培养学生的节奏感和语感。]

Step 6：Reflection and homework(1′)

教师根据板书总结本节课所学内容并布置作业。

(1)Look at the blackboard and read the dialogue and the words.

(2)After class，please read Lesson 14 to your parents and read the rhyme in groups.

板书设计

U4 Nice to meet you . L14

Hi, Maomao! Hi, Lala!
This is Kate.

Hi, Kate!

Nice to meet you,
Lala.

Nice to meet you, too.

a spoon.

the moon.

too

【教学反思】

本课共有四个板块。第一二板块是对话教学，是在第十三课 This is …. 的基础上学习 Nice to meet you. 在处理这两个板块时，关注了以下几点：

1. 情景的创设

本课主题图是 Guoguo 带着 Kate 在公园里遇见了 Maomao 和 Lala，那么在他们相遇之前会发生什么事呢？设计了一个新的情境，让 Guoguo 和 Kate 先遇见 Lingling，目的是让学生试着用前一课学过的知识进行交际，也是减轻了本课第一幅图的教学负担。

2. 角色体验

在处理第二幅图的时候，设计的是先让学生明白 Nice to meet you. 的意思，然后进行句子教学，教的时候也是让学生互相握握手，体验 Nice to meet you. 的含义及用法。由于这个句子是新接触的，简单机械的操练又没有趣味，所以设计了 A bee! 游戏，让学生看见蜜蜂抱头，看见人物就问候。这也是我们开学以来经常采用的游戏，学生们很喜欢，既练习了句子又有趣味还没有离开情境运用。

3. 真实运用

在 Let's act 环节中，先请学生到前面来介绍一下自己的同桌，然后互动。再自己示范向在场的老师介绍一位学生，最后请某个学生像老师一样向在场的老师介绍自己的同桌或朋友。这样就在一个真实的语境中练习了今天的对话，达到了语言运用的目的。

本课的第三个板块是以拟人化的小动物，介绍新单词，渗透主课文重点语音，重点：听、读（认读）。第四个板块是通过小韵文的朗读进一步渗透与新单词相关联的重点语音，重点：听、读（诵读）。我在处理这两个板块时采取了这样的方式：

1. 在故事情景中学习单词

继续讲故事完成单词教学，在 Lala 的梦里出现了月亮，然后教单词 the moon，之后 Lala 觉得 moon 像小船，就坐了上去，手里拿着把勺子，再教 a spoon，最后让学生试着读一读 too。

2. 趣味操练单词

在操练单词的时候也采取了平时我上课的时候经常用到的 Big turnip！这个游戏的优点是，无论站在前面的同学还是坐在座位上的学生都能够动起来，前面的学生要听指令做动作，坐在座位上的学生要认读单词，并监督前面的学生是否做对了。最终达到了练习单词的目的，学生们又觉得很有意思。

3. 多种形式说歌谣

Let's say 环节中，我们设计的是"先由小姑娘认为月亮像把勺子"引出歌谣。第一遍是呈现歌谣，学生看屏幕听歌谣；第二遍是跟读，强调有语气有节奏，注意模仿；第三遍，教师给出不同的节奏，带领学生体验歌谣的节奏感和韵律感，打着不同的节奏说歌谣。然后是小组练习，展示。

【教学评析】

1. 注重情景创设，关注意义操练

本节课情景创设贯穿始终，淡化了课时及板块间的痕迹，注重了语言的应用。如本课时的对话部分，无论是从语言还是从情景上都是上一课时的发展和延续。教师设计了 Role play 的活动，在引导学生复习前一课时学过的知识的同时，顺利地过渡到本课时的学习。再如词汇教学部分，教师开展了在故事情景中学习单词 moon，spoon，too 的活动：Lala 晚上做了一个梦，梦里有一个弯弯的 moon，Lala 就坐了上去，手里拿把 spoon，身边指示牌上写着 too。将三个单词放在一个情景中教学，有利于学生理解词义，建立词义间的意义关联，便于学生整体识记。

2. 巧用教学资源，关注情感体验

本课时的教学内容贴近学生的生活实际。在教学中，教师不仅充分挖掘了教材资源，同时，对实际情景中的学生和教师资源也进行了开发和利用。如在练习 Nice to meet you. 这一重点句型时，教师考虑到学生刚开学不久还不太熟悉的实际情况，开展了将自己的同桌介绍给其他同学的活动，为了增进同学之间的友谊，教师还鼓励学生加上了互相握握手的动作，给学生带来了美好的情感体验；同时，教师也利用了在场听课的一百多位教师的资源，开展了向在场的老师介绍自己的同桌或朋友的活动，通过与现场老师们的互动，学生不仅练习了语言，增强了自己大胆自信敢开口的意识，还同时获得了认同感和成功感。

【第三课时教学设计】
UNIT 4　NICE TO MEET YOU Lesson 15
【教学背景分析】
1. 教学内容分析

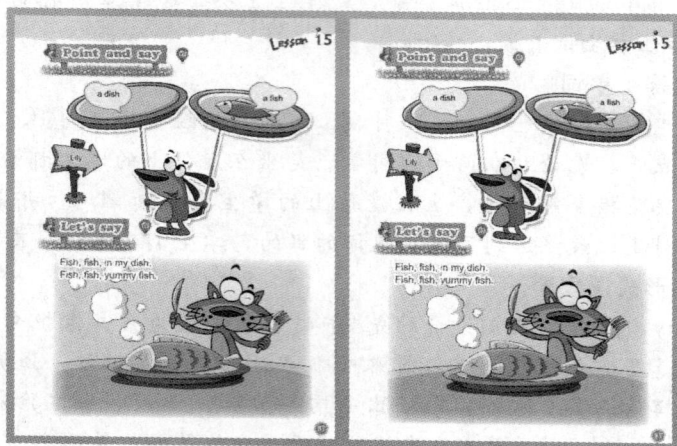

本课为北京版小学英语一年级上册第四单元的 Lesson 15。本单元的功能话题为：学会介绍第三者，并相互认识。主要句型结构为 This is …. Nice to meet you. Nice to meet you，too. 本单元共有四课时内容，其中 Lesson 13—15 为新授内容，Lesson 16 为复习课内容。在 Lesson 13 中的对话部分学生已经学习了用 This is my friend，…向他人介绍自己朋友的语句，在 Lesson 14 中学生又学习了用 Nice to meet you. 和 Nice to meet you，too. 向新朋友问候的语句。本课时 Lesson 15 是在前两课时的基础上对两种句式的深入学习。

本课时主要包括 Listen and say、Let's act、Point and say 和 Let's say 四个教学板块。其中前两个板块是对话内容的学习，后两个板块是语音、词汇的学习。第一部分 Listen and say 的情景主要为：在湖边，Kate 把 Lala 介绍给小鱼 Lily 认识，主要语言为：This is my friend，… Hi，…! I'm…. Nice to meet you. 第二部分 Let's act 的内容主要为角色扮演和在模拟情景中尝试运用新的语言进行交际活动，体验语言的真实运用。第三部分 Point and say 的内容充分利用本课的对话有效资源，给学生延续本课语言情景，整体认读单词 Lily、dish 和 fish，感受/i/在 Lily、dish 和 fish 单词中的发音。第四部分 Let's say 的内容是学习与单词 dish 和 fish 有关的小韵文，学生能够朗读表演小韵文，感知英语韵律。

2. 学生情况分析

本课所教授的对象是学校一年级的学生，他们对英语有着浓厚的兴趣。通过一个多月的常规和攀登英语的学习，他们具备了大胆、自信和敢开口说英语的好习惯，善于表达并能积极参与英语的学习。本课中结合一年级学生喜欢游戏，乐于参与和表演认知规律和年龄特点，我设计了小组比赛朗读单词、Bingo game、表演歌谣和角色扮演介绍新朋友等游戏活动，使学生积极参与到教学活动中来，培养学生的语言表达能力。

3. 教学方式、手段

(1)利用歌曲童谣，活跃课堂气氛，为本节课的学习做好铺垫；通过复习本单元第14课的对话内容，自然导入本课的新内容。

(2)通过谈论图片、视听对话、分角色朗读和扮演等多种有效的教学活动，让学生在创设的情景中，理解并尝试运用本课的主要功能句型。

(3)听过听、读、语音的口形比较，感知语音；通过设计有趣的Bingo game等游戏活动，巩固操练所学的单词；通过积极参与歌谣表演的活动，让学生感知韵文的韵律。

(4)教学中采用语言评价和小组奖励sticker的评价相结合的评价方式，调动学生积极参与英语的学习。

4. 技术准备

多媒体电脑、图片、配套光盘、自制PPT课件、评价板、头饰、奖励贴

【**教学目标**】

1. 能听懂、会说、整体认读Listen and say部分的对话内容：Hi, little fish! This is my friend, Lala. Hi, Lala! I'm Lily. Nice to meet you. Nice to meet you, too.

2. 能在创设的故事情景中用"This is my friend, ..."来介绍自己的朋友，能用"Nice to meet you.""Nice to meet you, too."与新朋友互相打招呼。

3. 能整体认读单词Lily、dish和fish，感受它们所含有的共同发音/i/。

4. 能模仿录音中的语音、语调，能根据韵文的韵律熟练准确有节奏地读出小韵文并能小组表演韵文。

5. 能在趣味游戏、角色扮演和表演歌谣等活动中体会语言学习的乐趣。

【**教学重难点**】

1. 教学重点

(1) 能在恰当的情景中用"This is my friend, ..."来介绍自己的朋友，能用"Nice to meet you.""Nice to meet you, too."与新朋友互相打招呼。

(2)单词Lily，dish和fish的正确发音和整体认读。

2. 教学难点

整体认读单词，能读准所学词语中的元音音素/i/。

【教学过程】

Step 1：Warming up（2′）

（1）师生问好

（2）预热活动，师生表演歌谣 Good morning！（见图 1）

图 1

［设计意图：通过预热活动，活跃课堂气氛，把学生带入到英语的课堂，让学生积极参与学习活动。］

Step 2：复习导入（2′）

1. 提出问题，引出 Lesson 14 中的人物

教师出示 Lesson 14 主题图，提问：Who are they?

Ss：They are Guoguo，Kate，Lala and Maomao.

2. 复习 Lesson 14 的对话，分角色表演

T：Let's act the dialogue.

学生分角色表演 Lesson 14 对话。（见图 2）

图 2

［设计意图：通过呈现 Lesson 14 的对话，不仅复习了原有认知，而且自然地过渡到本课的对话情景中。］

Step 3：Listen and say（15′）

1. 谈论本课对话中的两位人物，呈现对话情景

　　T：教师出示图片，然后说 Kate and Lala are good friends.（教师呈现在黑板上 Kate and Lala）Today they are by the lake.（教师板画呈现 lake）

2. 第一次播放对话课件，初步理解对话

　　T：Who is coming? Let's watch and listen. 整体播放对话课件，引导学生回答，了解对话中的其他人物。

　　Ss：学生看课件，然后回答：A fish 或 Lily.

　　T：教师呈现 Lily 图片并贴到黑板上。

3. 第二次播放对话课件，深入理解对话

　　（1）学习 Picture 1

　　①学习句子：Hi，little fish! This is my friend，Lala.

　　T：Does Kate know Lily?

　　Ss：Yes.

　　T：Does Lala know Lily?

　　Ss：No.

　　T：Kate 是怎么把 Lala 介绍给 Lily 的呢？Let's listen.

　　教师指是 2—3 名学生重复听到的句子。然后让学生在黑板上找出听到的句子并读出，教师播放录音验证，正确之后贴到主板书的位置上。

　　②学习句子：Hi，Lala! I'm Lily.

　　T：Lily 是怎么打招呼的呢？Let's listen.

　　S1：学生根据听回答：Hi，Lala! I'm Lily.

　　T：Who can find this sentence on the blackboard?

　　S2：学生找出听到的句子，并读出这个句子，播放录音验证，之后贴到黑板上。

　　③分角色说这两句话。

　　（2）学习 Picture 2

　　T：教师引导学生对后面的对话进行预测：Lala 和 Lily 认识了，他们会说些什么呢？学生两个人一组，站起来展示他们预测的对话内容：

　　S1，S2：Hi，Lala. Hi，Lily.

　　S3，S4：Nice to meet you. Nice to meet you，too.

　　S5，S6：Good morning，Lily. Good morning，Lala.

　　教师播放动画验证学生的预测。并让学生找到这两句话贴到主板书的位置。

4. 整体跟读对话

5. 分角色朗读对话

　　（1）师生整体分角色朗读对话

　　（2）三名同学进行角色扮演示范

　　（3）小组内分角色读对话

T：Group work. First choose your roles. Who wants to be Kate/Lala/Lily?

Ss：学生起立确认角色。

T：Sit down . Let's go.

Ss：学生小组活动

（4）小组展示 2—3 组

［设计意图：教师通过理解情景、分段学习、识别对话内容和分角色朗读等多种形式学习对话，丰富学习方式，训练学生技能，培养学生能力。］

Step 4：Let's act（5′）

1. 延伸情景，运用语言

（1）认识小绿鱼 Tim

教师充分利用课本对话资源，出示对话图片里一条绿色的鱼。（见图 3）

图 3

T：A green fish is coming. His name is Tim. Tim 是 Lily 的朋友。那 Lily 怎么把 Tim 介绍给 Lala 和 Lily 认识呢？

S1：Hi，Lala. Hi，Kate. This is my friend，Tim.

S2：Hi，Lala. Hi，Kate. This is Tim.

T：教师播放课件，呈现介绍 Tim 的语言。

Ss：学生观看课件。

（2）认识小紫鱼 Lisa

教师点击课件，出现小紫鱼 Lisa，并播放录音内容：Hi, I'm Lisa. I'm Lily's friend，too.（见图 4）

图 4

（3）小组内创编对话

①师生示范创编对话

Lily：Hi，Lala. Hi，Kate. This is my friend，Tim.

Lala：Hi，Tim. Nice to meet you.

Tim：Nice to meet you，too.

Kate：Hi，Tim. Nice to meet you.

Tim：Nice to meet you，too.

②学生小组活动，分角色表演

③小组展示

［设计意图：充分利用课本资源，关注细节，延伸故事情节，通过 Lily 把自己的朋友介绍给 Lala，再次运用本课重点句型进行语言交流，通过分角色表演，激发学生学习英语的热情和培养学习运用所学语言的能力。］

Step 5：Point and say（8′）

1. 学习单词 Lily，a fish 和 a dish

（1）学习单词 Lily

T：教师指着黑板已经板贴的 Lily 的图片问学生："This is…"

Ss：Lily.（见图 5）

图 5

T：教师带读单词：Lily，利用手势和口型示范/i/的发音。

（2）学习单词 fish

T：教师利用肢体语言做动作引导学生说出 Lily is a….

Ss：A fish.

T：教师出示单词卡，利用肢体语言帮助学生感知/i/的发音。解决 fish 发音难点的问题，并指名学生朗读 a fish.

（3）学习单词 dish

T：教师出示图片，让学生说：It's a fish, too. Where is the fish? 引出单词 a dish。学生齐读单词。（见图6）

图6

2. 多种形式操练单词

（1）跟课件朗读单词（见图7）

图7

（2）学生小组比赛朗读下列单词（见图8）

图8

活动说明：每个小组每次各出一名代表，在看到屏幕上出现的单词时以最快的速度读出，读的最快最准的小组获胜。为了发散学生的思维，屏幕中出现的单词都配以了不同的图片，如不同的 fish，不同的 dish 等。这个活动激发了学生的兴趣，使学生注意力高度集中，帮助学生在有趣的活动中识记了单词。

（3）游戏活动 Bingo game

①请一名学生和老师共同示范

T：Let's play a Bingo game. I need a partner. Who can?

S1：I can.

活动说明：把三个单词按照两行排列，一行是三个单词的图片，一行是三个单词的词形(如图 9 所示)。但是要翻过来放在桌子上，让学生不知道每张卡片的内容。两个同学分别选择每行中的一个卡片，如果单词的图片和词形对上了，就 Bingo.(见图 9)

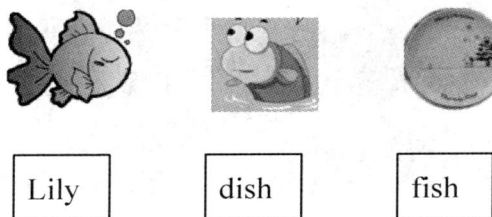

图 9

②学生小组活动

[设计意图：通过学生小组做 Bingo game 的活动，让学生在游戏中巩固所学单词，寓教于乐。]

Step 6：Let's say(7′)

1. 呈现韵文(见图 10)

教师举起 fish 说 This is a fish. 举起 dish 说 This is a dish. Let's listen to a rhyme about fish and dish. 教师播放课件两遍。学生认真听。

图 10

2. 师生一起说韵文

T：I can say the rhyme. 教师拿实物 fish 和 dish 说唱韵文。表演完之后，问学生：Can you? 教师和学生一起说唱。

Ss：女生说唱韵文，男生说唱韵文。

教师和一个小组示范表演唱韵文。

3. 学生小组内表演唱韵文

4. 小组到前面表演展示

[设计意图：教师通过利用实物一边做动作一边说韵文，帮助学生更直观地理解韵文的含义，以及单词 yummy 表达的意思。师生间的韵文朗读和表演，培养学生英语语感，让学生感知英语中韵文的韵律，有效地帮助学生识记单词。]

Step 7：Reflection and Homework(1′)

教师根据板书总结本节课所学内容并布置作业。

1. Watch and read the dialogue.

2. Point and read the words. Say the rhyme.

板书设计

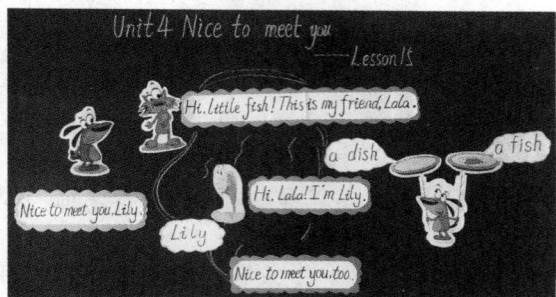

【课后反思】

本课为北京版小学英语一年级上册第四单元的第 15 课 Listen and say 对话部分，新授课。在设计与实施中，我认为基本体现了以下几个方面的特点：

1. 关注学生最近发展区，促进学生潜在能力的发展

维果茨基的最近发展区理论认为：学生的发展有两种水平：一种是学生的现有水平；另一种是学生可能的发展水平。两者之间的差异就是最近发展区。教学应着眼于学生的最近发展区，为学生提供带有适当难度的内容，调动学生的积极性，发挥其潜能。本节课中，鉴于对话内容在前面的课时中接触过，所以我没有采取直接教授的方式，而是通过问题引导和任务设置，促使学生主动地学习，促进学生潜在能力的发展。如对话教学环节，我采取了以下步骤：(1)进行对话前的情景设置，复习再现所学内容，激活学生原有认知。(2)呈现对话情景，明确人物角色，理解对话场景。(3)从视听入手，鼓励学生调动各种感官，尝试性地进行重复式表达。(4)引导学生文景匹配，进行识记性地认读。这四个环节体现了我以学生为主体，注重学生思维训练，培养学生多元语言技能的设计意图。

2. 优化评价方式，尊重学生的情感体验

针对学生的课堂活动表现，本节课我采用了语言加手势评价和奖励小组 Sticker 的评价方式。

（1）语言加手势评价：对学生的课堂表现我和学生会运用 Good! Very good! Wonderful! 三级评价体系进行师生或生生互动的语言加手势评价，这种积极、及时的评价，能够帮助学生感受成功、建立自信，促进他们更加积极、有效地参与课堂活动。

（2）奖励小组 sticker：本节课我把学生分成三个大组，在不同的教学环节，如学生分小组朗读、分角色表演和单词朗读比赛等，根据学生的表现奖励给每个小组不同个数的 sticker。这种以组评价的方式不仅能够促进学生的英语学习，同时能够激发他们的集体荣誉感，促进小组之间的合作学习。

【教学评析】

1. 挖掘教材资源，延续语言情景，关注语言运用

在学完本课主要对话之后，教师利用多媒体课件和课本图片资源，延续语言情景，呈现主题图中的两个背景人物小绿鱼和小紫鱼，并分别起名为 Tim 和 Lisa，创设了它们是 Lily 的朋友的情景。同时布置任务，引发学生的思考：假如你是 Lily，该如何把 Tim 和 Lisa 介绍给 Lala 和 Kate 认识呢？在完成任务的过程中，学生利用本课的对话，结合延续的语言情景，充分发挥了语言思维能力，使所学的语言再次得到了综合运用。

2. 丰富词汇操练方式，训练多种语言技能

一年级的小学生刚入学不久，在课上有意注意的时间不是很长，在单词的教学中若一味地进行机械朗读，会导致学生对英语学习失去兴趣，所以在课上巩固操练环节，设计了 Who is the No. 1? 和 Bingo Game 的游戏活动。使学生在活动中读单词、说单词、认单词，使学生的多种语言技能得到了训练。通过这两种游戏活动，充分调动了学生参与学习的热情，培养了他们见图能说、见词能读的语言能力。

3. 体验式韵文表演，在韵律中感知语言

本课的韵文不长，但生动形象地描述了一个小的语言场景。且句子押韵，节奏明快。教师采取了借助模拟教具、配以手势和表情的表演方式，帮助学生理解韵文。之后教师引导学生通过小组全体组员围圈扮演盘子，一个同学扮演 fish 的小剧形式来表演唱韵文。学生兴趣浓厚，根据自己的理解演唱韵文，不仅通过动作节奏感受了韵文的韵律，也在韵律中巩固了所学内容。

案例 3
单元内连续三课时的教学设计

本单元的功能话题是 Talking about the weather and seasons。本单元教学内容分三个课时逐步展开，通过本单元的学习，学生将能够运用功能句型："What's the weather like? It's a … day." "It's … in … ." " Do you have a lot of … in … ?" " I can put on my new … ." " I like/love … ."等句型询问天气情况并用表示天气和冷暖的形容词描述天气和温度，会表达自己喜欢的季节，并根据季节特点选择合适的服装。

本单元的三个课时所谈论的功能句型为递进和补充的关系。其中 Lesson 15 是这个单元的第一课时，教师创设情境，帮助学生在具体情境中理解 What's the weather like? 通过呈现图片、动作释义、游戏等教学方式学习和巩固和操练新单词；通过欣赏北京四季的美景，让孩子们感受家乡的美丽，并简单地进行描述。Lesson 16 是单元第二课时，教师主要通过对话情景，呈现并教学天气类和服装类词汇，帮助学生在具体情境中进一步巩固、理解和运用本单元两个主要功能句型 What's the weather like? It's….I can put on….Lesson 17 是第三课时，教师通过模拟新朋友提问和回答自己所在城市的气候特点，巩固主要功能句型；通过设计阅读不同孩子的介绍，了解其他城市的四季特点，通过仿说活动，让孩子们开口表达，并以语段的形式介绍自己的家乡。后两课时是在第一课时基础之上，为了进一步谈论天气话题所做的必要补充和丰富，有助于学生进行较为真实的语境中自然地进行语言交际。

【第一课时教学设计】
UNIT 5   IT'S A NICE AUTUMN Lesson 15
【教学背景分析】
1. 教学内容分析

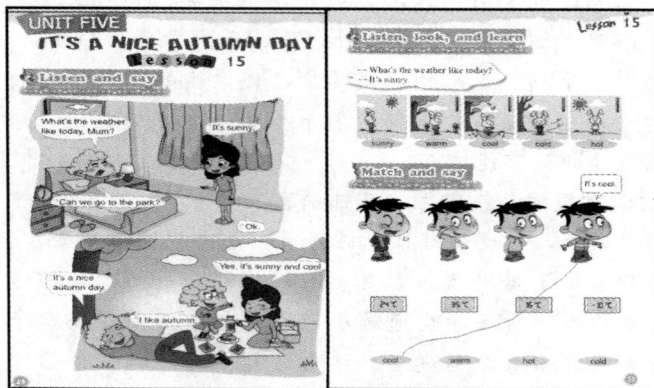

本课为北京版小学英语三年级上册 Unit 5 Lesson 15，本单元的功能话题是 Talking about the weather and seasons，本单元教学内容分三个课时逐步展开，本课时是第一课时，话题是谈论天气，主要交际用语是 What's the weather like today? 及其答语 It's（sunny）. 主要词汇涉及 sunny，warm，cool，cold，hot。

本课时包括三个板块。Listen and say 呈现的是一个晴朗的早晨，刚刚起床的 Mike 想去公园玩，妈妈同意了，以及一家人在去公园野餐，享受美好的秋日时光这样的两个场景。Listen，look and learn 板块，呈现的是主要功能句型 What's the weather like today? It's sunny. 以及以图片形式呈现的五个天气温度的单词，教师应该适当创设情境，让学生在模拟的情境中进行替换练习和拓展活动。Match and say 板块是通过单词、温度和人物表情连线的形式检验学生对词义的理解，并用一句话描述对天气的感受。

2. 学生情况分析

本课授课对象为小学三年级学生，孩子们活泼好动，喜欢唱歌、做游戏。在二年级的攀登英语口语中，他们已经能够听懂询问天气的 How's the weather?

及单词 sunny、rainy、windy、snowy，能够演唱 seasons 歌曲，歌曲中还涉及了四个季节的颜色，对于今天的其余四个单词对学生来说是新知。因此，本节课最后的活动，教师可以稍作提升，让孩子们仿照板书能用 2—3 句话描述北京的秋天，感受大自然的美好。

3. 教学方式和手段

（1）对话教学。利用攀登英语中的 seasons 歌曲活跃气氛，复现四个美丽的季节，并感知歌曲中描述季节的颜色。引出本课话题。在学习对话时，首先，充分挖掘教材创设情境，在对话呈现的图片上添加了一个小小日历，口语交际时既复习了本册书前三个单元的功能句型，又交代对话发生的时间，即一个秋天周日的早晨，通过谈论主体图、预测对话内容、视听验证、跟读表演等环节学习本课对话。

（2）重点词句教学。利用问题设置情境，帮助学生在具体情境中理解 What's the weather like? 通过图片和动作释义新单词；通过游戏活动，巩固和操练新单词，通过欣赏北京四季的美景，让孩子们感受家乡的美丽，出示提示词，帮助孩子简单描述自己家乡的美丽。

（3）活动板块教学。教材的最后一个内容是 Match and say。把这部分稍加修改，设计成了小兔子外出玩的时候，遇见了一个宝盒，要想打开宝盒，需要他接受小小的考验，才能获得钥匙，这个考验就是 Match and say 练习，在孩子们的帮助下，小兔子打开了宝盒，里面是一些漂亮的图片，让孩子们用 2—3 句话描述给小兔子听。

4. 技术准备

电脑、自制 PPT 课件、奖励贴、配套光盘

【教学目标】

1. 能够在图片的帮助下理解、认读、分角色朗读 Listen and say 部分的对话。
2. 能够听、说、认读单词 sunny，warm，hot，cool，cold。
3. 能够用 What's the weather like today? It's… 来询问和回答天气情况
4. 能够在学习过程中感受自然的美好，表达自己的对家乡的喜爱之情。

【教学重难点】

1. 教学重点

（1）能够正确理解、朗读对话。
（2）能够用 What's the weather like today? It's…. 来询问和回答天气情况。

2. 教学难点

句子的朗读：What's the weather like today?

【教学过程】

Step 1：*Warming up and leading in*（5′）

1. 联系生活实际，师生做口语问答练习

T：What is the date today?

Ss：It's October…. 教师在课件中圈出今天的日期。

教师继续出示图片（见图1）。学生欣赏图片，感受美好的月份，美好的季节。

T：Let's enjoy some nice pictures.

图1

T：It's a nice month. Our National Day is in October. The apples are red. The pears are yellow. What a nice month! October is in autumn. What a nice autumn!

T：Today we are going to learn unit 5 What a nice autumn day Lesson 15。

教师板书课题。

T：Let's sing a nice song：*seasons*.

2. 教师播放歌曲 seasons，学生视听，跟唱

［设计意图：教师采用谈话导入，结合实际询问今天的日期，巩固前三个单元所学习的日期表达法。出示一些漂亮的图片，让学生在欣赏的过程中理解 nice 的含义。］

Step 2：*Listen and say*（15′）

1. 出示补充图片（见图2），补充对话情境，师生谈论

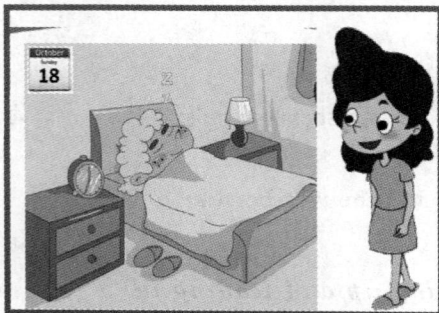

图2

·T：What day is it today?

Ss：It's Sunday.

T：What time is it? S：It's seven.

T：Who is he? S：Mike.

T：Mike is sleeping. Now，Mom is coming. Mom says：Wake up! Wake up，Mike.

［设计意图：教师通过添加日历，适当补充故事情境，10月份的日历，即衔接了前面的口语操练，又帮助学生直观的感知到了今天的谈话涉及的季节。周日 Mike 不去上学，接下来为猜测 Mike 想要做的事情做了情感上的铺垫。］

2. 出示第一幅对话图片(见图 3)

图 3

①理解主要句型：What's the weather like today?

教师引出问题，T：Mike has a question. What does Mike ask? Can you guess?

Ss：What time is it? What's for breakfast? …

T：Maybe you are right. After a while，you will get the answer. Today is Sunday. What does Mike want to do? Can you guess?

学生自由猜测 Ss：Have breakfast? Play football? Skip the rope…

教师出示图片提供三个选项(见图 4)。

图 4

T：There are 3 pictures，which is right? Listen and find the answer.

教师播放录音，学生听录音，找答案。go to the park

教师引导学生体会问句 T：Mike wants to go to the park. He wants to play outside. What does he ask? Listen it again. 教师再次播放录音。

②学习句型：What's the weather like today?

教师出示单词 weather，T：wea-ther

学生跟读单词 weather。

教师板书完整句型，播放录音。学生先集体跟录音读，再找个别人读句子。教师适当指导朗读。

T：What's the weather like today? It's sunny. 出示图片。

T：It's sunny. Can they go to the park?

[设计意图：教师通过问题引导学生猜测 Mike 要做的事情，通过理解 Mike 要去公园玩，而不是留在家里，来理解他外出时一定关心的天气的问题，通过层层深入，逐步引导，来帮助学生理解本课主要功能句型。]

3. 学习第二幅对话图片

①出示公园图片（见图5），呈现对话情境。

T：Now they are at the park. Are they happy? What are they talking? Let's listen.

图 5

②教师播发录音。T：Let's listen what dad say. Ss：It's a nice autumn day. 教师板书课题：It's a nice autumn day.

③教师出示四幅图片（见图6），学生选择，检验学生对词义的理解。Which picture is autumn?

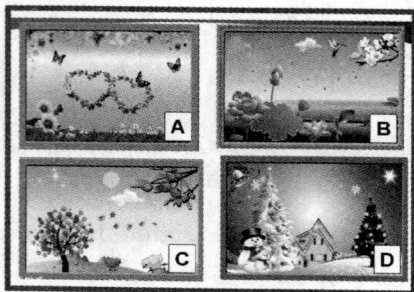

图 6

教师出示单词 autumn，引导学生观察词形，听读单词，学生分组读单词。

④教师提问 T：Does mum like autumn? What does she say? Ss：It's sunny and cool.

教师出示图片（见图7），帮助学生理解 cool. T：It is not hot，and it is not cold. It is cool. You can wear your shirt and trousers. Autumn is cool. It is from hot to cold.

图 7

⑤教师提问 T：Does Mike like autumn? Ss：Yes. 教师追问学生是否喜欢秋天。T：Do you like autumn? S：….

［设计意图：教师通过英语描述与呈现对比图片相结合的方式，帮助学生理解词义。］

4. 学习第二幅对话图片

①教师播放动画两遍，学生看动画跟读对话。

②学生 3 人一组，小组内练习朗读故事。

③小组展示，齐读或者分角色朗读自己喜欢的图片。

［设计意图：通过跟录音读，纠正语音语调；通过小组合作朗读，为每个孩子提供练习与纠错的机会；通过朗读展示形式，让学生体验成功与自信。］

Step 3：Learn and say（10′）

1. 教师引导学习其他单词

T：如果我们出去玩，需要关心天气。If we go out to play, we should think about the weather. How can we ask about weather?

Ss：What's the weather like?

①教师出示词卡 cold，提问 What's the weather like? Ss：It's…

引导学生观察单词的组成 cold：c—old　提示字母 c 的发音/k/，提示后面的发音 old，教师播放单词 cold 的读音，学生分组读单词。

T：Is December/January cold? Ss：Yes.

T：Do you like cold? Ss：…

②教师出示词卡 hot，提问 Is it cold? Ss：No.

T：What's the weather like? Ss：It's hot. 教师提示字母 o 的发音。教师播放单词 hot 的读音，学生跟读单词。

T：Is December hot? Which season is hot? Do you like hot?

Ss：….

③教师出示词卡 warm，提问 Is it hot? Is it cold? Ss：No.

T：Which season is it? Is it autumn? Ss：No.

T：The trees are green，the flowers are red. It's spring.

T：It is not cold，it is not hot. You can take off your thick coat. It is warm. It's from cold to hot. It's Spring.

教师播放单词 warm 的读音，学生分组跟读。

T：Is March April/May warm? Which season is warm? Ss：…

2. 教师出示全五个单词图片，学生整体跟读

3. 游戏：What's missing?

单词每次出示四个，有一个消失，学生猜出消失的单词；单词每次出示五个，有一个消失，学生猜出消失的单词。

4. 句型操练

①教师出示图片（见图 8），小兔子要出去玩，她想知道今天的天气，她去找妈妈了，你知道他是怎么问的吗？T：The rabbit wants to go out，he asks his mum the weather.

图 8

②教师找一个学生演示操练过程。T：I am mum. S：I am the baby.

S：What's the weather like today，mum?

T：It's sunny.

③学生两人一组操练。

④两人一组对话展示。

［设计意图：通过肢体释义、图片呈现等多种形式学习单词；通过游戏活动帮助孩子们复习、巩固所学单词；通过补充小兔子想出去玩这一情节，为

句子的操练创设了情境。通过多种方式来激发和保持学生的学习兴趣。]

Step 4：Development(9′)

(1)小兔子出去玩，半路遇见了一个宝物箱，要想打开箱子，先要做对下面的练习题。学生独自完成 Match 练习(见图 9)，找四个学生分别用一句话描述。

图 9

(2)小兔子打开了宝物盒，里面有一本书，让我们看看里面有什么，原来是一些漂亮的风景照片。Show some pictures about autumn.

(3)教师借助板书描述其中的照片(见图 10)。T：I like autumn. It's sunny and cool. It's yellow.

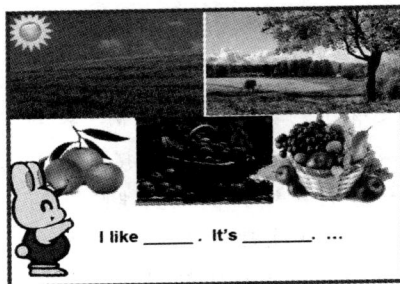

图 10

(4)教师提示。Do you like autumn? Why? Say something with your partner.

(5)学生小组内说一说。

(6)学生展示。

[设计意图：利用小兔子外出奇遇作为情境，把练习题当成打开宝物箱的条件，激发学生的好奇心，学生带着成就感跟小兔子一起欣赏这些漂亮的风景图时，教师引导学生根据板书用 2—3 句话来描述照片，培养学生的表达能力。]

Step 4：Homework(1′)

1. Read the new dialog for your parents.

2. Do you like autumn? Why? (at least 2 sentences)

板书设计

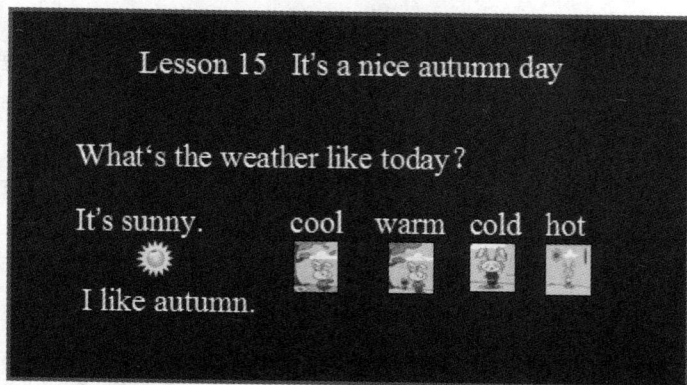

【课后反思】

本课在设计与实施中，我认为基本体现了以下几个方面的特点：

1. 充分利用情境，帮助学生理解、体验与应用语言。创设具体生动的情境，有利于激发学生的学习兴趣，从而引导他们从整体上理解和运用语言

小学生在接受新事物的方式上直观的模仿胜于理性的思维，形象的接受胜于抽象的理解。本节课上，首先，我充分挖掘教材创设情境。在对话呈现的图片上添加了一个小小日历，口语交际时既复习了本册书前三个单元的功能句型，又交代对话发生的时间，即一个秋天周日的早晨。其次，利用游戏创设情境。在练习、巩固单词阶段，我设计了 What's missing? 的游戏，巧妙地避免了操练的枯燥、乏味；在提高拓展环节，设计了小兔子外出奇遇的情境，让孩子们在好奇、兴奋的状态下，完成拓展练习与看图说话的练习。第三，利用肢体语言创设理解的情境。在学生理解 nice、hot、cold 单词时教师充分利用自己的肢体语言帮助学生理解单词。

2. 充分利用故事，激发和保持学生的兴趣

故事是孩子们喜闻乐见的形式。故事的情节、发展能紧紧抓住孩子们的心。在词句操练环节，根据教材提供的图片，我进行了重新设计，即小兔子想出去玩，找到妈妈询问今天的天气，让孩子们扮演小兔子，进行口语操练。教材的最后一个内容是 Match and say。我把这部分稍加修改，设计成了小兔子外出玩的时候，遇见了一个宝盒，要想打开宝盒，需要他接受小小的考验，才能获得钥匙，这个考验就是 Match and say 练习，在孩子们的帮助下，小兔子打开了宝盒，里面是一些漂亮的图片，让孩子们用 2—3 句话描述给小兔子听。围绕整个故事，孩子们的学习兴趣，操练的热情，得到了充分的展现。

【教学评析】

这节课以"天气"为主线，让学生在学习中充分的运用语言，通过感受、体验等有效的教学手段，让学生将所学的语言知识转化自身交际中的所需素材。这是一节让学生主动求知、主动思考、充分体现以学生为本的英语课。具体体现在以下几个方面：

1. 复习导入，省时高效

通过 free talk 和演唱相关歌曲，既复习了以往的相关学习内容，又为本课的学习做了铺垫，同时，这种热身还活跃了课堂学习气氛。这种做法省时、省力、效果好。

2. 语言呈现，真实自然

本课由 Mike 一家和小兔子为主要线索，通过关注他们的日常活动，理解天气情况对人类生活的影响。从而使询问"What's the weather like ?"变得真实和必要。教师本节课紧紧抓住天气情况和人们生活息息相关的特点。关注新语言运用的情景。使语言的理解和运用更加真实有意义。

3. 单词教学，策略渗透

这堂课中，新单词的出现教师都让学生通过单词的分音节朗读，尝试拼出该单词的正确读音，让学生在听听看看中自然学会单词，而不是教师直接说出单词的读音，而是让学生有一个思考和拼读的过程，逐渐渗透和培养学生通过音节拼读单词的能力。如这节课中，教学 weather 这个词，由 wea-ther 两个音节组成。教学 cold 这个单词，教师引导学生观察单词的组成 cold：c—old，提示字母 c 的发音/k/，之后让学生试读。教学 hot，教师提示字母 o 的发音。总之，教师在单词教学中渗透语音知识，融入单词学习的策略，让学生不仅学会了知识，更学会了方法。

4. 拓展运用，融合旧知

本节课最后环节，教师让学生通过描述自己喜欢的季节，巧妙地把天气、季节、颜色、个人体验等新旧知融合。让基础薄弱的学生有的说，让基础好的学生也有发挥的空间。真正做到让学生把所学的新旧语言材料用来表达和交流。

【第二课时教学设计】
UNIT 5　IT'S A NICE AUTUMN DAY Lesson 16
【教学背景分析】
1. 教学内容分析

本课为北京版小学英语三年级上册 Unit 5 Lesson 16，本单元的功能话题是 Talking about the weather and seasons。本单元教学内容分三个课时逐步展开，第一课时是谈论天气，主要交际用语是 What's the weather like today? 及其答语 It's sunny…. 本课时是在能够描述天气冷暖的前提下，进一步描述所选择的着装，主要功能句型为 It's…. I can put on my new….

本课包括三个板块：Listen and say（对话板块）、Listen, look and learn（词句板块）和 Match and say（活动板块）。Listen and say（对话板块）呈现了两

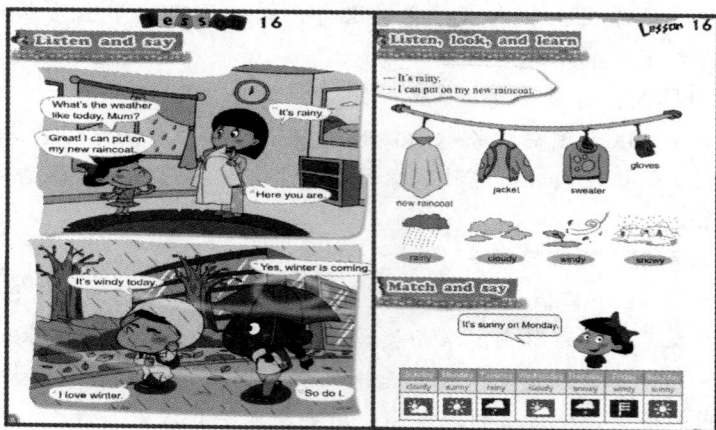

个场景：一个是 Guoguo 上学前向妈妈询问天气，因为在下雨的时候可以穿上新雨衣而高兴。另一个场景是在上学的路上遇见 Sara，两个人谈论她们喜爱的冬天即将到来，主要功能句型在第一个场景中出现过，而且这个场景中出现了同意别人观点的表达法。Listen, look and learn（词句板块）呈现的主要功能句型是 It's…. I can put on my new …. 以及服装、天气类单词 rainy, cloudy, windy, snowy。在这个板块，教师要设置模拟的情景，帮助学生运用所学语言与他人谈论天气以及穿戴适合的服装。Match and say（活动板块）以图表的形式呈现了一周的天气，学生们要能根据图表信息，描述每日的天气。教师可以根据学生情况，结合前一个板块内容做适度调整。

2. 学生情况分析

本课授课对象为小学三年级学生，经过两年攀登英语口语学习，他们在英语学习中自信、大胆、敢开口，能积极主动参与课堂教学，喜欢角色扮演。在前一节课中孩子们已经能够正确询问天气，能够就天气情况和温度作简单回答。在二年级攀登英语教学中，他们也曾初步接触了单词 rainy、windy、snowy，cloudy。本节课涉及的服装类单词 jacket, sweater, coat 学生在一年级已经学习过。因此，可以把第三个板块内容适当调整，把操练融入前面两个版块中，给学生创设合理的运用情境。

3. 教学方式和手段

（1）对话教学

利用网络中的英语歌曲 *weather songs* 活跃气氛，呈现本课要学习的天气类单词。通过补充 Sara 和妈妈在家时的情境，帮助学生在具体情境中进一步巩固、理解和运用本单元两个主要功能句型 What's the weather like? It's…. I can put on my new….

（2）重点词句教学

利用类似于对话情境的图片，呈现本课的单词与句型，让孩子们在具体语境中巩固和操练。

（3）活动板块

利用天气预报员的角色，预报一周内的天气情况，让学生参考提供的模板，根据不同的天气谈论自己的穿着和心情。

4. 技术准备

电脑、自制 PPT 课件、奖励贴、配套光盘

【教学目标】

1. 能够在图片的帮助下理解、认读、分角色朗读 Listen and say 部分的对话。

2. 能够听说、认读天气类单词 rainy，cloudy，windy，snowy 和服装类单词 raincoat，jacket，sweater，gloves。

3. 能够用 It's rainy/cloudy/windy/snowy. 来描述天气情况，能够用 I can put on my…. 表达自己在不同天气条件下想要的穿着。

4. 能够在学习过程中感受自然的美好，表达自己的喜爱之情，能用 So do I. 对他人的观点表示认同。

【教学重难点】

1. 教学重点

(1)能够正确理解、朗读对话。

(2)能够用 It's…. I can put on my…. 来描述天气和自己想要的穿着。

2. 教学难点

理解 So do I. 表示同意别人的观点。

【教学过程】

Step 1：*Warming up and leading in*（5′）

1. 教师播放歌曲学生视听，跟唱：*Weather songs*

2. Oral English，师生口语问答

T：What's the date today?　S：….

T：What's the weather like today?　S：….

T：What's the weather like in Beijing in autumn? S：….

T：Do you like autumn? Why? S：….

［设计意图：教师采用歌曲预热活跃气氛，结合实际作一些口语问答，以巩固前面所学习的日期与天气的表达法。通过学生描述自己喜欢秋天及理由，检查学生上次家庭作业的完成情况。］

Step 2：Listen and say(15′)

1. 出示图片(见图1)，补充对话情境，师生谈论

图1

T：What day is it today?

Ss：It's Tuesday.

T：What time is it? S：It's seven.

T：What does Guoguo want to do? S：Go to school.

T：Guoguo wants to go to school. She has a question? What does she ask? Can you guess? S：….

［设计意图：教师补充日历，并引导学生关注时间，为果果要上学做了铺垫，又对前三个单元所学句型进行了复习。］

2. 学习 Picture 1

(1)初步理解对话

教师出示问题，T：What's the weather like today? Let's watch and listen。教师第一遍播放动画。

S：It's rainy.

(2)理解主要句型：I can put on my new raincoat.

教师引导学生找出果果在雨天高兴的原因，T：It's rainy today. It's cold and slippery. Is Guoguo sad?

S：No.

T：Why? Let's listen it again. 教师再次播放动画。

教师引导学生关注妈妈手中的雨衣，学习

raincoat

图2

单词 raincoat。教师先出示 rain，再出示 coat，最后出示单词与图片 raincoat（见图2）。部分学生重复朗读单词 raincoat。教师再出示两幅图片 coat 和 raincoat，学生选择正确图片 raincoat。

T：Guoguo has a new raincoat，and she likes it very much. It's rainy today，she can put on her new raincoat.

教师动作解释 put on 含义，学生做动作并跟读 put on。

教师再次引导学生关注句子读音。播放录音两遍，学生跟读。

（3）引导学生关注妈妈的回答

T：Guoguo wants to put on her new raincoat，what does mum say?

S：Here you are. 教师播放录音，学生跟读。

（4）播放录音，学生跟读 Picture 1 对话

[设计意图：教师通过图片对比、动作释义帮助学生理解词汇，引导学生观察 Guoguo 的表情，帮助学生理解 Sara 高兴的原因。]

3. 补充故事情景，学生运用语言

（1）教师出示 Sara 和妈妈在家中的图片（见图3）。

图 3

教师出示图片，学生观察，猜测 Sara 会问什么问题。

（2）学生两人一组，组内讨论。

（3）小组呈现补充对话的内容。

[设计意图：教师设计了 Sara 与妈妈在家的情景，让学生在具体语境中进一步熟悉、操练、巩固本课的主要句型，也为第二幅图两个孩子一起上学在途中的谈话做了情节上的补充。]

4. 学习 Picture 2

（1）出示图片，呈现对话情境

T：Guoguo and Sara go to school. Let's listen what they are talk about. 教师出示三个选项（见图4），让学生听听她们在说什么，做出正确的选择。教师播放动画。

图 4

Ss：They talk about seasons。

教师引导学生观察图片中的树木与落叶，提问 Which season is coming？
S：Winter is coming.

教师继续提问 Does Guoguo like winter？ Ss：Yes.

T：What does Guoguo say？ 教师播放录音，学生重复。

T：Does Sara like winter，too？ Ss：….

T：What does Sara say？ 教师播放录音，学生重复 So do I.

教师提问 Do you like winter？ 引导喜欢冬天的学生用新句型 So do I. 回答问题。

（2）教师提问：What's the weather like today？ 学生回答。

It's windy. 教师出示单词 windy（见图 5），学生跟读单词。

T：What's the weather like today？ 学生回答。

教师播放录音：It's windy today. 学生跟读。

（3）教师播放录音，学生跟读。

T：It's rainy and windy. But Guoguo and Sara are still happy. Because their favorite season is coming.

图 5

[设计意图：教师通过问题引导，帮助孩子理解同意别人观点的表达法，以此突破教学难点，并根据学生自身实际的喜好，进行操练，在运用中进一步熟悉和巩固。]

5. 朗读表演对话

（1）学生两人一组，练习朗读对话。教师巡视指导。

（2）选择自己喜欢的图片，齐读或分角色朗读对话。

[设计意图：通过跟录音读，纠正语音语调；通过小组合作朗读，为每个孩子提供练习与纠错的机会；通过朗读展示形式，让学生体验自信与成功。]

Step 3：*Listen，look and learn*（15'）

（1）学习单词 cloudy

教师提问：In the dialogue, it's rainy and windy on Tuesday. Sara and Guoguo go to school happily. What's the weather like in this picture？

教师出示图片（见图 6），学生观察图片。

教师出示图片提问，What's the weather like？ S：….

T：It's cloudy. Cloudy，教师引导观察 ou 字母组合的发音。There are lots of clouds in the

图 6

sky. Look! A cloud. 学生跟读 cloud. It's cloudy. 教师播放单词读音 cloudy，学生跟读单词 cloudy。

（2）学习单词 snowy

教师出示图片（见图 7）。

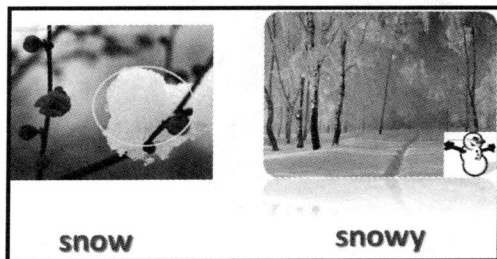

图 7

T：Can you see a lot of snow? The snow is on the flower. The snow is white. 出示单词 snow，学生跟读，教师提问 What's the weather like in this picture? S：….

T：It's snowy. 教师播放单词录音 snowy，学生跟读单词 snowy。

（3）操练词句

教师出示图片 sunny，cloudy，windy，rainy，snowy。What's the weather like in the picture? 学生根据图片内容回答问题。It's ….

（4）呈现语境，功能句型替换练习

T：Today is Tuesday. It's rainy and windy，but Guoguo is happy. Why? Do you remember?

S：She can put on a new raincoat.

T：Sara is happy. Why? Do you remember?

S：She can put on a new sweater.

教师出示图片（见图 8），并看图描述，给学生作示范。It's rainy. I can put on my new raincoat. I am happy.

图 8

出示图片（见图 9）Maomao，Mike。T：Are they happy? Ss：Yes. T：Can you guess why they are happy? 两人一组照样子说一说。以组为单位进行展示。

图 9

［设计意图：通过图片直观呈现单词，引导学生观察单词中字母的组合，体会发音。利用图片创设不同天气的情境，观察每个孩子的表情，以语段的形式进行描述，进一步培养学生的语用能力。］

Step 4：**Match and say**（10′）

（1）教师播放音乐《渔舟唱晚》，并出示一周天气预报图片（见图 10）。

图 10

T：Look at the picture. Who wants to be the reporter? 教师首先做示范：It's rainy on Monday.

学生两人一组，分别扮演天气预报员，进行天气预报。

小组合作进行汇报。

（2）教师引导学生阅读语段。

T：There is different weather, and our life is colorful. Let's read what Guoguo said（见图 11）。

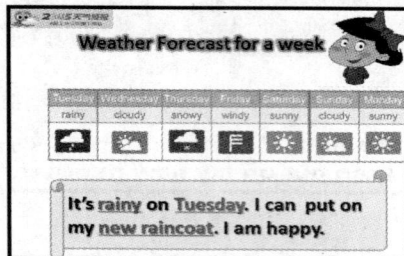

图 11

（3）教师出示提示，找一名学生试着描述。

T：What about Wednesday? What can you put on?

（4）学生明确任务后，四人一组，仿照例子（见图12）用2—3句话说一说。

What's the weather like on Wednesday? What can you put on?

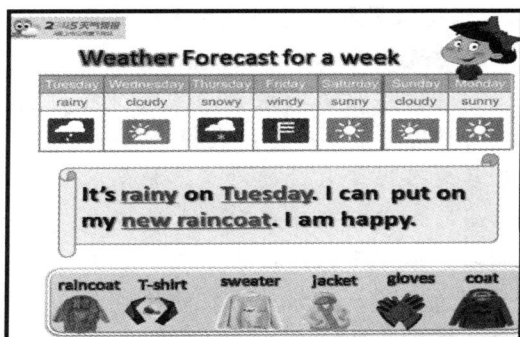

图 12

（5）学生展示。

［设计意图：把天气预报活动作为对话教学的拓展，在对话教学、词句教学之后，拓宽学生表达的范围，帮助学生在具体的语境中，进一步延展表达的空间，提升语言表达能力，树立语段意识。］

Step 5：**Homework**

（1）Read the dialog to your parents.

（2）Listen to the weather forecast，and say something about your wearing. （2—3 sentences）

板书设计

【课后反思】

本节课依据对话内容，把词句的学习、操练与活动的拓展、提升围绕对话教学进行了有效的整合，主要体现了以下三方面特点：

1. 补充对话情景，提升语言能力

"成功的外语教学课堂应当在课内创设更多的情境，让学生有机会运用已学到的语言材料。"本课对话分别呈现了 Guoguo 和妈妈在家中关于天气的一段对话，Guoguo 和 Sara 在上学路上的情景。主要功能句型呈现在第一幅图。为了更好地理解、巩固、运用主要句型，我模仿第一幅图，补充了 Sara 与妈妈在家中的情境，让学生根据学习过的对话，想象 Sara 与妈妈之间的交流。孩子们很快把第一幅图的内容顺利迁移到补充情境中。两个孩子从各自的家里出发在上学路上相遇，结伴而行，在路上又表达了对即将到来的冬天的喜爱。对话情境的补充，呈现了一个相对完整的故事。我给学生提供了进一步运用语言材料的机会，提高了他们的语言的内化效果。

2. 注重活动渐进性，语言训练逐步推进

本节课我采用小梯度的系列活动，帮助学生提高语言的运用能力。在对话中学习主要功能句型之后，我设计了补充的情境。情境中只提供了部分语言和提示图片，学生们根据第一幅图的内容，补全对话内容，学生在对话基础上很容易达到补充的要求。在句操练时，先呈现对话中 Guoguo、Sara 的穿着，引导学生用两句话进行描述，接着又补充了其他天气情况下 Mike 和 Yangyang 的穿着。让学生在模仿的基础上尝试用两句话描述。在最后的拓展环节，我呈现了三句有关 Guoguo 情况的语段。帮助学生在语言材料的支持下，最后以三句话的形式输出，语言的形式逐渐丰富。

3. 采用小组合作，提高合作能力

本节课，我充分利用小组合作的方式，在课堂教学中为学生创设一个能够充分表现自我的氛围，为每个学生个体提供更多的机遇。人人都有自我表现的机会和条件，让孩子们在合作中相互交流，共同分享成功的快乐。本节课我多次采用两人一组，四人一组的合作方式，发挥了同学互相帮助的优势，使基础不一样的学生跟上相同的教学进度。在补充情境、朗读练习时、汇报天气时采用了两两合作方式，让学生们在组内练习，增加了学生开口表达的机会。在最后的输出时，因为难度的增加，采用了四人合作，在合作化中进一步发挥组长的示范和监督的作用，提高课堂时间的利用率。

【教学评析】

本课时教学设计思路清晰，环环相扣，教学活动扎实有效。主要有以下两个特点：

1. 环节连贯，整体设计课程

本节课由易到难，由理解到操练到运用，思路清晰。整节课都围绕天气

和着装进行展开。先让学生唱有关天气的歌曲，之后谈论课文情境中的天气及人物所穿的衣物。再学习天气及不同天气的着装。最后讨论一周天气，并根据天气不同选择服装进行自由表达。整节课注重语言知识的连接，和不断的复现滚动，逐渐扩大学生的语言积累，培养了学生举一反三的能力和一定的创造力，直到最后一个拓展环节呈现的特别自然。教师在授课过程中善于构建语言支架和不同的情景，循序渐进，给学生的语言输出提供铺垫，并层层丰富。教学过程的连贯性方面非常值得我们在今后的教学中深思和借鉴。

2. 关注细节，实施有效教学

细节一：文本处理灵活。给课文故事加入 Sara 在家和妈妈谈论天气的情节，有效滚动了对话一的语言点，并使对话二的情节出现更自然生动。

细节二：词汇教学方式多样。通过 rain 和 coat 来学习 raincoat，体现了合成词的特点。could 和 cloudy，snow 和 snowy 用对比的方式让学生学会区分两类单词。

细节三：示范到位。在需要学生完成任务时，教师都会事先做到很好的示范。如 Listen，look and learn 版块及学生最后自由输出两个环节，教师都以 Guoguo 的话作为范例，不需要太多的语言就能够让学生明白该做什么。这样学生也能够仿照范例，顺利地进行语言输出。

【第三课时教学设计】
UNIT 5　IT'S NICE AUTUMN DAY Lesson 17
【教学背景分析】
1. 教学内容分析

本单元功能话题是 Talking about the weather and seasons，本节课是第三课时，是在第一课时谈论 What's the weather like? 和第二课时谈论不同天气里的服装穿着 I can put on my…. 基础上的继续学习。学生主要学习了解询问其他地区气候特点的另一种表达方式，主要功能句型为 Do you have a lot of … in …? 及 I like \ love….

本课有三个板块：Listen and say（对话板块）、Listen，look and learn（词句板块）和 Draw and tell（活动板块）。Listen and say 对话板块是本课时重点板块。两幅主题图呈现了两个场景：一幅是 Sara 和爸爸外出旅游在宾馆内的情境，一幅是下雪天 Sara 和新认识的朋友到雪地里玩耍的场景，简单两幅图包含了大量的背景信息。教师要适当补充、挖掘背景信息，让学生在图片创设的具体情境中感知、理解、初步运用本课重点句型 Do you have a lot of … in …？

Listen，look and learn 词句板块呈现了本课的重点交际用语，图片的形式呈现了四个季节，学生在初步接触理解重点句型之后进行的操练巩固环节，提供的图片还需要教师进一步加工成有意义的情境。

Draw and tell 活动板块是通过画一画、说一说的活动，让学生能在交流中熟练、巩固、拓展、综合运用本单元的功能句型。本环节教师进行加工细化，通过阅读小语段过渡到仿说练习，最后让学生画一画自己喜欢的季节。通过第一课时的仿说两至三句，逐课练习，到第三课时，学生要能够达到说出三至五句话，来描述自己喜爱的季节。

2. 学生情况分析

认知特点：本课授课对象为小学三年级学生，他们的思维方式还是以具体形象思维为主，对自己身边的情况比较了解，但对于其他城市和地区的情况了解不多。部分学生来自不同的省市，利于同学间交流各自地区的天气与季节的问题，另外学生们参加了两年北师大攀登英语实验课程的学习，他们大部分善于表现、乐于合作，有助于开展本课教学活动。

知识储备：经过两年的积累以及前两课时的学习，学生们已经掌握了有关四季和描述天气、温度的单词。学生已能够运用 What's the weather like? 询问天气，能够用 I can… 描述自己的简单行为，接触过 Do 引导的一般疑问句。但对短语 a lot of 不了解，需要教师利用大量示例帮助学生反复练习。学生年龄比较小，对其他城市或地区的气候特点还不是很了解，要让学生在交流的过程中获取一些基本的气象知识和地理知识。

3. 教学方式、手段

(1)对话教学：利用图片补充教学情境，帮助学生在具体情境中理解本课重点、难点。

(2)重点词句教学：通过模拟新朋友的提问来回答自己所在城市的气候特

点，巩固主要功能句型。

（3）活动板块：通过设计阅读三个孩子介绍自己喜爱季节的小语段，了解其他城市的四季；通过仿说活动，让孩子们介绍自己的家乡。

4. 技术准备

电脑、自制 PPT 课件、奖励贴、配套光盘

【教学目标】

1. 能够在图片的帮助下理解、认读、分角色朗读 Listen and say 部分的对话。

2. 能够在情境中运用 Do you have a lot of…in…？来了解其他地方季节的特点，并能对别人的提问做出正确的回应。

3. 能够描述自己喜爱的季节并说明原因。

4. 能够了解一些基本的气象和地理知识，热爱大自然。

【教学重难点】

1. 教学重点

理解对话，正确朗读对话。

2. 教学难点

在情境中理解 a lot of 与 It's white all over the place；初步了解 snowing 与 snowy 的区别。

【教学过程】

Step 1：*Warming up and leading in*（5′）

1. 表演歌曲： *seasons*

2. 口语问答练习

T：How many seasons are there? What are they?

T：Which season is it now? S：It's winter.

T：What's the weather like in winter? S：It's….

T：Do you like winter?

S：….

T：Does Sara like winter? What does Sara say in Lesson 16?

S：Guoguo says I love winter. Sara says So do I.

［设计意图：歌曲预热，活跃课堂气氛，感知多彩的四季与气候特点，激发学生热爱自然的情感。教师根据歌曲内容和前一课所学内容与学生进行口语对话，为接下来的新授环节做铺垫。］

Step 2：*Listen and learn*（15′）

1. 出示图片，补充故事情境

T：Holiday is coming, Sara wants to do some interesting things. Let's see.

T：Where are Sara and her Dad? 出示机场图片。（见图 1）

图 1

Ss：At the airport.

T：What do they want to do? Watch and guess.

T：Maybe they want to take a trip.

2. 学习 Picture 1

(1)观察主题图，理解背景信息

①提取背景信息。

T：Where are they now? Are they in Beijing? Can you guess?

S：….

T：How do you know that? What's on the desk? 引导学生观察图片，提取背景信息。（见图 2）

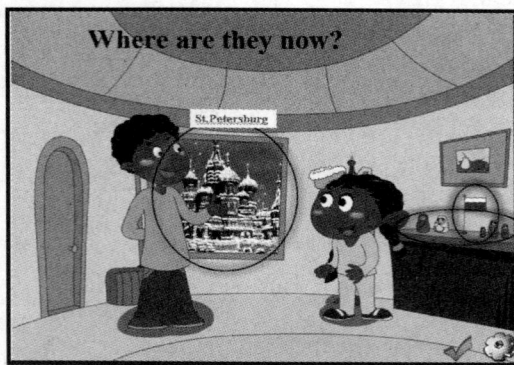

图 2

根据学生的发现，教师出示 The Russian dolls，The Russian flag，St Petersburg，世界地图，让学生观察俄罗斯的位置，初步了解俄罗斯冬天的气候。（见图 3）

T：They are in Russia. Russia is near the Arctic Ocean. It is very cold in winter.

图 3

②出示补充图片，情境中初步理解本课难点。（见图 3）

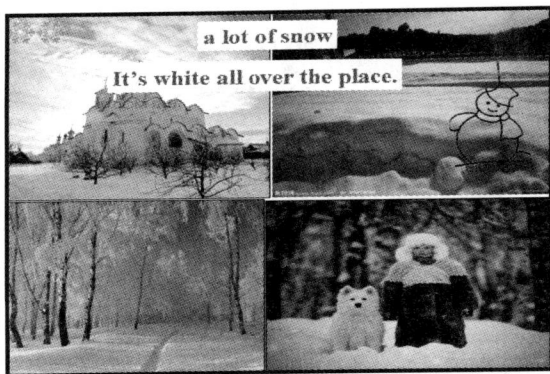

图 3

T：What color do you see?

S：It's white.

T：It's white all over the place. 教师动作释义 all over the place，并找一组学生重复 It's white all over the place.

T：There is a lot of snow. 引导学生欣赏图片理解 a lot of snow.

[设计意图：出示地图，让学生观察俄罗斯的地理位置，初步了解俄罗斯冬天的气候特点，通过多幅图片展示俄罗斯的冬季，渲染气氛，创设情境，帮助学生提前感知、理解本课的教学难点。]

（2）谈论图片，理解对话

①教师播放录音，引导学生听对话找答案。

T：What's the weather like today? Sunny? Windy? Snowy? Let's listen. 学生通过第一幅图的对话录音找到 It's snowy.

T：What does dad say? Listen and repeat.

板书句型：Look！It's white all over the place.

学生跟录音采用齐读、个别读的形式再次朗读 It's white all over the place.

T：What does Sare say？Let's have a look.（出示动态图片）（见图 4）

图 4

T：Look it's snowing. 学生观看画面直观理解 snowing.

②教师再次通过问题引导学生理解 snowing 和 snowy。

T：What's the weather like today？Ss：It's snowy.

T：Look at the picture. It's snowing. 板书句型 Oh！It's snowing.

T：What does dad suggest？教师引导学生发散思维。

S：….

T：Let's make a snowman. What will Sara answer？Can you guess？（见图 5）

Ss：….

图 5

［设计意图：通过动态图片帮助学生直观理解 snowing，并通过问题引领，帮助学生区分 snowy 与 snowing。在理解对话的过程中，教师通过问题引领，提供思维发散的空间，给孩子们创造表达与交流的机会。］

3. 学习 Picture 2

（1）观察主题图，谈论图片

引导学生观察新场景，T：Sara comes out. Does she have a new friend？

Ss：….

T：The Russian boy is Sara's new friend. What does the boy want to know about Sara? Can you guess?

Ss：What's your name? Where are you from? How old are you? ….

［设计意图：通过谈论图片，让孩子们结合所学句型进行合理的猜测，发散思维，为理解主要功能句型，深入交谈做好情感上的铺垫。］

（2）谈论图片，理解对话

①听录音，提取信息

T：What do they talk about now? Listen and find the answer.

Ss：Do you have a lot of snow in winter?

教师引导孩子们理解俄罗斯小男孩在和 Sara 堆雪人时，想了解 Sara 的家乡冬天下雪的情况。板书功能句型：Do you have a lot of snow in winter?

②出示图片，理解难点

教师出示对比图片，帮助学生理解教学难点 a lot of（见图 6）

T：Which picture means a lot of snow?

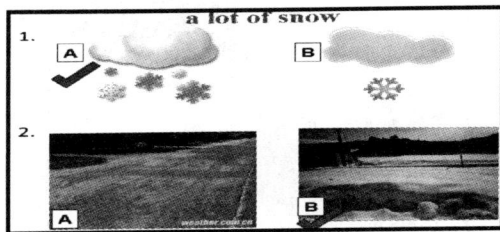

图 6

T：Is there a lot of snowy days in December?（见图 7）

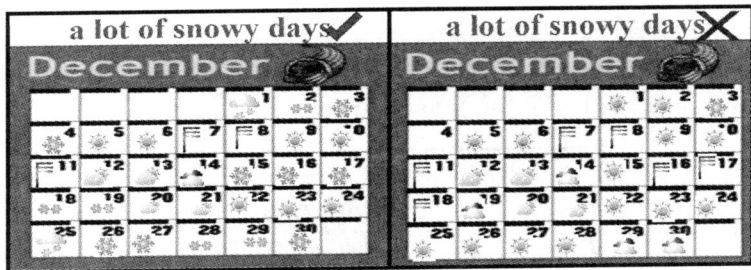

图 7

③回归主题图，听读对话

T：Are they happy? Do they love snowy days? Listen and repeat.

教师板书句型：I love snowy days.

［设计意图：通过谈论图片，发散学生思维，综合运用所学语言交流。利用多

幅图片创设对比情境，帮助学生从量和数两方面理解本课的教学难点 a lot of。]

4. 朗读对话

(1)播放录音。学生整体跟读两遍。

(2)朗读练习。学生小组内练习。

(3)小组展示。学生自主选择朗读的方式，齐读或分角色朗读。

[设计意图：通过跟读对话，培养学生流畅的朗读能力。在小组内练习朗读对话，确保每个学生都能有练习的机会，并以组为单位进行展示，培养学生的团队意识。]

Step 3：*Listen，look and learn*（15′）

1. 设置情境，示范操练方式

这个俄罗斯小男孩想了解 Sara 家乡的冬天情况，谁还记得他是怎样问的？他也想了解北京的一些情况，你能猜猜他想问你们哪些问题吗？教师出示图片，(见图 8)学生问问题。T：The Russian boy wants to know more about Beijing. He has some questions about Beijing. Can you guess?

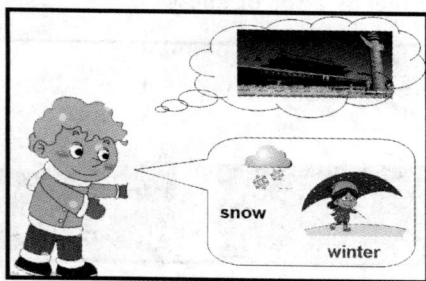

图 8

S1：Do you have a lot of snow in Beijing?

T：Who can answer?

S2：Yes，we do.

T：Who can guess the boy's another question?（见图 9）

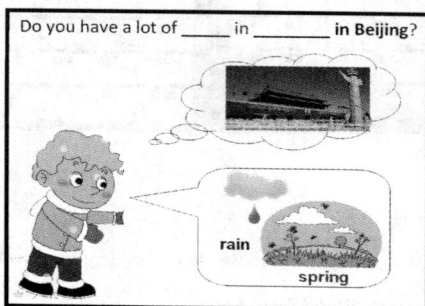

图 9

S：Do you have a lot of rain in spring in Beijing?

S1：….

S2：….

2. 学生两人一组，看图问答练习。（见图10、11）

图 10　　　　　　　　　　　　图 11

S1：Do you have a lot of （rain）in （spring） in Beijing?

S2：….

3. 单词归类，看图描述

(1)教师出示天气类单词，引导学生分类。

T：What's the weather like in Beijing? Can you match the words with different seasons?（见图12）

图 12

教师根据学生的回答，用思维导图的方式板书北京四个季节气候特点的单词 windy，warm，hot，rainy，sunny，cool。

(2)学生语言描述北京不同季节气候的特点。

T：Can you say something about Beijing?

S1：….

S2：….

S3：….

S4：….

［设计意图：创设情境，俄罗斯小朋友想了解北京的四季特点，让学生在具体

语境中运用本课主要功能句型 Do you have a lot of…in…？来询问，帮助学生在具体的语境中有意义的操练本课主要句型，体现在用中学，在学中用的原则。]

Step 4：Development（5′）

1. 设置情境

T：The Russian boy has two Chinese friends. Where are they from? Can you guess?（见图 13）

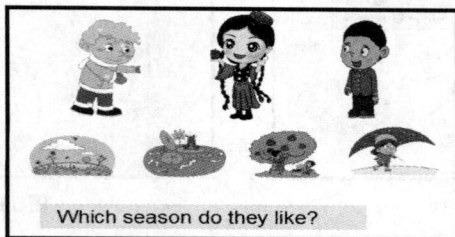

Which season do they like?

图 13

2. 阅读信息

T：Which season do they like? Let's have a look. Please read these sentences.（见图 14－图 16）

T：Which season does the Russian boy like? Let's read together.

I am from Russia. I like winter in Moscow. It's snowy and cold. It is white. I can play with snow.

图 14

T：What about others? Read together.

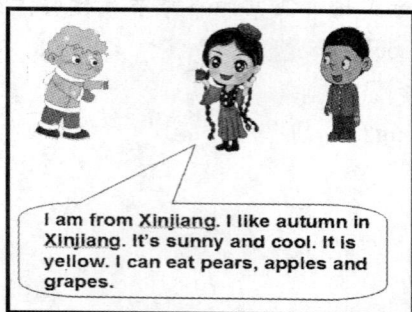

I am from Xinjiang. I like autumn in Xinjiang. It's sunny and cool. It is yellow. I can eat pears, apples and grapes.

图 15

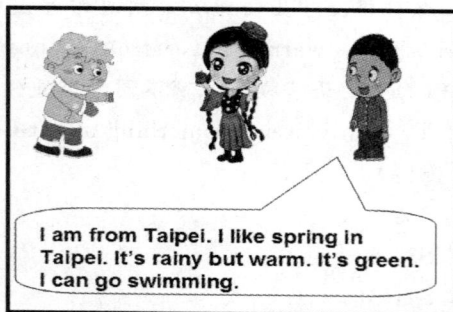

I am from Taipei. I like spring in Taipei. It's rainy but warm. It's green. I can go swimming.

图 16

3. 小组活动

T：Which season do you like? Why? Talk in your groups.

学生参考提示信息，仿照阅读材料小组内交流自己最喜欢的季节及原因，教师巡视指导。（见图 17）

I like <u>autumn</u> in <u>Xinjiang</u>. It's <u>sunny and cool</u>.
It is <u>yellow</u>. I can <u>eat pears and apples.</u>

winter, summer ,autumn, spring

rainy, sunny, windy, snowy, cloudy

warm,hot,cool cold

green,red, yellow, white,

go swimming, fly a kite, put on my dress, make a snowman, pick apples, see a lot of birds,...

图 17

4. 个人展示

学生仿照范例根据自己的家乡情况，说说自己喜爱的季节及原因。

［设计意图：出示中国地图，观察人物穿戴，猜测人物的家乡，通过阅读了解我国不同地方孩子所喜爱的季节特点及常见活动。为学生们谈论自己喜爱的季节及原因提供可供参考的范例。Word bank 中提供一些表达天气、颜色、活动的单词及词组，为孩子提供一定程度的语言支撑，帮助孩子们自信、大胆地表达。］

Step 5：*Homework*

（1）Read the story to your parents.

（2）Draw and tell：My favorite season(at least 3 sentences)

［设计意图：根据本校学生特点把课本的版块加以改进，让学生画出自己喜欢的季节，并仿照样子替换部分词或短语说说自己喜爱的季节，让学生感受和表达对大自然的喜爱之情。］

板书设计

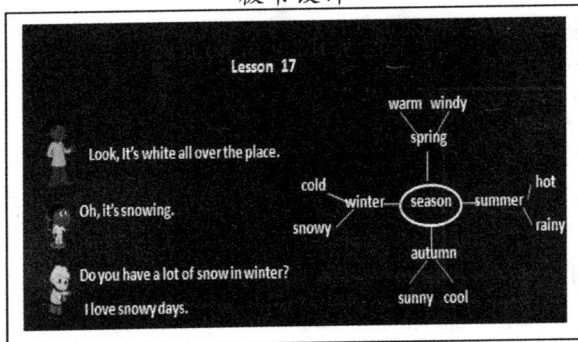

【课后反思】

本节课主要围绕对话进行教学，对于教材的内容进行了有效的整合，主要体现了以下三方面特点：

1. 补充背景信息，呈现完整故事

本课对话呈现了两幅图，背景信息少，跳跃性大，不足以支撑学生对文本内容的理解。而且三年级的孩子更喜欢听故事，为此我把两幅图稍加补充，给孩子们呈现了一个完整的故事。在理解对话前，我设置了爸爸和 Sara 在机场的场景，伴随着飞机飞走的声音，学生很快就知道了 Sara 是要去旅行。接着呈现本课的第一幅图画，让学生观察、猜测 Sara 和爸爸去了哪里。我引导孩子们观察桌子上的物品，国旗、俄罗斯套娃、窗外的建筑，学生们知道了他们在俄罗斯。俄罗斯的冬天雪多、雪大。今天又下雪了，爸爸建议 Sara 去外边堆雪人。在雪地里，Sara 结识了新朋友。这位新朋友对于来自外国的小姑娘很友好，在玩耍的过程中，自然地谈到了他不熟悉的国家的冬季情况。这样，本课主要句型就在讲故事的过程中，恰当的呈现了，孩子们理解起来也水到渠成。

2. 以俄罗斯小男孩为线索，创设教学的大情境

Listen，look，and learn 板块呈现了主要句型及四个季节和 rain，snow 单词。我把板块内容设计成了故事的延续。俄罗斯小男孩也想知道我们北京的气候特点，他有问题要问问大家。在这个情境中我呈现了主要句型和部分单词，让学生仿照对话中的问题，询问北京某一个季节的特点。学生对于自己的家乡气候特点很熟悉，很容易做出回答。在师生示范、生生操练，小组展示后，主要句型达到了巩固和熟练。也体现了英语的语用原则。

我对 Draw and tell 板块内容进行了修改和补充，通过阅读俄罗斯小男孩及来自新疆和台湾的两个中国小朋友的信息，体会用小语段的形式描述自己喜爱的季节。让学生仿照小朋友们的样子，先说说自己喜爱的季节，回家后用图画的形式呈现出来。

本课三个板块通过与俄罗斯小男孩相关的事情联系起来，整节课的内容显得相对完整、连贯和紧凑。

3. 发散学生思维，提供交流的机会

在本节课中，我多次让学生在具体情景中猜测，并把自己的猜测表达出来。他们在哪里？对于爸爸建议外面堆雪人，Sara 可能会说些什么？Sara 与俄罗斯小男孩第一次见面会交谈什么？在具体的情景中，让孩子们展开思维的翅膀，综合运用学过的知识来真实的表达自己的想法，让语言能力在运用中得到提高。

【课后评析】

本课时为本单元第三课时，学生在前两课已经能够就天气及不同天气的穿着进行简单的交流。教师在本课时引导学生关注四季的天气不同，对四季及天气话题进行综合表达。反思本课时教学设计，最大特点就是设计合理的情境理解、学习、运用新语言。具体体现在以下几个方面中：

1. 设计合理情境，丰富故事背景

教师挖掘插图信息，在教学对话前补充故事背景信息，设计了 Sara 和爸爸去旅行的情节，有了这一信息，Sara 和爸爸在俄罗斯谈论天气，并碰到俄罗斯小男孩的情节就变得顺理成章。

2. 设计合理情境，理解语言难点

本课出现了"snow，snowy，snowing"三个词汇，他们成为语言理解的难点。教师利用大量的图片帮助学生理解"a lot of snow"。利用动态的图片让学生理解"snowing"是正在下雪。利用日历上的天气记录帮助学生理解"snowy days"。丰富的手段，巧妙的情境使学生对语言难点理解的准确到位。

3. 设计合理情境，意义操练新语言

教材没有给"Listen，look and learn"板块设计情境，教师把这一板块设计成俄罗斯小男孩询问北京的天气情况。经过这样的设计，就把枯燥的机械训练变成了一个相对真实情景下的有意义的交流。

4. 设计合理情境，自然运用新语言

在本课综合运用环节，课本提供的场景是"Draw and tell"，这个活动不适合在课上开展，耗时比较多，教师把它布置成了课后作业。而本环节教师设计成不同地区的孩子之间就自己喜欢的季节进行交流，包括喜欢季节的天气、穿着及活动等。为了学生能够顺利输出，教师设计了三个来自不同地区的小朋友先进行表达，如此设计就给学生做了很好的范例，等于给学生搭了一个梯子，使他们的语言产出自然、生动、言之有物。

参考文献

1. Wilkins，David A. Linguistics in language teaching［M］. Cambridge：MA：MIT Press，1972.

2. D. Watson. Defining and describing whole language[J]. The elementary school journal，1989.

3. Goodman，K. S. What's whole in whole language? A parent/teacher guide to children's learning. Portsmouth［M］. NH：Heinemann Educational Books，Inc. 1986.

4. 李炯英."整体语言法"理论对高校英语教学改革的启示[J]. 四川外语学院学报，2004(3).

5. 唐力行，叶华年. 关于我国英语教师对整体语言教学的意见调查报告[J]. 外语界，1998(4).

6. 2013 义务教育教科书·英语一年级下册［M］. 北京：北京出版社，2013.

7. 2013 义务教育教科书·英语一年级下册教师用书［M］. 北京：北京出版社，2013.

8. 2012 北京市义务教育课程改革教材·英语二年级上册［M］. 北京：北京师范大学出版社，2012.

9. 2012 北京市义务教育课程改革教材·英语二年级上册教师用书［M］. 北京：北京师范大学出版社，2012.

10. 义务教育英语课程标准(2011 年版)解读［M］. 北京：北京师范大学出版社，2011.

11. 义务教育英语课程标准(2011 年版)［M］. 北京：北京师范大学出版社，2011.

12. 杜申诺娃著，王小庆译. 好用的英语教学游戏——最新中小学英语教学游戏分类精选[M]. 上海：华东师范大学出版社，2010.

13. 鲁子问，康淑敏. 英语教学设计[M]. 上海：华东师范大学出版社，2008.

14. 学科教学难点分析与对策·小学英语[M]. 北京：光明日报出版社，2011.

15. 北京师范大学"认知神经科学与学习"国家重点实验室攀登英语项目组编著. 攀登英语阅读系列·有趣的字母[M]. 北京：北京师范大学出版

社，2012.

16. 胡春洞．英语教学法［M］. 北京：高等教育出版社，1995.

17. 顾日国．英语教学法（上下）［M］. 北京：外语教学与研究出版社，1998.

18. Jeremy Harmer. 怎样教英语［M］. 北京：外语教学与研究出版社，2000.

19. 席欢明．大学英语中语音教学模式探讨［J］. 考试周刊，2008(41).

20. Ferdinand de Saussure. 普通语言学教程［M］. 北京：外语教学与研究出版社，2001.

21. A. C. Gimson. 论英语词典的注音［J］. 现代外语，1983(3).

22. 孔博，王静．浅谈英语语音教学法［J］. 卫生职业教育，2005(11).

23. 王彩虹．英语语音意识培养策略［J］. 语文学刊外语教育教学，2010 (8).

24. 戴维·伯姆著，李·尼科编，王松涛译．论对话［M］. 北京：教育科学出版社，2004.

25. 李金龙．基于文本的建构学习——课堂教学模式设计［J］. 课程·教材·教法，2012(5).

26. 乔治·格雷西亚著，李志译．文本性理论：逻辑与认识论［M］. 北京：人民出版社，2009.

27. 郑金洲．对话教学［M］. 福建：福建教育出版社，2005.

28. 佐藤学著，钟启泉译．学习的快乐——走向对话［M］. 北京：教育科学出版社，2004.

29. 佐藤学著，钟启泉译．课程与教师［M］. 北京：教育科学出版社，2003.

30. 佐藤正夫著，钟启泉译．教学原理［M］. 北京：教育科学出版社，2001.

31. 周险峰．教育文本理解论［M］. 广州：广东高等教育出版社，2007.

后 记

　　2001 年，北京市从小学一年级全面开设英语课，我区所使用的是北师大版英语教材。13 年来，我们经历了 6 年的新教材推进和 7 年的教材教法优化研究，在全区师生普遍适应的基础上也探索出了基于师大版教材的专题教学模式。2013 年起，一年级教材更换为北京版教材，2014 年起，完成了 1－6 年级的新教材全部更换。新旧教材编排体系不同、特点不同，短时间内大规模改版给一线教师和学生带来了诸多的问题，如何理解新教材并进行有效设计和实施？如何把握整套教材的纵向联系、单元课时之间的横向联系、课时板块之间的内在联系？这些问题给教师们带来了巨大的困惑和挑战。为了使教师们尽快适应新教材、进行科学的设计、探索高效的实施方法，我提出了"基于文本分析的教学设计与案例研究"的教研思路，并带领工作室成员进行了先行研究。在没有可以借鉴的经验的情况下，我们且行且思，且思且行，用一次次实践验证我们的思考，用一次次思考改变着我们的实践。在历经两年的探索中，我们吃透了教材，把握住了每个专题板块的特点，较大地提升了课时设计的实效性。我们将研究成果记录下来，形成了这本《基于文本分析的教学设计与案例研究》。

　　书中所记录的研究成果仅仅描述到低中年级，在未来的时间内，我们将继续践行实践，积极探索北京版新教材高年级的英语教学，并终将将研究成果服务于全区的教师。

　　需要说明的是，在我们一路走来的研究过程中，我们得到了多方力量的支持和帮助。作为工作室的主持人，我要对所有支持、参与此项目的领导和教师们真诚的表示感谢：感谢教委刘克祥主任、教研中心张海主任、李树栋主任为我和我的团队搭建了宝贵的成长平台；感谢多年来支持、鼓励和业务引领我和我的团队的市级专家张洲院长、王建平主任、张鲁静老师和王晓东老师，他们是我专业成长的导师和引领者；感谢工作室的核心成员们将先进的教学理念以及大家研讨之后对新课程的理解落实到课堂教学中，为提高全区的课堂教学的实效性做出了大胆的探索和实践，他们是我成长路上的支持者和伙伴；感谢全区的英语教师们为提高学生的英语素质所做出的坚持不懈的努力，他们是我成长路上不可或缺的力量和源泉。

　　最后，我要感谢负责此书出版的首师大出版社和对此书做校对工作的各位老师，他们是此研修成果的最终见证者。

贾秋林

2015 年 10 月 12 日